Vertretungsstunden to go

KUNST

Klasse 5–10

Sinnvolle Inhalte für spontanen Unterricht

Gerlinde Blahak

Verlag an der Ruhr

Impressum

Titel
Vertretungsstunden to go
Kunst – Klasse 5–10

Autorin
Gerlinde Blahak

Titelbild
unter Verwendung des Tafel-Fotos von © pressmaster/Fotolia.com

Verlag an der Ruhr
Mülheim an der Ruhr
www.verlagruhr.de

Geeignet für die Klassen 5–10

Unser Beitrag zum Umweltschutz
Wir sind seit 2008 ein ÖKOPROFIT®-Betrieb und setzen uns damit aktiv für den Umweltschutz ein. Das ÖKOPROFIT®-Projekt unterstützt Betriebe dabei, die Umwelt durch nachhaltiges Wirtschaften zu entlasten. Unsere Produkte sind grundsätzlich auf chlorfrei gebleichtes und nach Umweltschutzstandards zertiifiziertes Papier gedruckt.

ISBN 978-3-8346-2284-6

Printed in Germany

Inhaltsverzeichnis

Inhaltsverzeichnis

Vorwort

Liebe Kollegen*,

es liegt in der Natur von Vertretungsstunden, dass sie den Lehrer meist ohne lange Vorbereitungszeit treffen. Dieses Buch möchte zeigen, dass es möglich ist, einen sinnvollen und spannenden Kunstunterricht auch in kürzester Zeit zu planen und durchzuführen.

Um dem Anspruch „to go" voll gerecht zu werden, mussten natürlich einige Einschränkungen und Anpassungen getroffen werden:

1. Der Zeitfaktor

Selten beginnen Unterrichtsstunden pünktlich oder enden mit dem Glockenschlag. Deshalb wurden alle Aufgaben so gestaltet, dass sie in ein bis zwei Unterrichtsstunden abgeschlossen werden können.

2. Der Kunstraum

Da Vertretungsstunden oftmals nicht im Kunstsaal, sondern im Klassenzimmer stattfinden, wurde auf spezielle Utensilien, wie Malkasten, Zeichenblöcke, Tuschefedern usw., verzichtet. Damit entfällt auch Zeit raubendes Bereitstellen oder Aufräumen.

3. Die Materialien

Bei vielen Aufgaben wird weißes Zeichenpapier oder farbiges Tonpapier empfohlen. Sie lassen sich aber auch mit ganz einfachem, weißem oder auch farbigem Kopierpapier lösen.

Natürlich kann man bei genügend Zeit Arbeiten, die für das Format DIN A4 vorgestellt werden, auch in Format DIN A3 lösen. Lineal und Stifte aller Art finden sich meist in den Schultaschen der Schüler, sodass Sie dann nur für eine geeignete Anzahl von Klebestiften und Scheren sorgen müssen. Darüber hinaus kommen auch ungewöhnliche Materialien, wie Tafelkreiden, leere Jogurtbecher oder Briefumschläge, zum Einsatz.

4. Die Anleitung

Jede Aufgabe ist mit einer detaillierten Anleitung versehen, die es besonders auch fachfremd unterrichtenden Lehrkräften möglich macht, unmittelbar in das jeweilige Thema einzusteigen.

* Aus Gründen der besseren Lesbarkeit haben wir in diesem Buch durchgehend die männliche Form verwendet. Natürlich sind damit auch immer Frauen und Mädchen gemeint, also Lehrerinnen, Schülerinnen etc.

Varianten stellen überdies Alternativen vor oder geben Tipps für die Präsentation oder den Einsatz der Ergebnisse im Alltag.

Zeichenhilfen und Vorlagen, immer im handlichen DIN-A4-Format, zeigen Lösungswege auf und können als Kopien in Klassenstärke oder als Overhead-Folie rasch eingesetzt werden. (Zum genauen Einsatz siehe jeweiliges Projekt).

5. Techniken und Methoden

Zu Beginn jedes Projekts wird auf den Lehrplanbezug und die Lernziele hingewiesen. Der Wechsel der Techniken, auch innerhalb einer Aufgabe, weckt dabei die kreative Neugier der Schüler und erhält den Spannungsbogen innerhalb der Unterrichtszeit.
Gruppen- und Partnerarbeit oder Bilddiktat fördern darüber hinaus das kreative Miteinander.

Im Übrigen wurden die Vorschläge in ihrem Schwierigkeitsgrad nach Jahrgangsstufen gestaffelt und geben in einer Kurzbeschreibung dem Lehrer einen raschen Überblick.

Ich wünsche nun allen Kollegen viel Erfolg und Schüler, die sich schon auf die nächste Vertretungsstunde freuen!

Jahrgangsstufe 5–7

Was ist auf meinem Schreibtisch los? 1/3

Kurzbeschreibung:

Die Schüler verwandeln Gegenstände, die sich im Federmäppchen und auf dem Schreibtisch befinden, zeichnerisch in Comicgestalten.

Lehrplan/ Lernziele

- Die Schüler verfremden Alltagsgegenstände.
- Sie wenden Zeichenmöglichkeiten aus der Welt der Comics an.
- Sie arbeiten im grafischen Bereich (Kugelschreiber).

Zeitaufwand

1–2 Unterrichtsstunden

Material

- Zeichenhilfe S. 10 (auf Folie)
- weißes Zeichenpapier (DIN A4)
- Bleistift, Radiergummi
- Kugelschreiber
- Lineal

Lösungs-beispiel

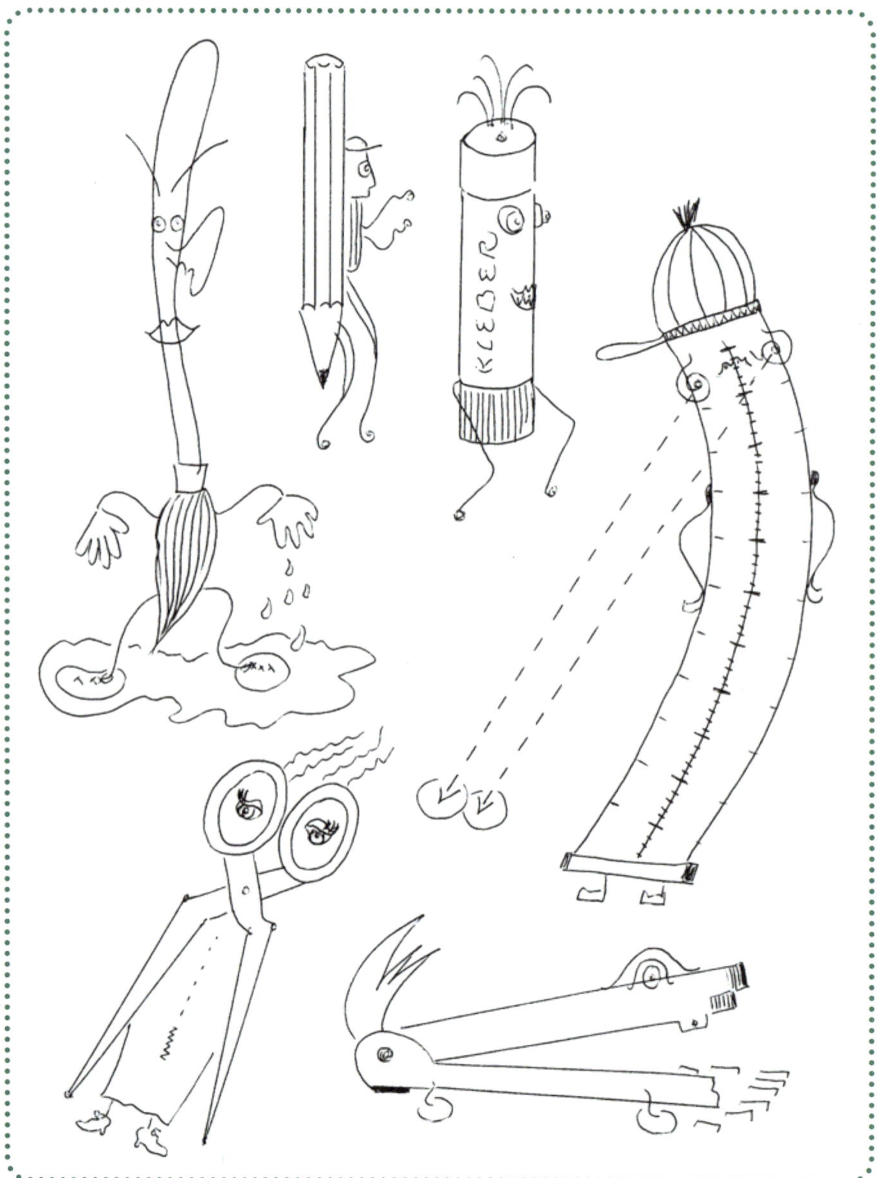

© Verlag an der Ruhr | Autorin: Gerlinde Blahak | ISBN 978-3-8346-2284-6 | www.verlagruhr.de

Was ist auf meinem Schreibtisch los? 2/3

So geht's:

Entwürfe für Comicfiguren

- Die Schüler entscheiden, ob sie ihr Blatt (DIN A4) quer oder längs bearbeiten wollen.
- Sie legen alle möglichen Gegenstände aus dem Federmäppchen und der Schultasche vor sich hin und überlegen, in welche Figuren sie sie verwandeln wollen. Dabei kann evtl. (ganz kurz!) der Lösungsvorschlag als Folie gezeigt werden.
- Die Vorzeichnung erfolgt zunächst mit Bleistift.
- Geben Sie folgende Hinweise:
  - Versucht, eure Comicfiguren gut auf dem ganzen Blatt zu verteilen. Sie sollen sich nicht überschneiden, können sich aber einander zuwenden oder sich an den Händen halten.
  - Zeichnet die Gegenstände entweder genau ab, oder gebt ihnen etwas „Schwung": So kann z.B. ein Lineal oder ein Pinselstiel auch mit einer Krümmung dargestellt werden.
  - Alle Gegenstände können Augen, Nasen, Münder, Ohren bekommen. Diese Gesichtszüge aber müssen nicht immer alle vorhanden sein und können auch nur angedeutet werden.
  - Damit Comicfiguren entstehen, könnt ihr auf die Zeichenhilfe (S. 10) zurückgreifen.
  - Gebt euren Figuren auch Arme und Beine: Diese dürfen winzig oder groß ausfallen und nur mit einfachen Strichen dargestellt werden.
  - Zeichnet möglichst auch einige Kleidungsstücke (Kappen, Röcke …) oder Haare hinzu.

Ausarbeitung

- Die Schüler ziehen alle Konturlinien mit schwarzem oder blauem Kugelschreiber nach. **Tipp:** Für gerade Linien das Lineal benutzen!
- Sie füllen manche Flächen mit Mustern oder akzentuieren Gesichtszüge.

Varianten

- Die verfremdeten Gegenstände können lustige Namen bekommen, die als Namensschildchen an der Figur hängen.
- Sprechblasen können kurze Kommentare oder lautmalende Silben (z.B. Wummm! Boing!) enthalten.
- Die Arbeit kann auch mit Farbstiften ausgeführt werden.

Was ist auf meinem Schreibtisch los? 3/3

Zeichenhilfe: Gesichter von Comicfiguren

Augen:

Nase:

Mund:

An der Bushaltestelle 1/3

Kurzbeschreibung:

Die Schüler ergänzen Kleidungsstücke aus Modekatalogen zeichnerisch und machen daraus Personen. Sie arbeiten linear mit Filzstiften.

Lehrplan/ Lernziele

- Die Schüler arbeiten in Mischtechnik: Kleben und lineares Weiterzeichnen.
- Sie beschäftigen sich mit den Bereichen Karikatur und Verfremdung.

Zeitaufwand

1–2 Unterrichtsstunden

Material

- weißes Zeichenpapier (DIN A4)
- Kopien von Vorlage S. 13 (DIN A4)
- Bleistift, Radiergummi
- schwarzer Filzstift, Lineal
- Schere
- Klebestift

Lösungsbeispiel

An der Bushaltestelle 2/3

So geht's:

Bildaufbau: die Haltestelle

- Weißes Zeichenpapier (DIN A4) wird waagrecht bearbeitet.
- Ungefähr 2 cm vom unteren Bildrand entfernt ziehen die Schüler eine Grundlinie, auf der die Personen stehen sollen.
- An einer Schmalseite des Blattes zeichnen sie ein Haltestellenschild. Sie zeichnen mit Bleistift vor.

Personen an der Haltestelle

- Die Schüler wählen aus der Vorlage (S. 13, farbig kopieren) drei Kleidungsstücke aus, die sie zu Personen umgestalten wollen.
- Sie schneiden sie aus und kleben sie so auf den Untergrund, dass für das Entwerfen von Kopf und Beinen noch genügend Platz bleibt.
- Nun zeichnen die Schüler mit Bleistift den restlichen Körper hinzu.
  Geben Sie folgende Hinweise/Tipps:
  - Entwickelt die Köpfe aus einem Oval.
  - Deutet Augen, Nase und Mund nur als Punkte und kurze Striche an.
  - Bezieht verschiedene Frisuren, Kopfbedeckungen, Brillen mit ein.
  - Zeichnet Hände als kleine Flächen ein.
  - Zeichnet die Beine in verschiedenen Stellungen.
  - Plant zusätzliche Details, wie Kinderwagen, Hunde, Regenschirme, ein.
- Zum Schluss werden alle Entwurfslinien mit fein zeichnendem, schwarzem Filzstift nachgezogen.

Varianten

- Die Vorlagen können auch als Schwarz-Weiß-Kopien eingesetzt werden.
- Die Arbeit lässt sich auch mit Holzmalstiften oder Filzstiften farbig lösen.
- Wenn vorhanden, können Schüler auch aus Katalogen unmittelbar Teile ausschneiden. Dann muss allerdings darauf geachtet werden, dass das Kleidungsstück als Ganzes zu sehen ist und dass keine Körperteile auf der Abbildung sind.

Vorlage: Kleidungsstücke

Seeräuber 1/3

Kurzbeschreibung:

Die Schüler gestalten eine skizzenhafte Vorlage weiter aus. Sie fügen individuelle Details hinzu und bearbeiten das Motiv mit verschiedenen Stiften.

Lehrplan/ Lernziele

- Die Schüler ergänzen und verfremden eine Vorlage (gelenktes Zeichnen und farbiges Gestalten).
- Sie erproben den Einsatz und die bildnerische Wirkung verschiedener Stifte.

Zeitaufwand

1–2 Unterrichtsstunden

Material

- Kopien von Vorlage S. 16 (DIN A4)
- verschiedene Stifte: Bleistift, Holzmalstifte, Filzstifte (dünn und dick), Wachsmalkreiden
- Lineal, Radiergummi

Lösungsbeispiel

Seeräuber 2/3

So geht's:

- Jeder Schüler erhält eine Kopie der Vorlage „Seeräuber“ (DIN A4). Es wird direkt auf die Vorlage gearbeitet.
  Tipp: Wenn vorhanden, kann etwas dickeres Papier verwendet werden.
- Die Schüler legen alle verfügbaren Stifte auf den Arbeitsplatz.
  Tipp: Empfehlen Sie den Tausch von Stiften während des Arbeitens!
- Zunächst werden mit Bleistift Formen vervollständigt und auch über die vorgeschlagenen Linien hinaus erweitert (z.B. Umrisse des Hutes). Größere Flächen werden unterteilt und bereits Muster angedeutet.
- Geben Sie den Schülern zur farbigen Gestaltung folgende Tipps:
  - Beginnt am besten mit Wachsmalkreiden und größeren Flächen.
  - Verschiedene Farben können übereinandergelegt werden.
  - Ein spitzer Holzmalstift schafft exakte Kanten.
  - Verwendet dünne Filzstifte, um Falten, Spitzen oder Locken anzudeuten.
  - Gebt einigen Flächen mit Bleistift (grau) oder Holzmalstiften (farbig) einen einheitlichen Grundton, bevor ihr noch Muster und Strukturen daraufsetzt („Schummern“).
  - Setzt dicke Filzstifte eher für kleinere Flächen ein, da ihre Farben stark in den Vordergrund drängen.
  - Schattiert Gesichtsfläche und Hände nur ganz leicht mit Orange, Braun oder Grau. Ihr könnt sie auch ganz weiß lassen, damit sie sich von der farbigen Umgebung besser abheben.
  - Deutet mit einem dünnen, schwarzen Strich die Horizontlinie im unteren Drittel des Bildes an. Zieht in Richtung Bildunterkante mit dem Lineal weitere parallele, horizontale Linien.
    Tipp: Die Abstände zwischen den Linien werden zum Bildrand hin breiter (Perspektive!)

Vorlage

Harlekin 1/3

Kurzbeschreibung:

Die Schüler setzen aus Einzelteilen eine Clownsfigur zusammen. Dazu verwenden sie bunte Papiere und arbeiten in Collagetechnik.

Lehrplan/ Lernziele

- Es handelt sich um eine Papierarbeit. Die Schüler setzen ein Motiv aus verschiedenen Farbflächen zusammen (Falten und Schneiden).
- Sie sammeln Erfahrung mit dem Figur-Grund-Kontrast.

Zeitaufwand

1–2 Unterrichtsstunden

Material

- Kopien von Vorlage S. 19 (DIN A4 oder DIN A3)
- schwarzes Tonpapier (DIN A4 oder DIN A3)
- weißes Kopierpapier
- helles Tonpapier (DIN A4)
- Buntpapierreste
- Bleistift für evtl. Vorzeichnungen, Filzstift
- Schere
- Klebestift

Lösungs-beispiel

Harlekin 2/3

So geht's:

Hintergrund

Jeder Schüler erhält ein Blatt schwarzes Tonpapier, auf das im Rahmen dieser Aufgabe der Harlekin geklebt wird. Die Größe richtet sich nach der Altersgruppe. Bei jüngeren Schülern empfiehlt sich ein größeres Format, da die Feinmotorik oft nicht so gut ausgeprägt ist. In diesem Fall muss auch die Kopiervorlage auf DIN A3 vergrößert werden.

Aufbau der Figur

- Die Schüler schneiden zunächst die größeren Teile auf der Kopiervorlage aus: Rauten für Arme und Beine, Kopfoval. Diese dienen als Schablonen. Um Symmetrie zu erreichen, legen sie diese Schablonen der Gliedmaßen auf doppelt genommenes Tonpapier (Knickstelle beachten!) und schneiden sie aus (siehe Lösungsvorschlag).
  Tipp: Geübtere Schüler dürfen natürlich von den Vorgaben abweichen und anders geformte Flächen zurechtschneiden!
- Die Teile werden gleich aufgeklebt. Es sollte aber noch genügend Platz für Hände, Hut und Schuhe einkalkuliert werden, die als Nächstes angefertigt und aufgeklebt werden.
- In einem weiteren Schritt werden Halskrause, Manschetten und Gürtel zugeschnitten: Wie in der Kopiervorlage S. 19 vorgeschlagen, nimmt man weißes Papier wiederum doppelt und schneidet zunächst die Grundform aus. Dann faltet man die Papierteile ziehharmonikaartig zu schmalen Streifen und schneidet aus den Kanten winzige Partikel heraus (Streifen, Halbkreis, Viereck …). Beim Auseinanderfalten zeigt sich ein symmetrisches Muster in der Fläche („Spitzendeckchen-Effekt"). Zum Aufkleben streicht man nur die obersten Kanten mit Klebstoff ein und lässt die unteren Ränder etwas von der Figur abstehen. Hosenbeine oder auch Ärmel können noch mit dekorativen Streifen beklebt werden.
- Zum Schluss geben die Schüler dem Harlekin lustige Gesichtszüge (Filzstift) und schneiden aus bunten Papierresten Konfettikreise, die sie auf der restlichen Fläche verteilen.

Variante

Die Aufgabe lässt sich auch in umgekehrter Farbstellung lösen: Dunkle Motivteile werden auf hellen Hintergrund geklebt.

Vorlage

Versammlung der Tiere 1/3

Kurzbeschreibung:

Die Schüler erstellen aus Einzelteilen einen Scherenschnitt.
Sie arbeiten mit schwarzem Tonpapier auf weißem Grund.

Lehrplan/ Lernziele

- Die Schüler erproben den Figur-Grund-Kontrast.
- Sie bauen aus Grundformen Scherenschnittfiguren auf, die sie zeichnerisch akzentuieren (Mischtechnik).

Zeitaufwand

2 Unterrichtsstunden

Material

- Kopien von Vorlage S. 22 (ggf. auch auf Folie)
- weißes Zeichenpapier (DIN A3)
- weißes Papier (Reste)
- pro Schüler 2 Blatt schwarzes Tonpapier (DIN A4)
- Bleistift, Radiergummi
- Schere
- Klebestift
- schwarzer Filzstift

Lösungs-beispiel

Versammlung der Tiere 2/3

So geht's:

Vorbemerkung

- Bei diesem Projekt handelt es sich um einen „zusammengesetzten" Scherenschnitt. Die Aufgabe ist für jüngere Schüler (Klasse 5–7) gedacht, und dieser Altersgruppe fällt es noch etwas schwer, eine Tierfigur in ihrer Gesamtheit als Silhouette zu erfassen. Deshalb werden die Motive aus geometrischen Formen aufgebaut und dann mit zeichnerischen Details versehen.
- Die Aufgabe lässt sich auch in Partnerarbeit lösen.

Tiermotive aus geometrischen Formen

- Die Schüler betrachten die vorgeschlagenen Motive auf der Kopiervorlage „Grundformen" (S. 22), die Sie ggf. auch an die Wand projizieren können, und zeichnen auf schwarzem Tonpapier mit Bleistift die jeweiligen Formen für das Tier ihrer Wahl vor.
- Dann schneiden sie die Teile aus und runden die Ecken etwas ab.
- Sie experimentieren zunächst mit der Anordnung der Figuren auf weißem Grund (DIN-A3-Blatt), kleben aber die Teile noch nicht auf.
  Tipps: Weisen Sie darauf hin, dass um die Grundformen herum noch genügend Platz bleiben sollte, um Details anzufügen.
  Ermuntern Sie Ihre Schüler, auf die vorgeschlagene Weise noch weitere Tiere zu kreieren (Schildkröte, Katze, Schwein, Kamel …)

Baummotiv

- Auf schwarzem Tonpapier (DIN A4) zeichnen die Schüler mit Bleistift die Silhouette eines kahlen Baumes vor.
- Aus einem dicken Stamm wachsen verschieden lange oder auch abgebrochene Äste heraus.
- Einer der Zweige sollte in das Bild hineinragen, damit Vögel darauf Platz finden können.
  Die Baumsilhouette wird sofort aufgeklebt.

Tiersilhouetten gestalten

- Die Grundformen der Tiere werden auf der restlichen Hintergrundfläche verteilt.
- Geben Sie folgende **Tipps**:
  - Bearbeitet immer ein Tiermotiv nach dem anderen.
  - Zeichnet nach dem Aufkleben mit schwarzem Filzstift folgende Details dazu: Beine, Schwanz, Federbüsche, Hörner, Ohren …
  - Schneidet aus weißem Papier kleine Kreise für die Augen aus, und klebt sie auf.
  - Gebt den „Augen" mit schwarzem Filzstift die gewünschte Form, und zeichnet einen schwarzen Punkt als Pupille ein.

Versammlung der Tiere 3/3

Vorlage: Grundformen

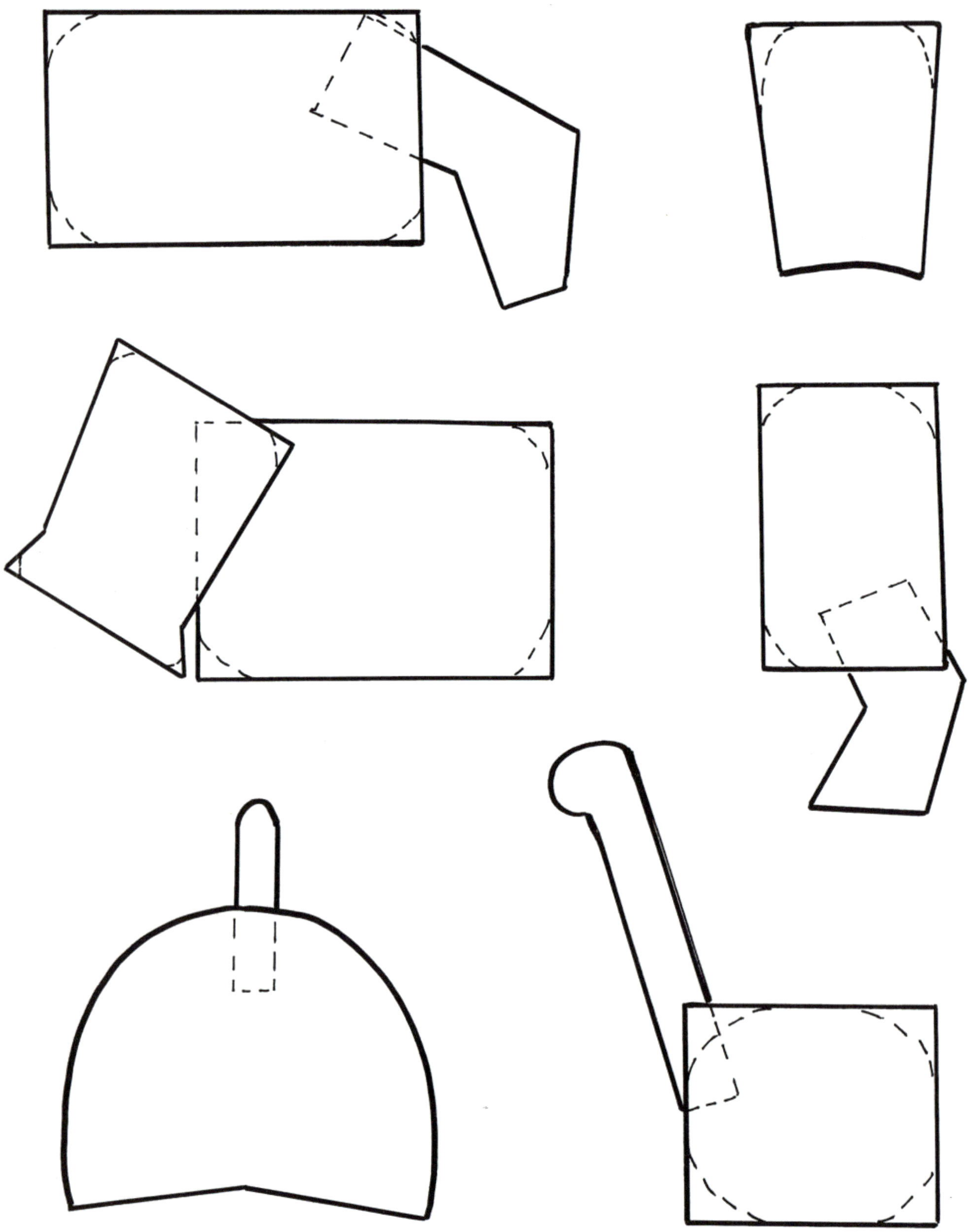

Dinosaurier 1/3

Kurzbeschreibung:

Die Schüler entwerfen einen Dinosaurier, den sie mit angefeuchteten Tafelkreiden farbig ausgestalten.

Lehrplan/ Lernziele

- Die Figur eines Dinosauriers wird aus einfachen Grundformen konstruiert.
- Die Schüler experimentieren bei der Flächengestaltung mit dem Einsatz von farbigen Kreiden und Stiften.

Zeitaufwand 1–2 Unterrichtsstunden

Material

- Zeichenhilfe S. 25 (als Folie)
- weißes Zeichenpapier (DIN A3)
- Bleistift, Radiergummi
- farbige Tafelkreiden
- Wassergefäß
- Papiertaschentücher
- Filzstifte
- evtl. Haarspray (zum Fixieren)

Lösungsbeispiel

Dinosaurier 2/3

So geht's:

Entwurf eines Dinosauriers

- Die Schüler bauen einen Dinosaurier aus einfachen Grundformen auf. Dabei orientieren sie sich an einer Zeichenhilfe (S. 25, Folie): große und kleine Ovale (Körper, Beine), spitz zulaufende Formen (Schwanz, Kopf), Rückenzacken.
- Sie zeichnen zunächst mit Bleistift vor und erhalten noch folgende Hinweise:
  - Die Figur des Sauriers soll die Blattfläche möglichst gut ausnutzen.
  - Strukturen und Muster auf dem Körper werden bereits angedeutet.
  - Der Hintergrund bleibt zunächst unbearbeitet.

Farbige Ausgestaltung

- Die Schüler tauchen handelsübliche Tafelkreiden kurz mit der Spitze ins Wasser. Die Farbflächen können nun pastos mit breiten Strichen gefüllt werden.
  Tipp: Brechen Sie Tafelkreiden in der Mitte durch, und teilen Sie sie zur Verwendung immer einer ganzen Gruppe zu.
- Die Striche folgen den Körperformen, sodass bereits beim Farbauftrag streifenartige Muster entstehen.
- Verschiedene Farben werden nebeneinandergesetzt.
- Dazwischen können auch weiße Stellen stehen bleiben.
- Nach kurzer Trockenzeit können Farbschichten übereinandergelegt werden.
- Die Schüler können auch versuchen, mit einem angefeuchteten Taschentuch Flächen zu verwischen.
- Sehr kleine Details werden ausgespart und später mit Filzstift hinzugefügt (z.B. Krallen, Auge, Zackenspitzen).
- Weiße Stellen werden mit „Filzstiftspuren" aufgefüllt (Punkte, kurze Striche).
- Ebenso werden Konturen exakt mit farbigen Filzstiften nachgebessert.

Fertigstellen

- Die Hintergrundfläche wird mit gelber oder brauner Kreide gestaltet.
  Wichtig: Die Kreiden müssen trocken sein und werden breitseits mit leichtem Druck über die Fläche geführt. Auf diese Weise können auch einige Landschaftsformationen angedeutet werden.
- Zum Schluss wird die gesamte Bildfläche, wenn möglich, mit Haarspray eingesprüht, um die Farben vor Abrieb zu schützen.

Zeichenhilfe

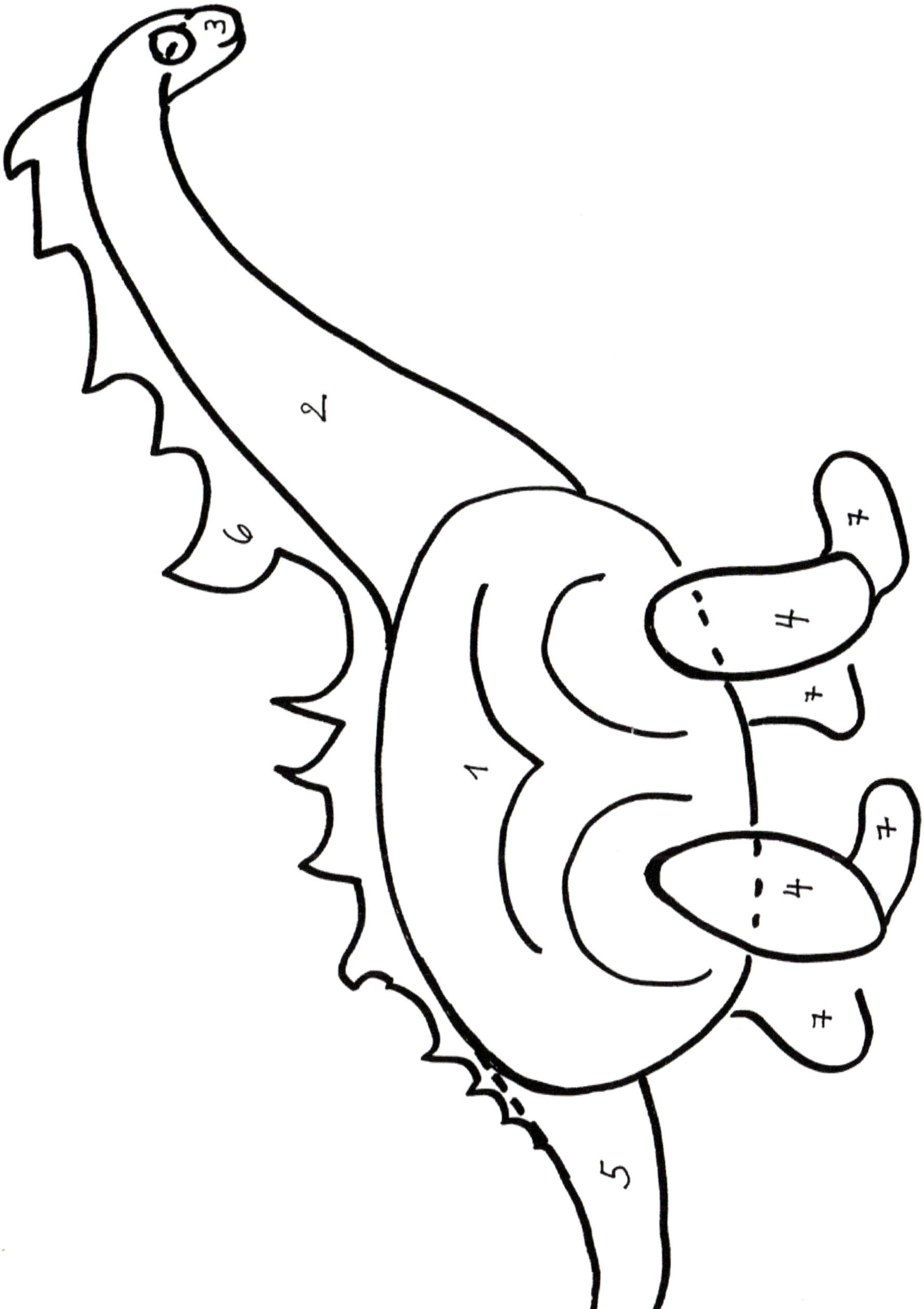

Bilddiktat: Landschaft 1/3

Kurzbeschreibung:

Die Schüler entwerfen nach Diktat des Lehrers eine Gebirgslandschaft mit See.
Sie gestalten sie aus, indem sie mit verschiedenen Stiften Farbschichten neben- und übereinanderlegen.

Lehrplan/ Lernziele

- Die Schüler erproben das Erstellen von Farbschichten durch Übereinanderlegen von parallelen Kritzelspuren mit Wachsmalkreiden und Holzmalstiften.
- Sie schaffen Perspektive durch Hintereinanderstaffeln einzelner Bildebenen und deren farbliche Differenzierung.
- Sie lernen die Methode des Bilddiktats kennen (gelenkte Komposition).

Zeitaufwand

1–2 Unterrichtsstunden

Material

- ggf. Zeichenhilfe S. 28 (als Folie)
- weißes Zeichenpapier (DIN A4)
- Bleistift
- Wachsmalstifte
- Holzmalstifte
- Filzstifte

Lösungsbeispiele

So geht's:

Bilddiktat

Die Schüler nehmen das Zeichenblatt (DIN A4) senkrecht und arbeiten nach Ihren Anweisungen zunächst mit Bleistift oder dünnem, schwarzem Filzstift:

- Wir beginnen mit dem Vordergrund. Das vordere Ufer eines Sees zieht sich von der unteren linken oder rechten Ecke schräg zum gegenüberliegenden Bildrand.
- Zeichnet etwa in der Mitte des Bildes das etwas weiter hinten liegende Ufer des Sees, der von den Bildrändern abgeschnitten wird.
- Dahinter zieht sich eine flache, leicht gewellte Hügellandschaft hin. Zeichnet sie mit einer Linie, ohne abzusetzen.
- Darüber ragen etwas steilere Höhenzüge auf.
  Tipp: Ihr könnt sie aus zwei Linien, die sich überschneiden, zeichnen.
- Im oberen Drittel der Bildfläche sieht man schroffe Gebirgsgipfel aufragen.
- Die oberste Partie des Bildes stellt den Himmel dar (ca. 10 cm) und bleibt zunächst unbearbeitet.
- Fügt nun am unteren Bildrand und am weiter entfernt liegenden Seeufer eine kleine Baumgruppe hinzu. Zeichnet keine einzelnen Bäume, sondern nur die Silhouette der Büsche und Bäume aus einer Linie, ohne abzusetzen.

Farbige Ausgestaltung

Geben Sie dazu weitere Hinweise, und zeigen Sie evtl. S. 28 als Folie:

- Nehmt als Erstes Wachsmalstifte, und legt fest, in welcher Grundfarbe die jeweilige Teilfläche angelegt werden soll. Dazu führt ihr den Stift mit parallelen Kritzelbewegungen (Richtung einhalten!) über die Fläche. **Wichtig:** Versucht nicht, Ecken und Randzonen exakt auszumalen, denn dazu müsstet ihr die Strichrichtung wechseln. Lasst das Weiß des Papiers stehen – diese Stellen werden später bearbeitet!
- Geht nun mit einer weiteren Farbnuance (z.B. Violett, Hell-, Dunkelblau) über die Fläche. Nehmt dazu wieder Wachsmalstifte oder Holzmalstifte. Mit den letzteren könnt ihr jetzt auch kleinere, noch unbehandelte Stellen aus- und übermalen (z.B. Gebüsch).
- Setzt mit Schwarz oder Grün Akzente, indem ihr Teilbereiche nochmals übermalt und dabei stark aufdrückt.
- Je weiter die Landschaftsformationen im Hintergrund liegen, desto zarter wird der Farbauftrag: Versucht also, dort mit den Malstiften zu schummern (sprich: großflächig aufzutragen, statt zu schraffieren) oder sie zu verwischen.
- Den Himmel gestaltet ihr mit parallelen Bleistiftschraffuren. Drückt nur ganz wenig auf, und lasst weiße Stellen als Wolken stehen.
  Tipp: Betont die unregelmäßigen Ränder dieser weißen Stellen mit Linien: Das ergibt interessante Wolkenformationen!
- Mit farblich passenden Filzstiften füllt ihr zum Schluss noch winzige Lücken mit Punkten oder Schraffuren. Zieht auch die Silhouetten der einzelnen Hügelketten mit feinem Filzstift nach.

Bilddiktat: Landschaft 3/3

Zeichenhilfe

Jahrgangsstufe 8–10

Lesefreuden 1/2

Kurzbeschreibung:

Eine Figur schmökert gemütlich auf einer Liege, umgeben von einem Regalsystem, in dem viele unterschiedliche Bücher verstaut sind. Die Schüler arbeiten mit beliebig vielen Farbstiften nach einem Bilddiktat.

Lehrplan/ Lernziele

- Die Schüler experimentieren mit dem Einsatz von verschiedenen Stiften: Wachsmalkreiden, Filz- und Buntstiften.
- Sie lernen die Methode des Bilddiktats kennen.
- Sie gehen mit Linien und Farben um.

Zeitaufwand

1–2 Unterrichtsstunden

Material

- weißes Zeichenpapier (DIN A4)
- Bleistift, Radiergummi
- Lineal
- Wachsmalkreiden
- Filzstifte

Lösungsbeispiel

© Verlag an der Ruhr | Autorin: Gerlinde Blahak | ISBN 978-3-8346-2284-6 | www.verlagruhr.de

Lesefreuden 2/2

So geht's:

Regalsystem und Sofa

Beginnen Sie die Arbeit mit folgendem Bilddiktat:
- Nehmt das Zeichenblatt (DIN A4) waagrecht und einen Bleistift.
- Entwerft in der Mitte des Blattes ein Sofa oder eine Liege (ca. 15 x 8 cm).
- Auf dem Sofa liegt oder sitzt eine Gestalt, die in das Lesen eines Buches vertieft ist.
- Um das Sofa herum konstruiert ihr jetzt ein Regalsystem mit vielen Zwischenböden. Vergesst auch den Raum über dem Sofa nicht!
- Benutzt für diese Konstruktion einen Wachsmalstift und ein Lineal.
- Fahrt die Regalwände und -bretter anschließend mit schwarzem Filzstift nach, um sie zu betonen.
- Ihr könnt auch noch zusätzlich kleine Schrauben oder Verstrebungen anbringen (Punkte, Schrägstriche), die das Regal zusammenhalten.

Bücher

Fahren Sie wie folgt fort:
- Zeichnet nun in die einzelnen Regalfächer mit verschiedenfarbigen Wachsmalkreiden Buchrücken. Diese sollen erst einmal nur aus schräg aneinandergelehnten, senkrecht stehenden oder übereinandergestapelten breiten Strichen bestehen. Die Breite der Buchrücken entspricht der jeweiligen Strichbreite des Wachsmalstiftes, die Höhe variiert.
- Setzt dann zwischen diese „Buchrücken" Striche mit schwarzem Filzstift, um Trennungslinien und Schattenzonen anzudeuten.
- An den Enden werden die Bücher mit Filzstift abgerundet, sodass geschlossene kleine Farbflächen entstehen.
  Wichtig: Farbe, Größe und Richtung der Farbflächen sollen öfter wechseln.
- Aus einigen Büchern könnt ihr Lesezeichen herauslugen lassen.

Fertigstellen

- Arbeitet nun den Bleistiftentwurf (Sofa, liegende Figur) mit Filzstiften aus.
- Zeichnet unter und vor der Liege weitere Bücher ein, evtl. auch aufgeschlagen.
- Ihr könnt das Bild durch eine Leselampe, einen Teppich, Kissen usw. ergänzen.

Tipps für den Einsatz

Die Bilder eignen sich gut für die Ankündigung einer Lesenacht oder als Ausgangspunkt einer Mind Map zum Thema „Lesen".

Designer-Teppich 1/3

Kurzbeschreibung:

Die Schüler entwerfen auf dunklem Tonpapier mit hellen Holzmalstiften eine Wiesenlandschaft. Dabei reduzieren sie Pflanzen zu symbolhaften Zeichen.

Lehrplan/ Lernziele

- Die Schüler arbeiten mit weißen Holzmalstiften auf dunklem Untergrund (Hell-Dunkel-Kontrast).
- Sie geben Gräser, Bäume, Blätter und Blüten als einfache, abstrakte Symbole wieder.
- Sie setzen Punkt und Linie als dekorative Elemente ein.

Zeitaufwand

1–2 Unterrichtsstunden

Material

- ggf. Zeichenhilfe S. 34 (auf Folie)
- braunes oder schwarzes Tonpapier (DIN A4)
- weißes Kopierpapier (DIN A4)
- weiße/gelbe Holzmalstifte
- ggf. schwarzer Filzstift
- Lineal
- Schere
- Klebestift
- ggf. Fotokarton

Lösungs-beispiel

© Verlag an der Ruhr | Autorin: Gerlinde Blahak | ISBN 978-3-8346-2284-6 | www.verlagruhr.de

Designer-Teppich 2/3

So geht's:

Vorbereitung

- Die Schüler schneiden an einer Längskante des dunklen Tonpapiers (DIN A4) einen 3 cm breiten Streifen ab und legen das Ausgangsblatt senkrecht vor sich hin.
- Nun wird ohne Vorzeichnung mit weißem oder gelbem Holzmalstift gearbeitet.

Weg

- Mit dem Lineal zieht man etwa 0,5 cm von den Rändern entfernt einen Rahmen als Teppichbegrenzung.
- Ein gewundener Weg schlängelt sich von einer oberen Ecke der Fläche zum unteren Bildrand. Er nimmt von oben nach unten erheblich an Breite zu, um das perspektivische Element zu betonen.
- Die so entstandene Wegfläche wird nun durch Muster aufgefüllt: Durch parallele Linien (Lineal!), durch mäandernde oder Zickzackmuster …

Vegetation

In die freien Flächen zu beiden Seiten des Weges entwerfen die Schüler Pflanzenmotive. Zeigen Sie ggf. die Zeichenhilfe auf S. 34 als Folie, und geben Sie dazu folgende Hinweise:

- Arbeitet nur mit hellen Holzmalstiften ohne Vorzeichnung.
- Die Motive stehen nebeneinander und sollen sich nicht überschneiden.
- Bäume entstehen aus einfachen Grundformen, wie Linien, Kreisen und Ovalen.
- Blüten und Blätter wachsen symmetrisch aus Linien heraus.
- Gräser entstehen aus nebeneinandergesetzten, kurzen Strichen.
- Einige Flächen werden ausgefüllt, manche Linien werden verstärkt.
- Die Motive im Vordergrund sind größer und werden zum oberen Bildrand hin sehr klein.
- Freie Flächen werden durch Punkte aufgelockert.

Teppich-fransen

- Von weißem Kopierpapier (DIN A4) schneiden die Schüler an den Schmalseiten zwei Streifen von je 4 cm Breite ab.
- Sie bringen jeweils an einer Längskante Einschnitte an (Länge ca. 1,5 cm), die möglichst eng gesetzt werden sollen.
- Diese Fransenstreifen werden an den Schmalseiten von hinten an den Teppich geklebt und in ihrer Länge der restlichen Teppichfläche angepasst. Zwischen Fransenteil und Teppich können noch Musterreihen mit schwarzem Filzstift eingefügt werden.
- Mit den Fingern werden dann die Papierfransen etwas vor- und zurückgebogen, um einen 3D-Effekt zu erzeugen.

Extra-Tipp

Zur Präsentation können die Ergebnisse auf einem kontrastierenden Untergrund (Fotokarton) so mit zwei Heftklammern befestigt werden, dass sie leicht gewölbt erscheinen.

Designer-Teppich 3/3

Zeichenhilfe: Pflanzensymbole

Kurzbeschreibung:

Die Schüler gestalten eine Zeichenvorlage mit Hilfe von Filz- und Holzmalstiften mit dekorativen Tattoos aus.

Lehrplan/ Lernziele

- Die Schüler erproben die Erfindung und Vereinfachung von Formen aus dem Themenbereich „Design und Mode".

Zeitaufwand

1 Unterrichtsstunde

Material

- Kopien von Vorlage S. 37 (DIN A4)
- Bleistift, Radiergummi
- schwarze Filzstifte
- Holzmalstifte (blau, rot)

Lösungsbeispiel

Tattoo 2/3

So geht's:

Umrisszeichnung
Die Schüler arbeiten unmittelbar auf die Kopiervorlage S. 37. Sie zeigt die Umrisse eines Fußes.

Entwürfe
Zunächst wird die vorgegebene Fläche mit Bleistiftentwürfen zu Tattoos oder einem einzigen großflächigen Tattoo ausgestaltet.
Tipps: Große, schwarze Flächen wechseln sich mit kleinteiligen Mustern ab. Es können auch Buchstaben und Zahlen integriert werden.
Man kann Schmuckbänder, Kettchen, Verschnürungen etc. kreieren.

Grafische Ausgestaltung
- Bei der Ausführung mit schwarzen Filzstiften ist darauf zu achten, dass die Ränder möglichst exakt nachgezogen werden (fein zeichnender Filzstift).
- Einige Flächen kann man in Rot oder Blau mit Holzmalstiften ganz leicht kolorieren. Insgesamt aber soll der Entwurf wie eine grafische Arbeit wirken. Hautflächen und Hintergrund bleiben unbearbeitet.

Varianten
- Das Motiv kann, ausgeschnitten, auf einem dunklen Hintergrund präsentiert werden.
- Die Vorlage ergibt, verkleinert mit dem Kopiergerät, eine individuelle Glückwunschkarte.
- Jeder Schüler integriert die Anfangsbuchstaben seines Namens in das Tattoo. Nebeneinander aufgehängt, kann sich so eine Klassengemeinschaft präsentieren.
- Die Schüler können auch ihre eigene Vorlage gestalten, indem sie die Umrisse ihrer eigenen Hand oder der eines Mitschülers mit Bleistift nachfahren.

Vorlage

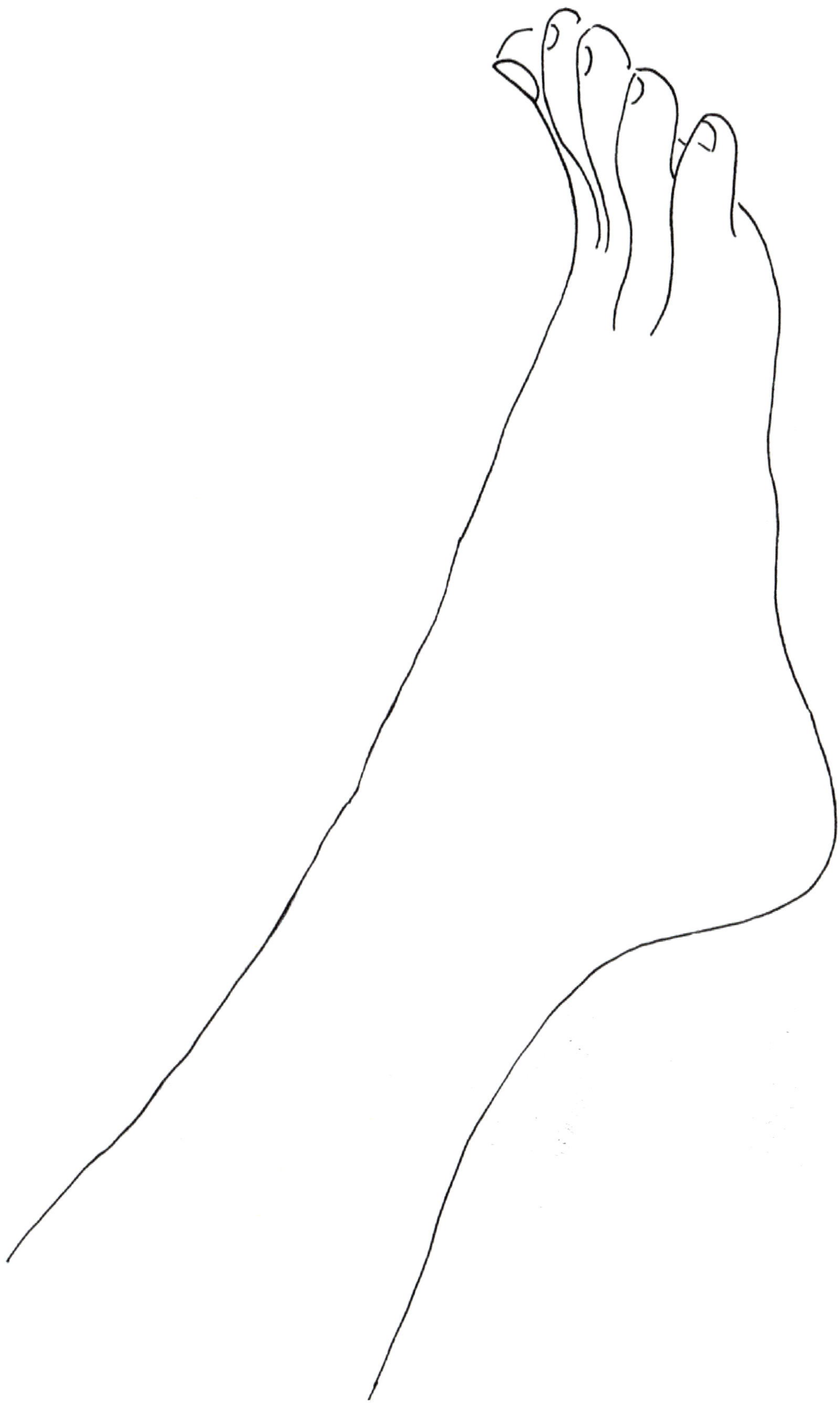

Small Talk 1/2

Kurzbeschreibung:

Die Schüler gestalten im Collageverfahren aus buntem Papier zwei Köpfe, die mittels Sprechblasen einen kurzen Dialog führen.

Lehrplan/ Lernziele

- Die Schüler gestalten Köpfe „mit der Schere" in Collage-Technik.
- Die Schüler bekommen Einblicke in die Welt der Comics und setzen sich mit Jugendsprache auseinander, wenn sie Sprechblasen und ihren Inhalt bearbeiten.

Zeitaufwand 1–2 Unterrichtsstunden

Material

- 3 Blatt Tonpapier (DIN A4) in kontrastierenden Farben
- Reste von buntem Tonpapier
- weißes Papier
- Bleistift
- weißer Holzmalstift
- schwarzer Filzstift
- Schere
- Klebestift

Lösungs-beispiel

So geht's:

Comic-Gesichter

- Die Schüler wählen Tonpapier (DIN A4) in einer kräftigen Farbe (z.B. Rot, Violett) als Hintergrund aus. Die Grundfarbe für die Gesichter sollte Schwarz, Braun oder Blau sein.
- Sie nehmen das für die Köpfe vorgesehene Blatt Tonpapier quer und zeichnen mit Bleistift den Umriss von zwei Gesichtern auf (Frontalansicht!), die später allerdings am Blattrand abgeschnitten werden (siehe Lösungsvorschlag). Sie fahren die Umrisse mit weißem Stift nach und schneiden die Gesichtsflächen einige Millimeter größer aus, sodass die weiße Linie noch zu sehen ist.
- Die Frisur entsteht, indem man den jeweiligen Kopf auf andersfarbiges Tonpapier legt, um Maß zu nehmen, und dann darauf für den Oberkopf Haare hinzuzeichnet. Wenn man die Gesichtsfläche dabei wieder entfernt, kann man ins Gesicht fallende Haarsträhnen beliebig ergänzen. Auch hier werden die Ränder mit weißem Holzmalstift betont und das Teil dann ausgeschnitten.
- Beide Köpfe werden an die vorgesehenen Stellen auf den Hintergrund geklebt. Das Haarteil reicht am Oberkopf in die Gesichtsfläche hinein, wird also darübergeklebt.
- Augen, Mund und Nase werden gesondert vor dem endgültigen Aufkleben angefertigt:
  - Aus weißem Papier (doppelt genommen) werden je zwei ovale Augenformen geschnitten.
  - Eine gezackte Wimpernpartie entsteht aus einem andersfarbigen Papier und wird hinter oder über die Augäpfel geklebt.
  - Pupillen (schwarz) und Iris (bunt) werden seitlich auf die Augenfläche platziert, damit sich die Gesichter anblicken.
  - Ein längliches Stück Papier deutet die Nase an.
  - Der Mund wird mit einer Öffnung in der Mitte gestaltet, in der eine Zahnreihe sichtbar wird.
  - Alle Einzelteile werden erst zum Schluss aufgeklebt.

Sprechblasen

- Aus weißem, gelbem oder orangefarbenem Tonpapier schneiden dann die Schüler zwei Sprechblasen.
- Sie geben ihnen mit Filzstift einen dekorativen Rand (Strichellinie, Punkte …)
- Der Textinhalt wird mit Filzstift geschrieben. Ganz im Sinne eines „Small Talk" soll es sich um eine witzige Mini-Konversation handeln.
- Die Sprechblasen werden zum Schluss ins Bild geklebt.

Lockenköpfe 1/3

Kurzbeschreibung:

Die Schüler gestalten durch bewegten Linienverlauf mit Buntstiften lockige Frisuren für männliche oder weibliche Models.

Lehrplan/ Lernziele

- Die Schüler experimentieren mit dem Ausdruckswert von bewegten, parallel verlaufenden Linienbändern.
- Sie arbeiten mit hellen Stiften auf dunklem Untergrund (Hell-/Dunkelwerte).

Zeitaufwand 1–2 Unterrichtsstunden

Material

- Zeichenhilfe/Foto S. 42 (als Folie)
- dunkles Tonpapier (DIN A4) in Schwarz, Grün, Blau oder Rot
- Bleistift
- Buntstifte

Lösungsbeispiele

Lockenköpfe 2/3

So geht's:

Kopfmodell

- Zeigen Sie zur Einführung ein Foto von einem Lockenkopf (z.B. S. 42).
- Die Schüler entscheiden, ob sie eine Frisur für ein männliches oder weibliches Model entwerfen wollen. Dazu verwenden sie die auf der Zeichenhilfe S. 42 (Folie) vorgeschlagenen Gesichtsumrisse:
  Der weibliche Kopf wird aus einer ovalen Umrisslinie konstruiert, während das männliche Gegenstück eher kantige Züge aufweist.
- Gesichtszüge werden nur durch ein einziges Merkmal angedeutet, das wiederum charakteristisch für Frauen oder Männer ist: durch einen Schmollmund, eine perfekte Wimpernreihe oder einen eleganten Schnurrbart. Durch diese sehr reduzierte Darstellungsweise des Kopfes rücken die Lockenfrisuren stärker in den Vordergrund.
- Die Schüler zeichnen mit Bleistift vor oder setzen die Umrisse gleich mit weißem Buntstift auf die Bildfläche eines dunklen Tonpapiers (DIN A4).
  Tipp: Es empfiehlt sich, die Umrisse des Kopfes etwas an den rechten oder linken Rand zu rücken, damit noch genügend Platz für eine großzügige Darstellung der Haare bleibt. Man kann auch einen Halsansatz oder Kragen einplanen.

Lockenpracht

- Nun werden mit weißem Stift diejenigen Lockensträhnen gezeichnet, die am weitesten vorne liegen. Sie entstehen, Strähne für Strähne, aus parallelen Linien, die sich annähern und auch berühren können, aber nicht überschneiden dürfen.
- Weiter hinten liegende Haarpartien verschwinden unter den zuerst gezeichneten und kommen auch an anderer Stelle wieder zum Vorschein.
- Die Haare fallen weit und großzügig ins Gesicht und über Hals und Schultern.
- Alle Linien sind mehr oder weniger gekrümmt, gedreht oder spiralenförmig aufgerollt.
- Zwischenräume werden mit kleineren „Locken" aufgefüllt, Haarspitzen kräuseln sich.

Farbige Akzente

- Die Schüler wählen zwei bis drei hellere Buntstiftfarben (Gelb, Orange, Rot, Blau …) und setzen in die Abstände zwischen den Haarlinien farbige Akzente. Sie folgen dabei der Bewegung der vorhandenen Linien oder füllen kleine „Leerstellen" auf.
- Auch Mund, Wimpern oder Schnurrbart können solche Akzente erhalten.

Variante

Die Aufgabe lässt sich auch auf hellem Papier (in Orange, Gelb …) mit dunklen Farbstiften oder Filzstiften lösen.

Zeichenhilfe/Foto

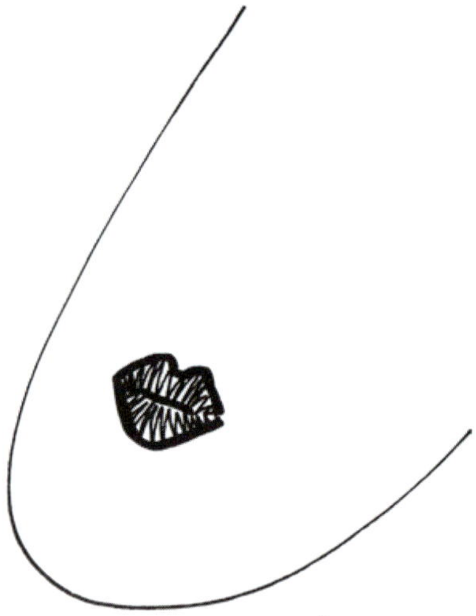

© Patrizia Tilly, fotolia.de

Gymnastikstunde 1/3

Kurzbeschreibung:

Die Schüler zeichnen mit weißer Kreide auf schwarzem Tonpapier Figuren in Bewegung und bekleben sie dann mit „Kleidungsstücken".

Lehrplan/ Lernziele

- Die Schüler konstruieren linear Bewegungsabläufe bei Personen.
- Sie arbeiten auf schwarzem Tonpapier mit weißer Kreide und weißem Papier (Collage, Mischtechnik).
- Sie nutzen den Kontrast von Schwarz und Weiß (Figur-Grund-Kontrast).

Zeitaufwand 1–2 Unterrichtsstunden

Material

- Zeichenhilfe S. 45 (auf Folie)
- schwarzes Tonpapier (DIN A4 oder DIN A3)
- weißes Papier (z.B. Kopierpapier)
- Bleistift, Radiergummi
- weiße Tafelkreide
- Wassergefäß
- Schere
- Klebestift
- Haarspray

Lösungsbeispiele

Phase 1

Phase 2

Gymnastikstunde 2/3

So geht's:

Figuren entwerfen

- Auf schwarzem Tonpapier (DIN A4 oder DIN A3) entwerfen die Schüler zunächst mit Bleistift eine Reihe von Figuren in Bewegung. Sie orientieren sich dabei an einer Folie (S. 45), die das Verfahren zeigt, wie Personen aus einfachen Strichen und Punkten aufgebaut werden können.
- Jede Figur wird in anderer Körperhaltung dargestellt.
- Alle Motive sollten gut über die Blattfläche verteilt werden.

Mit Tafelkreiden zeichnen

- Ein Stück weiße Tafelkreide wird mit der Spitze kurz in Wasser getaucht, was ihr für die Zeichnung eine pastose Konsistenz gibt.
- Die Schüler fahren die Linien der Vorzeichnung mit Kreide nach. Einzelnen Partien, wie z.B. den Oberkörpern, kann durch zusätzliche Linien etwas mehr Volumen gegeben werden.
- Die Kreidespuren trocknen ziemlich rasch und werden vor der weiteren Bearbeitung mit Haarspray fixiert.
  Tipp: Kleine Kreidepartikel auf der schwarzen Fläche lassen sich abklopfen, mit dem Radiergummi entfernen oder, leicht verwischt, zur Strukturierung des Hintergrunds einsetzen.

Kleidungsstücke

- Aus weißem Papier schneiden die Schüler Kleidungsstücke für die jeweiligen Figuren zurecht: weite Röcke, kurze oder lange Hosen, ärmellose Oberteile, Hemden, Schals oder Tücher …
- Die Papierteile werden so auf die Figuren geklebt, dass sie Teile der Kreidezeichnung überdecken (siehe Lösung Phase 1 und 2).

Varianten

- Das Thema kann auch auf hellem Papier mit farbiger Tafelkreide ausgeführt werden.
- Es bietet sich an, die Kleidungsstücke, neben weißem, auch aus farbigem Papier fertigen zu lassen.

Zeichenhilfe: Figuren in Bewegung

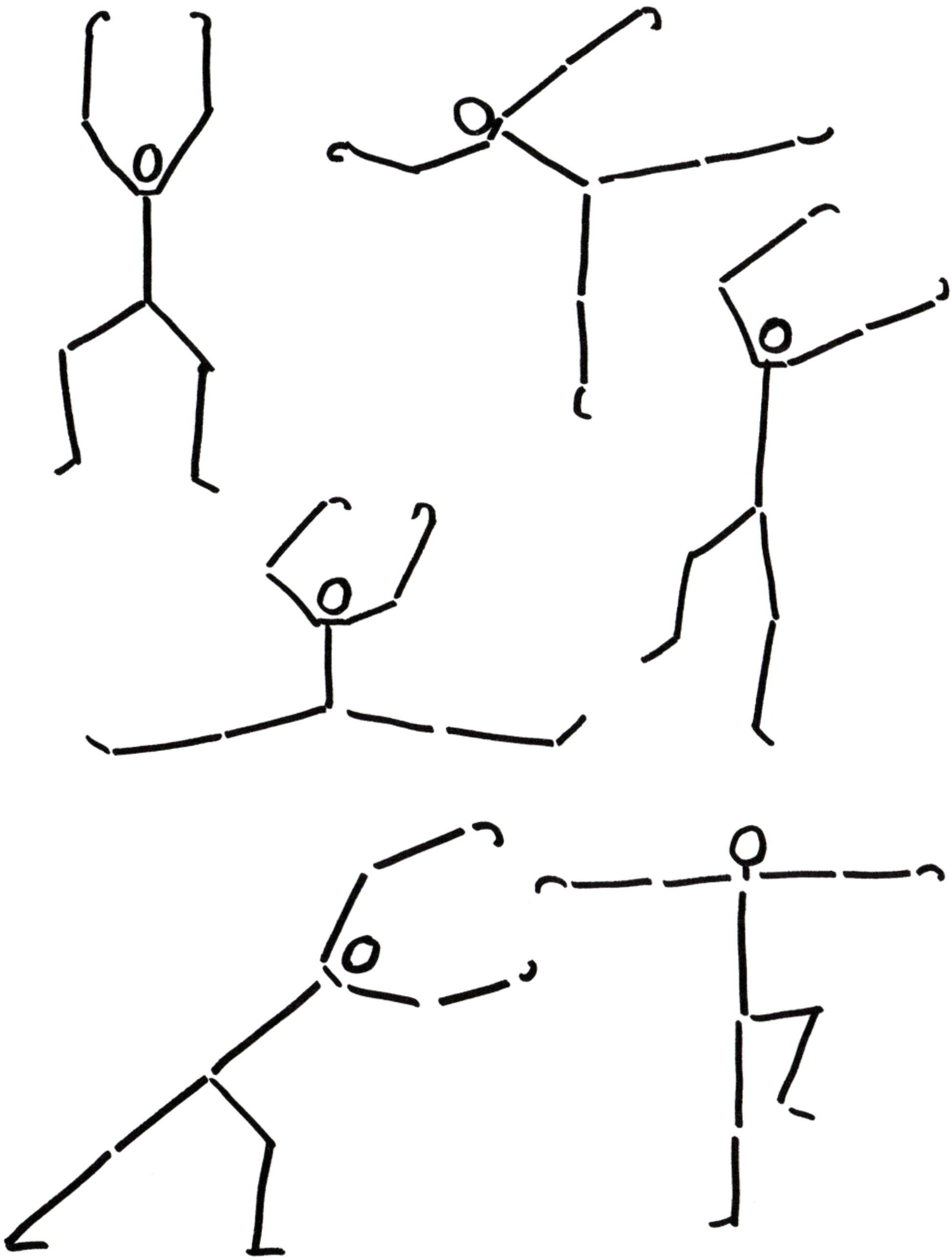

Rapper 1/3

Kurzbeschreibung:

Die Schüler entwerfen auf farbigem Tonpapier den Kopf eines Rappers. Dann werden Teile des Gesichts herausgeschnitten und mit weißem Papier unterlegt. In diese Flächen schreiben die Schüler einen selbstkreierten Rapsong.

Lehrplan/ Lernziele

- Die Schüler verschränken verschiedenfarbige Flächen durch Herausschneiden und Hinterlegen (Figur-Grund-Kontrast).
- Sie ordnen Texte auf einer gestalteten Fläche an (Schrift im Bild).
- Sie setzen sich mit der Welt der Werbung, mit Idolen und Texten auseinander.

Zeitaufwand

1–2 Unterrichtsstunden

Material

- Zeichenhilfe S. 48 (als Folie)
- weißes Zeichenpapier (DIN A4)
- farbiges Tonpapier/Kopierpapier (DIN A4)
- Bleistift, Lineal
- schwarzer Filzstift
- Schere
- Klebestift

Lösungsbeispiel

© Verlag an der Ruhr | Autorin: Gerlinde Blahak | ISBN 978-3-8346-2284-6 | www.verlagruhr.de

Rapper 2/3

So geht's:

Entwurf: Kopf eines Rappers

Die Schüler entwerfen auf farbigem Tonpapier oder buntem Kopierpapier mit Bleistift den Kopf eines Rappers in Frontalansicht.
Geben Sie folgende Hinweise:
- Teilt das Blatt senkrecht mit Bleistift und Lineal in zwei gleiche Hälften.
- Beginnt beim Zeichnen mit der Mütze (eng am Oberkopf anliegend, breiter umgeschlagener Rand). Sie sollte fast die Hälfte des Blattes einnehmen.
  Tipp: Zeigen Sie zur Orientierung die Zeichenhilfe S. 48 als Folie.
- Ergänzt unterhalb der Mütze das Gesichtsoval.
- Zeichnet riesige Brillengläser ein.
- Ergänzt Nase und Ohren.
- Entwerft einen weit geöffneten Mund.
  Tipp: Um Symmetrie zu erzielen, orientiert ihr euch an der senkrechten Hilfslinie.

Austausch von Flächen

- Die Schüler schneiden nun mindestens vier Flächen aus dem Gesicht heraus. Sie liegen abwechselnd auf der linken oder rechten Seite des Gesichts, links oder rechts der Hilfslinie.
  Tipps: Der Zugangsschnitt zu den einzelnen Flächen erfolgt entlang einer bereits vorhandenen Entwurfslinie (siehe Zeichenhilfe). Die restlichen Flächen sollen noch zusammenhängen. Fortgeschrittene Schüler können auch eine weitere Flächenauflösung in der unteren Gesichtshälfte (Nase, Lippen, Bart) versuchen (siehe Lösung).
- Das bearbeitete Gesicht wird deckungsgleich auf weißes Papier (DIN A4) geklebt. Die herausgeschnittenen Flächen erscheinen jetzt weiß.

Ausgestaltung

- Alle Bleistiftlinien werden nun mit schwarzem Filzstift nachgezogen oder ausradiert.
- Einzelne Details werden ergänzt: Strickmuster auf der Mütze, Piercing, Bart (-Stoppeln), Tattoo …
- Die Schüler denken sich einen kurzen Rap-Text aus und schreiben ihn in die weißen Flächen. Es können auch zusätzlich farbige Flächen beschrieben werden. Die Schüler verwenden Druck- oder Schreibschrift und versuchen, den jeweiligen Text so in die Fläche einzupassen, dass sie ganz ausgefüllt wird.

Rapper 3/3

Zeichenhilfe

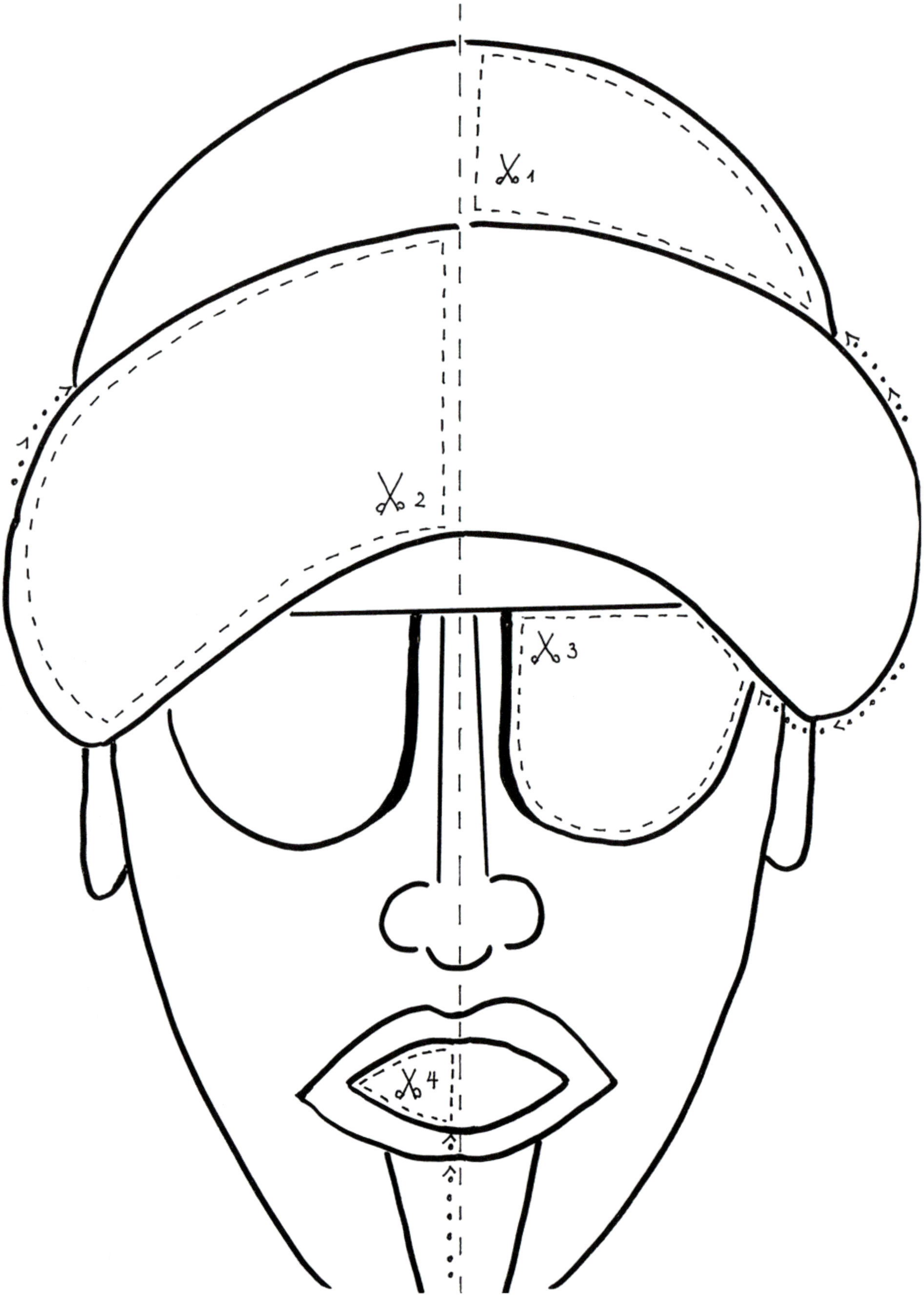

Knickbilder 1/3

Kurzbeschreibung:

Die Schüler knicken ein Blatt Papier so, dass eine verkleinerte Bildebene entsteht. Sie entwerfen ein einfaches Symbol, das sich nach dem Auseinanderziehen der Papierfläche zu einem überraschenden, neuen Motiv wandelt.

Lehrplan/ Lernziele

- Die Schüler erfahren, dass man durch Falten des Papiers neue Bildaussagen treffen kann.
- Sie beschäftigen sich mit dem Medium Zeichnung auf spielerische Weise.

Zeitaufwand 1–2 Unterrichtsstunden

Material

- Faltanleitung S. 51 (auf Folie)
- weißes Zeichenpapier (DIN A4)
- Lineal
- Bleistift, Radiergummi
- fein zeichnender Filzstift (Schwarz)

Lösungsbeispiel

1

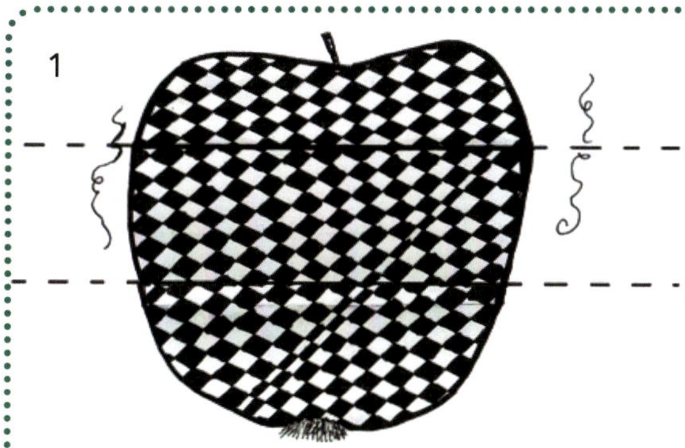

2

Knickbilder 2/3

So geht's:

Faltarbeit

- Zeigen Sie den Schülern die Faltanleitung auf S. 51. Die Schüler nehmen ihr Zeichenblatt (DIN A4) senkrecht und messen von den Schmalseiten her 3–4 cm ab. Sie knicken die Ränder entsprechend um und drehen das Blatt auf die Rückseite.
- Nun erfolgt von der Knickkante her wiederum eine Faltung im gewählten Abstand, allerdings nach der entgegengesetzten Seite. **Tipp:** Für das Falten evtl. das Lineal anlegen, um eine gerade Kante zu bekommen!
- Das Blatt wird mit den offenen Kanten nach oben zur Weiterarbeit bereitgelegt. **Wichtig:** Die Knickkanten stoßen nicht in der Mitte aneinander, sondern es bleibt ein Teil der ursprünglichen Blattfläche (6–7 cm) erhalten.

Zeichnung 1

Die Schüler entwerfen, zunächst mit Bleistift, über alle Faltkanten hinweg ein einfaches Motiv: Herz, Apfel, Vogel, Maus …
Tipp: Es sollte möglichst keine Binnenzeichnungen enthalten.

Zeichnung 2

Die Schüler „öffnen" das Knickbild und entwerfen mit Bleistift auf der erweiterten Fläche eine neue Bildidee (Lösung 1 und 2).
Wichtig: Alle abgebrochenen Linien müssen weiterlaufen. Muster und Linien, die sich nicht fortsetzen sollen, müssen in den „verdeckten" Flächen liegen. Das sollte immer wieder durch Zusammenklappen überprüft werden. Dort lassen sich auch Schriftzüge und Sprechblasen integrieren. Zum Schluss werden alle Entwurfslinien mit einem schwarzen Filzstift mit feiner Spitze nachgezogen.

Faltanleitung

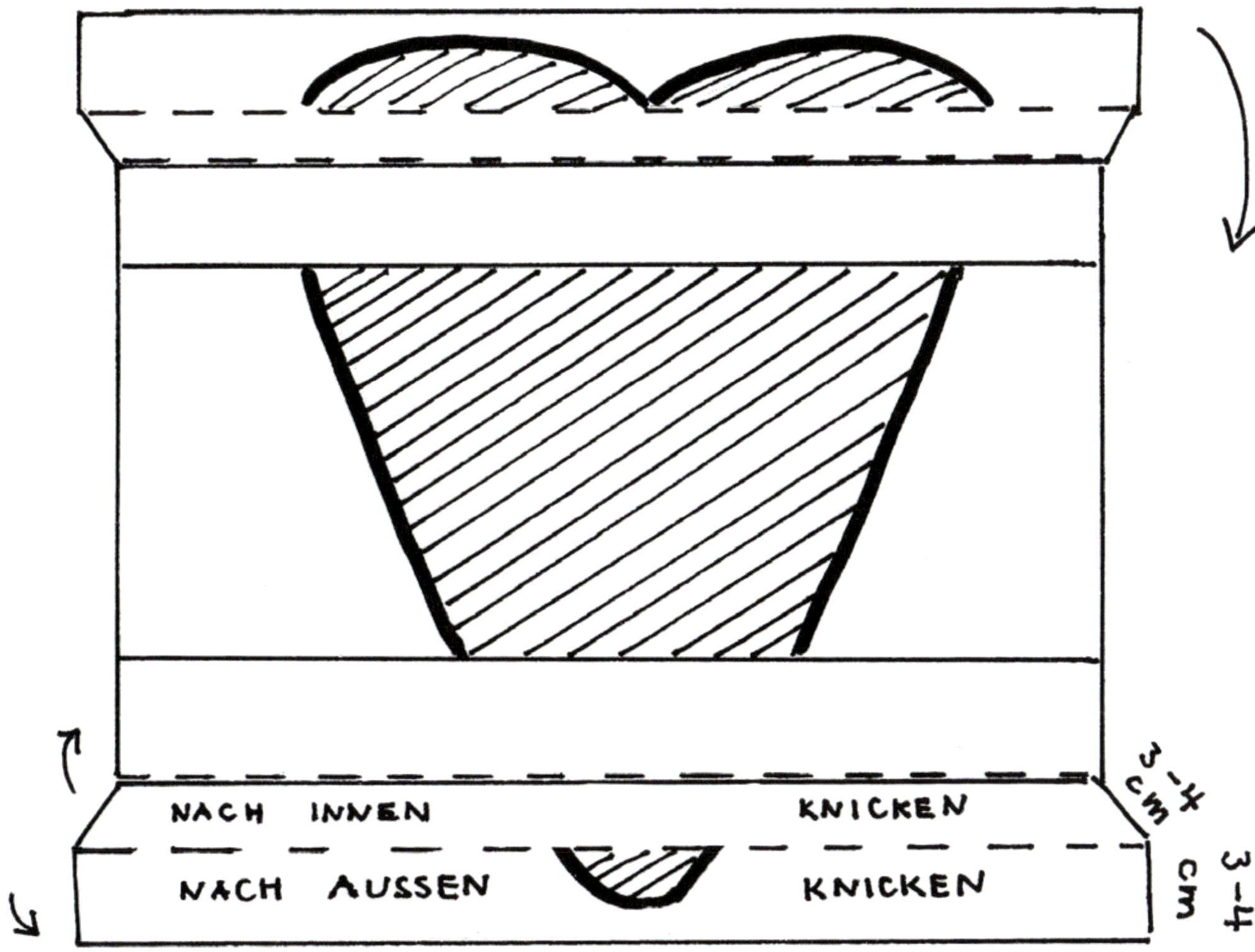

Im Weltraum 1/3

Kurzbeschreibung:

Die Schüler gestalten das Cockpit eines Raumschiffs, von dem aus man in den Weltraum hinausblickt. Sie arbeiten in Mischtechnik (Kleben und Zeichnen).

Lehrplan/ Lernziele

- Die Schüler kombinieren zwei Techniken (Kleben und Zeichnen).
- Sie experimentieren mit der Wirkung, die ein Bildausschnitt oder angeschnittene Objekte vermitteln.
- Sie stellen Dinge aus Fantasie und Vorstellung dar.

Zeitaufwand 2 Unterrichtsstunden

Material

- Bastelhilfe S. 54 (als Folie)
- Tonpapier in Dunkelblau oder Schwarz (DIN A4 oder DIN A3)
- gelbes oder orangefarbenes Tonpapier (DIN A4 oder DIN A3)
- weißes Papier (z.B. Kopierpapier)
- runde Schablonen (z.B. Klebestiftkappe, Jogurtbecher …)
- Holzmalstifte, Bleistift, Radiergummi
- Filzstifte
- Schere
- Klebestift

Lösungsbeispiel

So geht's:

Bildaufbau (Collage)

- Die Schüler nehmen gelbes Tonpapier (DIN A4 oder DIN A3) waagrecht und klappen es in der Mitte zusammen. Sie lassen es zusammengeklappt und zeichnen auf einer Seite mit Bleistift von der Knickkante aus in unterschiedlichem Abstand zwei geschwungene Linien zur unteren und oberen Bildkante hin (siehe Bastelhilfe S. 54). Sie schneiden nun die beiden Segmente aus dem doppelt genommenen Papier aus, sodass symmetrisch das Dach des Cockpits sowie das Armaturenbrett entstehen.
- Aus dem restlichen Tonpapier, das wiederum gefaltet wird, stellen die Schüler, wiederum aus der gefalteten Pappe, zwei gleich breite Streben (Breite ca. 3 cm) her.
- Alle Teile werden nun experimentierend auf dunkelblaues oder schwarzes Tonpapier (DIN A4 oder DIN A3) gelegt (siehe Bastelhilfe).

Planeten

- Vor dem Festkleben werden noch drei bis vier „Planeten" angefertigt: Mit Hilfe von Schablonen (z.B. Klebestiftkappe, Jogurtbecher) schneiden die Schüler aus weißem Papier Kreise aus.
- Sie färben sie unter leichtem Druck mit Holzmalstiften gelb, blau, rot oder grau (Bleistift) ein.
- Diese kreisförmigen Flächen werden nun auf dem Hintergrund angeordnet, und zwar so, dass die Abstände unregelmäßig sind und mindestens eine Fläche auch teilweise hinter Streben oder dem Dach des Raumschiffs verschwindet.
- Zwischen die Planeten werden noch ganz schmale, weiße Papierschnipsel geklebt, um Kometenbahnen anzudeuten.
- Dann klebt man alle Teile nacheinander an die vorgesehenen Stellen.
- Es soll der Eindruck vermittelt werden, dass der Blick aus dem Raumschiff ins Weltall hinausgeht.

Zeichnerisches Ausgestalten

Jetzt wird das Cockpit ausgestaltet. Geben Sie folgende Hinweise:

- Macht eure Entwürfe zunächst mit Bleistift.
- Bringt an Dach und Armaturenbrett viele technische Details an: Anzeigentafeln, Lampen, Drähte, Verkabelungen, Monitore, Helme, Steuerknüppel, Tastaturen …
- Zeichnet keine Astronauten, sondern nur technische Geräte.
- Arbeitet dann alles mit fein zeichnenden Filzstiften aus.

Im Weltraum 3/3

Bastelhilfe: Cockpit

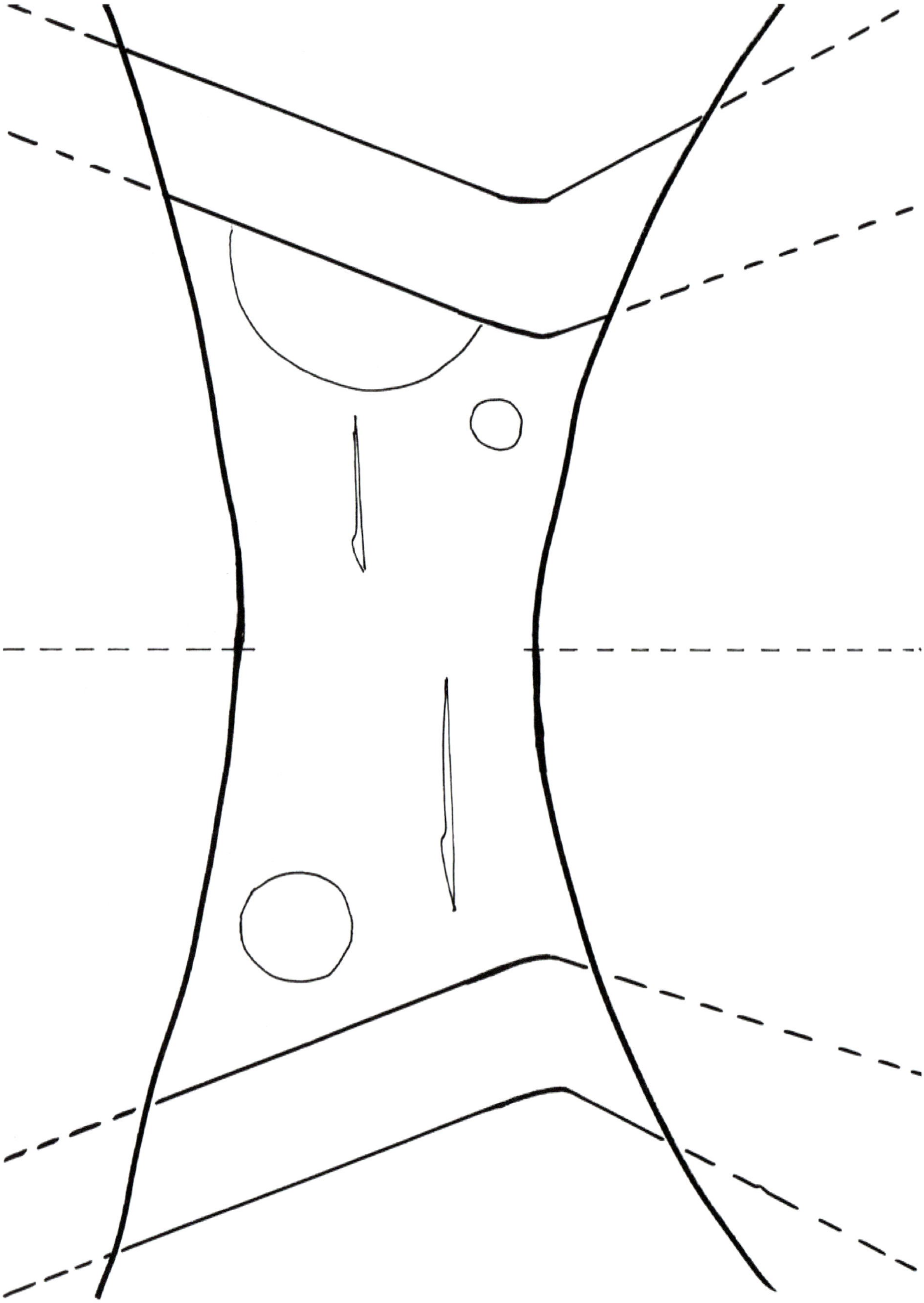

Kurzbeschreibung:

Die Schüler stellen mit den Mitteln der Parallel-Perspektive Fluggepäck auf einem Laufband dar. Die Vorderseiten der Koffer zeigen Motive aus Reisekatalogen.

Lehrplan/ Lernziele
- Die Schüler lernen dreidimensionales Darstellen mit Hilfe der Parallel-Perspektive kennen.
- Sie kombinieren Kleben (realistische Abbildungen) mit geometrischem Zeichnen.

Zeitaufwand 2 Unterrichtsstunden

Material
- Zeichenhilfe „Parallel-Perspektive" S. 57 (auf Folie)
- weißes Zeichenpapier (DIN A3)
- Reisekatalog
- Lineal
- Bleistift
- schwarze Filzstifte

Lösungsbeispiel

Fluggepäck 2/3

So geht's:

Bunte Kofferdeckel

- Die Schüler zeichnen mit Bleistift die Begrenzungslinien für ein geschwungenes Förderband, das sich diagonal über das Zeichenblatt (DIN A3) hinzieht.
- Sie schneiden aus Reisekatalogen Rechtecke aus, auf denen Landschaften, Hotels, Swimmingpools, exotische Tiere etc. abgebildet sind. **Tipp:** Ein Reisekatalog reicht für eine ganze Klasse. Es können auch Schriftzüge ausgeschnitten werden. Die rechteckigen Flächen sollen unterschiedliche Kofferformen widerspiegeln.
- Die farbigen Flächen werden beliebig auf dem Förderband angeordnet (sechs bis sieben Koffer). Die Rechtecke liegen in beliebiger Reihenfolge neben- und übereinander.

Volumen für die Koffer

- Mit Bleistift und Lineal ergänzen die Schüler die jeweiligen Rechtecke zu Quadern. Geben Sie folgende Hinweise:
  - Alle Abbildungen bilden die Vorderansicht der Koffer.
  - Alle Perspektivlinien verlaufen nach hinten.
  - Wähle für jeden Koffer, den du zeichnen willst, für die erste Seitenkante einen beliebigen Winkel und eine beliebige Länge (Zeichenhilfe S. 57, 1–2).
  - Durch Parallelverschiebung konstruierst du zwei weitere Eckpunkte und verbindest sie.
  - Von jedem „Koffer" sieht man insgesamt drei Seitenflächen.
  - Bei Überschneidungen werden Kanten teilweise verdeckt.
  - Überlege, woher der Lichteinfall kommt: Entsprechend erscheinen die Seitenflächen, die im Schatten der Lichtquelle liegen, völlig schwarz. Markiere das mit Bleistift.
  - Die dem Streulicht schräg zugewandten Flächen werden mit einer Parallel-Schraffur versehen.
    Wichtig: Dabei orientiert sich die Richtung der Linien an den Seitenkanten.
  - Ziehe alle Linien, auch die Kanten der Bildausschnitte, mit fein zeichnendem, schwarzem Filzstift nach.
  - Male die Schattenflächen schwarz aus, und lege die Parallel-Schraffuren an.
  - Diesen letzten Flächen gibst du mit Bleistift noch zusätzlich einen Grauton.

Weitere Details

- An die Koffer werden mit Filzstift Griffe, Gurte, Schnallen, Kofferanhänger und Rollräder angefügt.
- In eine Ecke des Blattes zeichnen die Schüler einen Kofferwagen mit einigen Gepäckstücken, die nach der oben beschriebenen Methode konstruiert werden.
- Die restliche freie Blattfläche wird mit Hinweisschildern (Abflug, Gate 1–10, Duty-Free-Shop etc.) aufgelockert.
- Alle Konturen, auch die des Förderbandes, werden mit kräftigem, schwarzem Filzstift nachgezogen.

Zeichenhilfe: Parallel-Perspektive

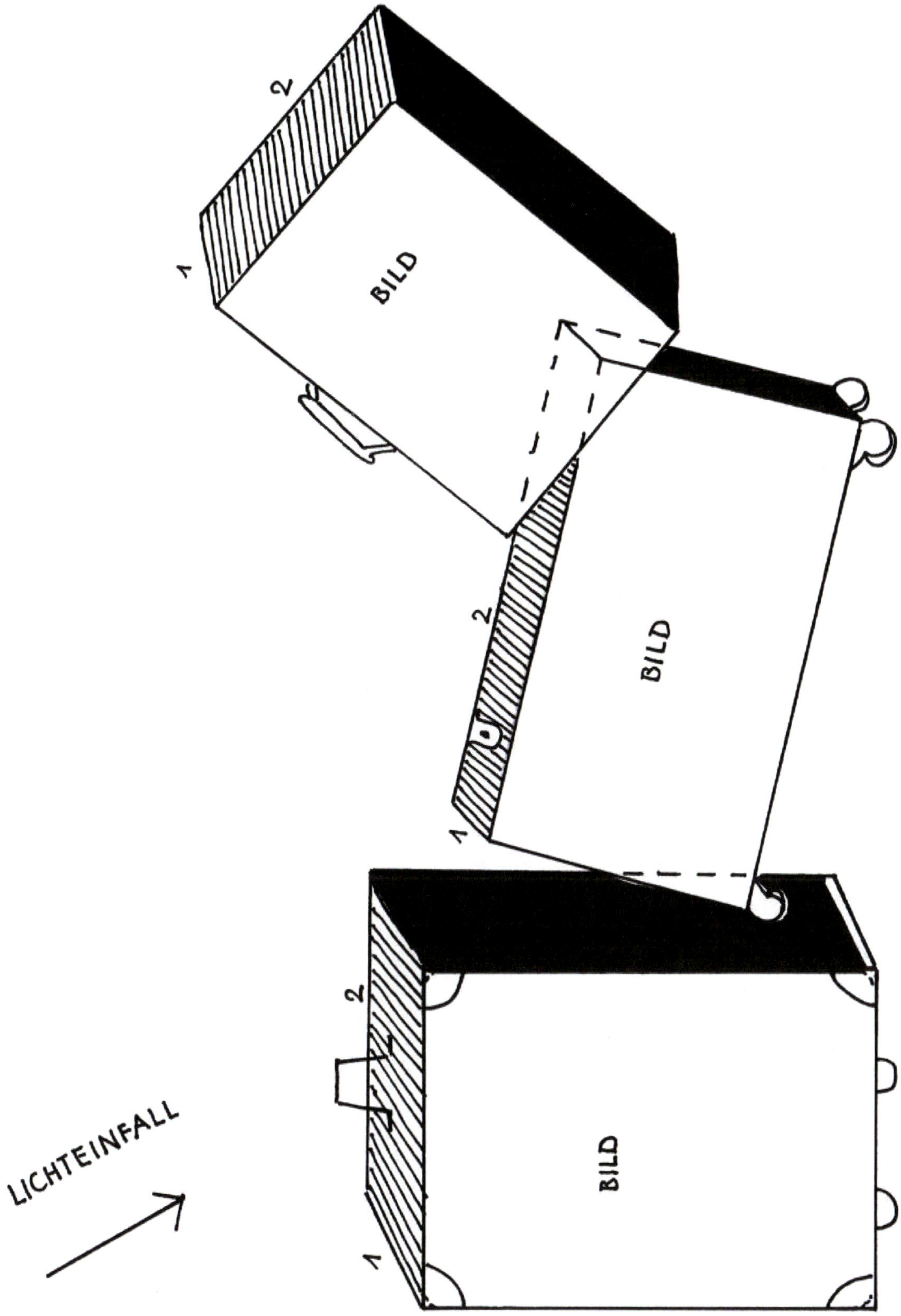

Medizinmann 1/3

Kurzbeschreibung:

Die Schüler gestalten in 4er-Gruppen die Figur eines Medizinmanns. Dabei arbeiten sie spielerisch nach dem Zufallsverfahren mit verdeckten Bildteilen („Cadavre exquis").

Lehrplan/ Lernziele

- Die Schüler erproben eine neue Methode der Gruppenarbeit.
- Sie lernen eine Gestaltungstechnik der Surrealisten kennen: Eine Zeichnung wird von mehreren Personen abschnittsweise fortgesetzt, ohne dass die einzelnen Teammitglieder die vorhergehenden Bildideen sehen.

Zeitaufwand

1–2 Unterrichtsstunden

Material

- Zeichenhinweise S. 60 (auf Folie)
- weißes Zeichenpapier (DIN A3)
- Bleistift
- Radiergummi
- Büroklammern

Lösungsbeispiel

Medizinmann 2/3

So geht's:

Gruppen- und Blatteinteilung

Die Schüler finden sich zu 4er-Gruppen zusammen. Zeigen Sie die Folie auf S. 60. Jedes Gruppenmitglied nimmt auf einem weißen DIN-A3-Blatt folgende Einteilung vor:

- Das Blatt wird in der Mitte zusammengeklappt (Fläche DIN A4).
- Nach nochmaligem Falten in die gleiche Richtung erhält man einen schmalen Streifen (ca. 7,5 x 20 cm).
- Aufgeklappt ist das Zeichenblatt nun in vier gleich große Flächen unterteilt. Die Knickkanten dienen als Trennlinien.

1. Teilfläche

Nun beginnt jeder in der Gruppe auf der jeweils obersten Fläche den Kopf eines Medizinmanns (Schamanen) zu entwerfen.
Die Schüler arbeiten mit Bleistift.
Geben Sie folgende Tipps:

- Denkt an afrikanische Masken mit riesigen Augen und Zähnen. Erfindet eine zottelige Haartracht und einen ungewöhnlichen Kopfputz, z.B. mit Fell und Hörnern …
- Der Entwurf endet an der Halspartie.
- Setzt dort an der Knickkante zum zweiten Bildabschnitt Markierungen, die zeigen, wo eure Zeichenlinien enden.
- Knickt euren Bildteil nach hinten, befestigt ihn mit zwei Büroklammern, und reicht das Blatt an euren Gruppennachbarn weiter.
- Du selbst erhältst ein Blatt eines anderen Gruppenmitglieds (mit verdecktem Entwurf!).

Weitere Teilflächen

Nach diesem Verfahren werden dann die weiteren Teilflächen ausgearbeitet. Geben Sie dazu folgende Hinweise:

- Auf Abschnitt 2 entwerft ihr den Oberkörper des Medizinmannes bis zur Taille. Hier werden auch die Arme eingezeichnet (ausgestreckt, überkreuzt …)
- Auf Abschnitt 3 zeichnet ihr den Körper der Figur bis zu den Knien.
- Auf Abschnitt 4 sollen Unterschenkel und Füße zu sehen sein.
- Denkt immer daran, Markierungen zu setzen und das Blatt nur umgeknickt weiterzureichen.

Präsentieren

Zum Schluss landet das fertige Bild wieder an seinem „Ausgangspunkt“. Es wird aufgefaltet und begutachtet. Nebeneinander gehängt ergibt sich eine skurrile Reihe von individuellen Gestalten.

Varianten

Jeder Schüler kann „sein“ Gruppenbild noch farbig oder grafisch ausgestalten.

© Verlag an der Ruhr | Autorin: Gerlinde Blahak | ISBN 978-3-8346-2284-6 | www.verlagruhr.de

Medizinmann 3/3

Zeichenhinweise: Cadavre exquis

Abschnitt 1

Kopf

Abschnitt 2

Oberkörper bis zur Taille

Abschnitt 3

Unterkörper bis zum Knie

Abschnitt 4

Beine und Füße

Jahrgangsstufe 5–10

Klapphand 1/3

Kurzbeschreibung:

Die Schüler gestalten aus den Umrissen ihrer eigenen Hand eine Einladungskarte oder einen Vokabeltrainer, die sich aufklappen lassen.

Lehrplan/ Lernziele

- Die Schüler üben lineares Zeichnen und Ausgestalten.
- Sie arbeiten mit dem Bezug zwischen Schrift und Bild.

Zeitaufwand

1 Unterrichtsstunde

Material

- Zeichen- und Falthilfe S. 64 (auf Folie)
- weißes Zeichenpapier (DIN A4)
- Bleistift, Radiergummi
- Lineal
- dünner schwarzer Filzstift

Lösungs-beispiel

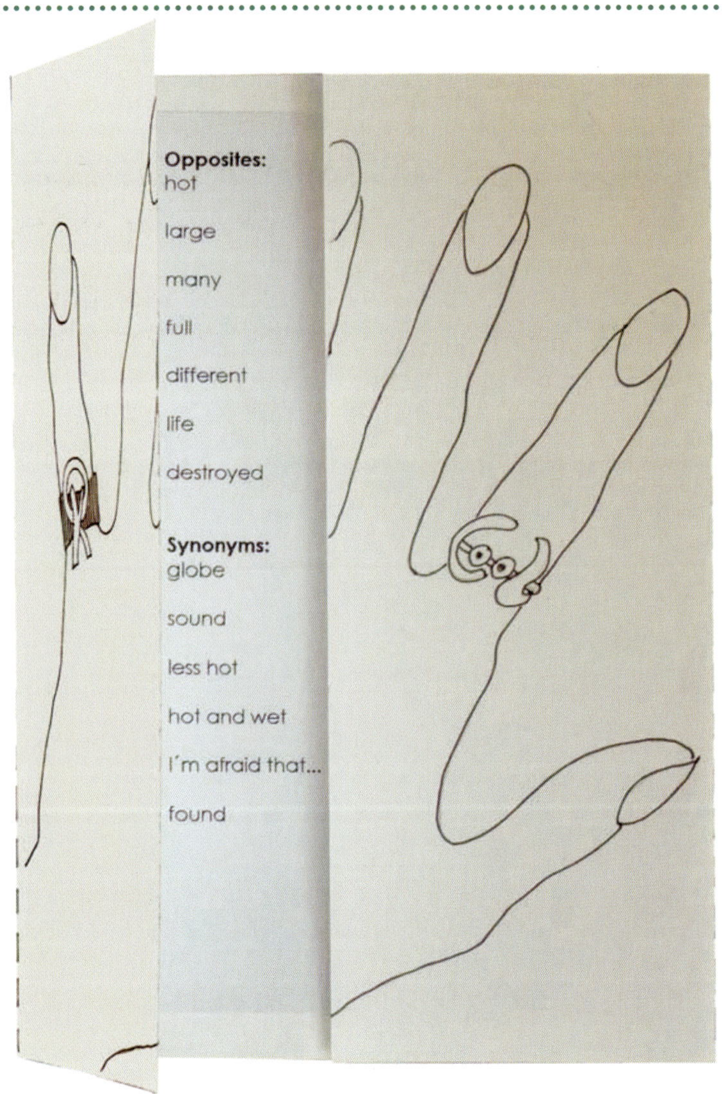

Klapphand 2/3

So geht's:

Zeigen Sie die Zeichen- und Falthilfe auf S. 64 auf Folie.

Klappkarte herstellen

Die Schüler markieren die Mitte des Zeichenblattes (DIN A4, waagrecht genommen) und klappen den linken und rechten Rand so nach innen, dass die Kanten genau in der Mitte aneinanderstoßen.

Umrisse der Hand

- Sie legen die linke oder rechte Hand mit gespreizten Fingern auf die entstandene Fläche und fahren die Umrisse mit Bleistift nach. Dabei muss der Stift möglichst senkrecht gehalten werden.
- An den Fingerspitzen ergänzen sie ovale Nagelformen.

Ausgestaltung

- Für die Finger werden nun Ringe entworfen. Dabei sollten möglichst ausgefallene Kreationen entstehen.
  Tipp: Vielleicht lassen sich die Anfangsbuchstaben von Namen integrieren. Auch ein kleines Tattoo oder eine Verzierung an den Nägeln ist denkbar.
- Anschließend werden alle Umrisslinien mit feinem, schwarzem Filzstift nachgezogen.

Text

- Einladung: Eine Hälfte der Karte wird aufgeklappt und die Mittellinie auf der Innenfläche markiert. Auf der linken Seite wird ein schwungvoller Schriftzug (z.B: „EINLADUNG") entworfen.
  Auf der rechten Seite folgen die Details: z.B. Anlass, Ort, Zeit …
  Die Informationen lassen sich lesen, je nachdem welche Seite der Karte aufgeklappt wird.
- Vokabelblatt: Eine Kopie aus dem Lehrbuch wird eingelegt.

Zeichen- und Falthilfe: Karte

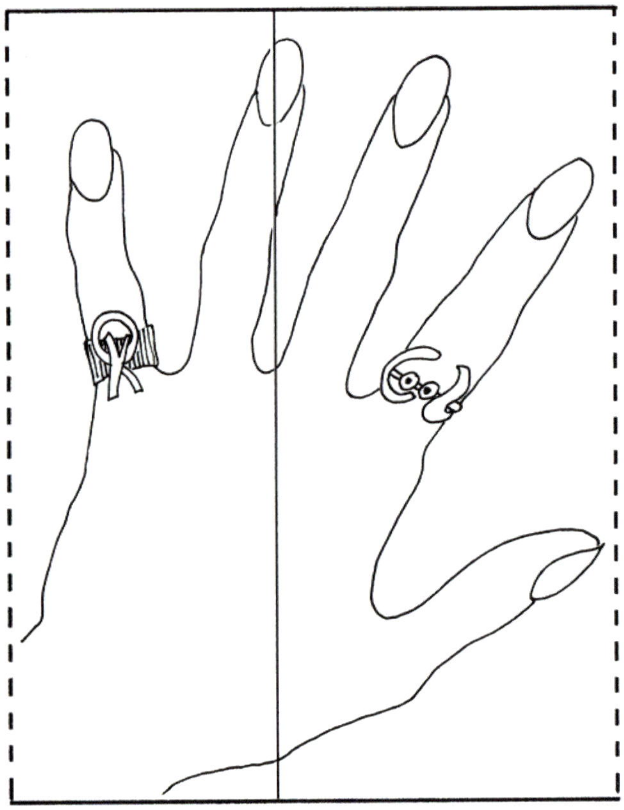

geschlossen

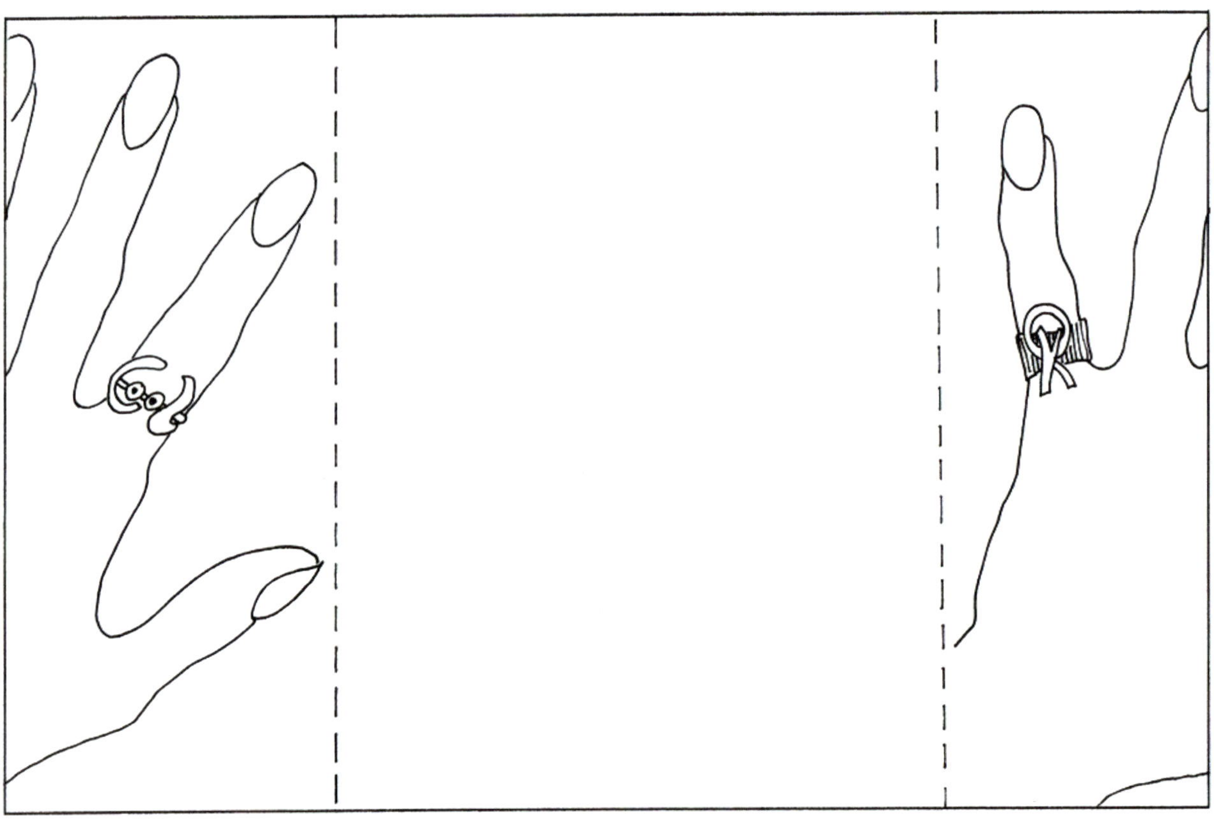

offen

Kurzbeschreibung:

Die Schüler arbeiten in den Bereichen Grafik und Collage Vorschläge für Karten aus. Dabei gestalten sie angedeutete Vorschläge weiter.

Lehrplan/ Lernziele

- Die Schüler setzen Techniken aus dem Bereich der Collage und Grafik ein.
- Sie führen neue Text-Bild-Kombinationen gestalterisch fort.

Zeitaufwand

1–2 Unterrichtsstunden

Material

- Kopien von Vorlagen S. 67/68 (DIN A4, als Kopie)
- Bleistift, Radiergummi
- Lineal
- schwarzer, fein zeichnender Filzstift

Für Vorschlag 2 außerdem:

- Reste von Geschenkpapier, Flyer
- dicker, schwarzer Filzstift (evtl. Edding)
- Schere
- Klebestift
- Lineal

Lösungsbeispiele

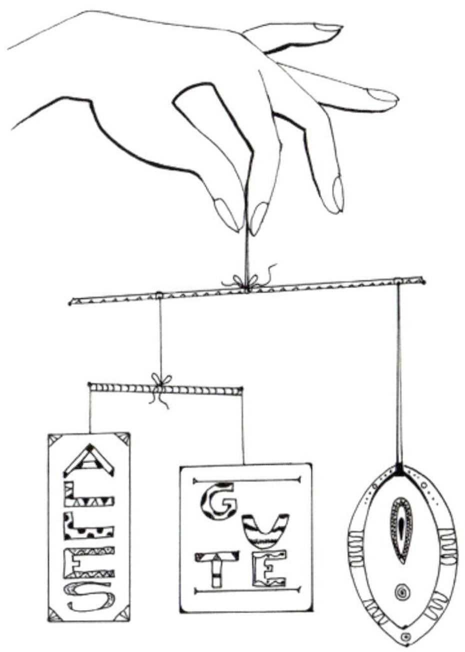

Glückwunschkarten 2/4

So geht's:

„Mobile“

- Die Schüler entscheiden, welchen Schriftzug sie gestalten wollen: Alles Gute, Danke, Frohes Fest …
- Sie zeichnen, zunächst mit Bleistift, dann mit fein zeichnendem schwarzem Filzstift, direkt auf die Kopiervorlage (S. 67) Rechtecke, Kreise oder Ovale in Frontalansicht, die an Fäden an den Querbalken des Mobiles hängen.
  Sie können das Lineal benutzen oder beliebige Formen frei Hand erfinden.
  Tipp: Wo sich die Querbalken nach unten neigen, sollten größere Formen angebracht werden.
- In die entstandenen Flächen (immer in Vorderansicht) werden nun Buchstaben oder einzelne Wörter gesetzt.
  Tipp: Die Schriftzüge füllen die Fläche gut aus, stoßen aber nicht an den Rändern an.
- Zum Schluss werden die Flächen der Buchstaben oder des Hintergrundes mit Mustern ausgestaltet.

Varianten

- Das DIN-A4-Blatt kann mit dem Kopiergerät auf Postkartengröße verkleinert und vervielfältigt werden.
- Die Aufgabe kann man auch mit farbigen Filzstiften lösen.

„Pakete“

- Collagearbeit:
  Die Schüler füllen die angedeutete Paketform der Kopiervorlage (S. 68) mit vielen kleinen Paketen. Dazu schneiden sie aus Geschenkpapier oder bunten Flyern verschiedene Rechtecke und setzen sie in die große Paketform hinein.
  Wichtig: Sie müssen zwischen den einzelnen Farbflächen noch genügend Zwischenraum lassen, um später Schleifen, Schnüre etc. anzubringen. Auch die angedeuteten Flächen in Breite der Geschenkbänder sollte freigelassen werden.
  Tipps: Die ausgeschnittenen Paketformen sollen variieren, müssen aber nicht streng rechtwinklig sein. Alle Paketflächen werden zunächst nur experimentierend aufgelegt, bevor man sie festklebt.
  Die Farbflächen sollen an den Außenrändern der großen Paketform anstoßen.
- Filzstiftarbeit: Alle Paketformen erhalten eine zusätzliche Kontur mit feinem, schwarzem Filzstift. Außerdem werden sie an der Oberseite mit Schleifen und Bändern versehen.
  Mit dickem Filzstift zeichnen die Schüler dann noch Verschnürungen in die Flächen. Die große Paketform und deren Verschnürungen erhalten mit Filzstift und Lineal einen exakten Rand. Oben am Paket entwerfen die Schüler eine Schleife, die aus einer Aneinanderreihung von winzigen gezeichneten Paketen besteht.
- Die Schriftzüge für den Glückwunsch werden auf die dafür vorgesehenen Zeilen im unteren Bereich des Bildes gesetzt.

Vorlage: Mobile

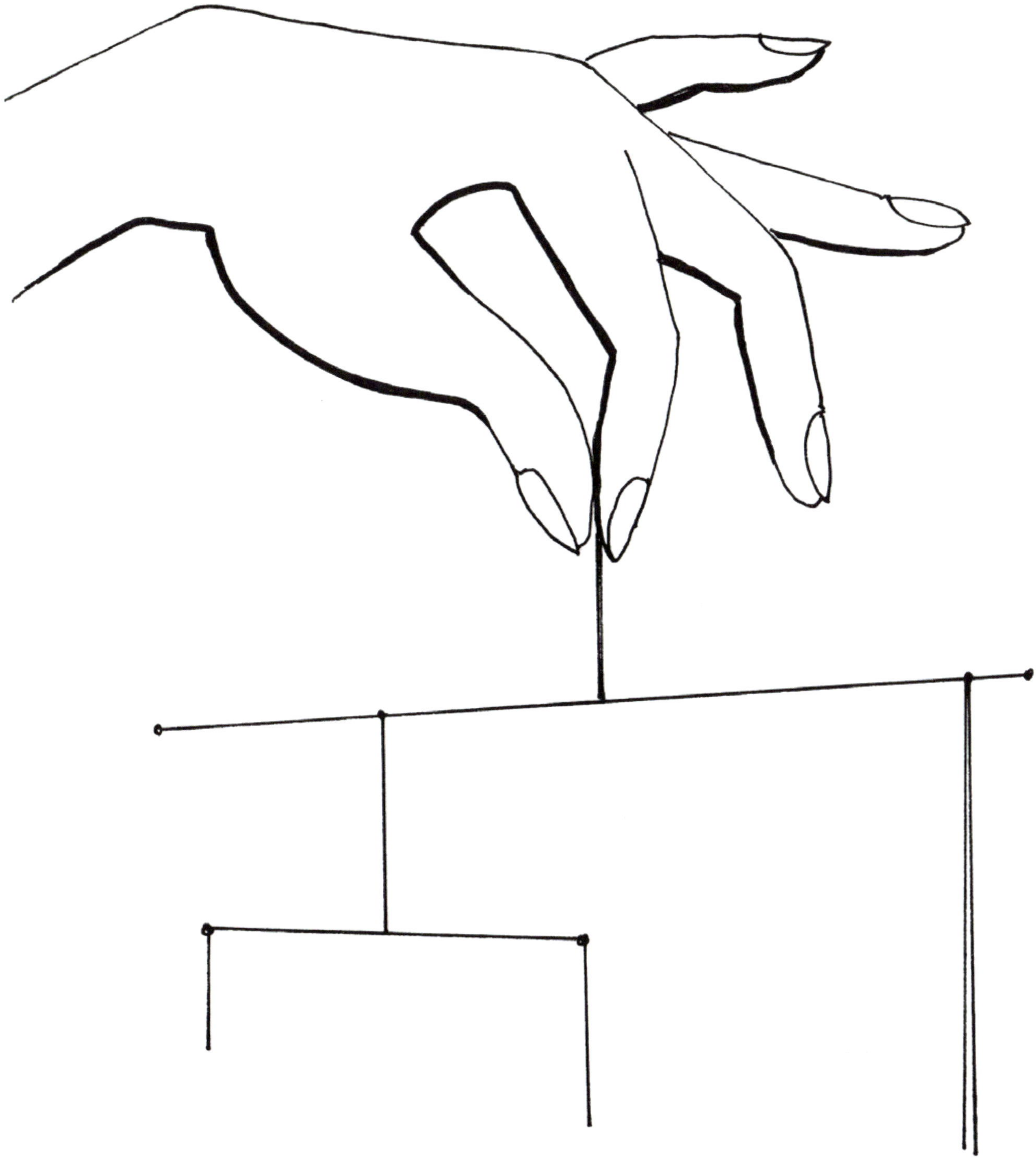

Glückwunschkarten 4/4

Vorlage: Pakete

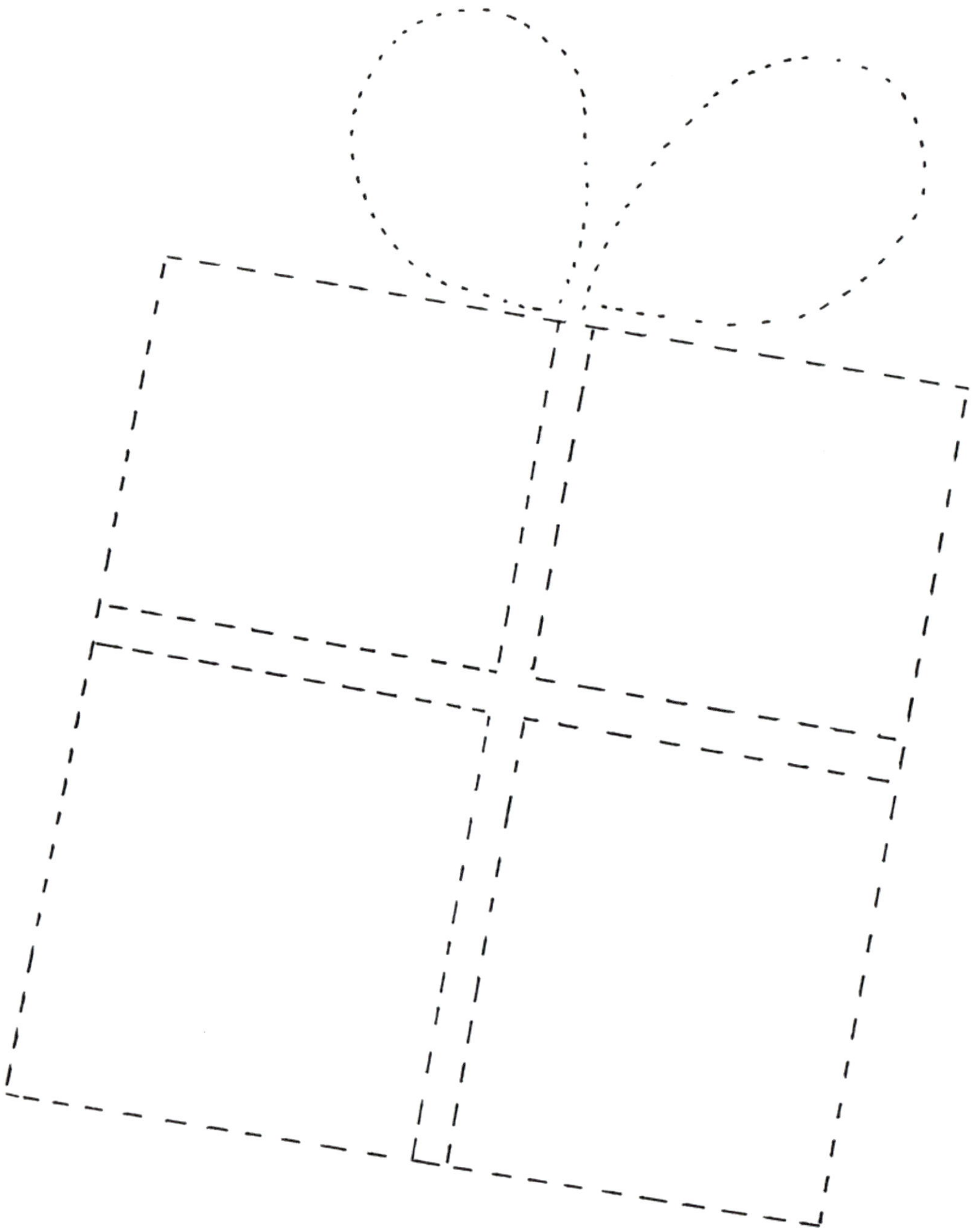

Geschenkanhänger 1/3

Kurzbeschreibung:

Die Schüler kreieren fantasievolle Geschenkanhänger, indem sie in Mischtechnik Reißen, Kleben und Zeichnen verbinden.

Lehrplan/ Lernziele

- Die Schüler arbeiten mit Abfallpapier und Filzstiften in Mischtechnik (Reißen, Kleben, Zeichnen).
- Sie gestalten im Alltag einsetzbare Kärtchen (Bereich Design) mit Symbolen und dekorativen Elementen.

Zeitaufwand

1–2 Unterrichtsstunden

Material

- Bastelhilfe S. 71 (auf Folie)
- weißes Papier (DIN A4)
- braunes Packpapier/alte Versandtaschen
- Bleistift, Radiergummi
- Lineal
- Filzstifte
- ggf. Schere zum Ausschneiden der Kärtchen
- Klebestift
- Locher

Lösungsbeispiele

Geschenkanhänger 2/3

So geht's:

Die Ausgangsflächen (Kärtchen)

- Ein weißes Blatt Papier (DIN A4) wird mit Lineal und Bleistift in etwa zwölf Rechtecke unterteilt. Dabei kann die Größe der Flächen variieren.
- Dann reißen die Schüler aus braunem Packpapier oder alten Versandtaschen und Umschlägen Flächen in beliebiger Form heraus. Wichtig ist, dass sie kleiner sind als die jeweilige Fläche eines Rechtecks und dass sie dessen Kanten nicht berühren. Sie kleben diese Papierteile gleich auf (siehe Anleitung auf der Bastelhilfe S. 71).

Aufzeichnen der Motive

Die Schüler entwerfen zunächst mit Bleistift einfache Motive für jede Rechteckfläche. Geben Sie als Anregung folgende Hinweise:

- Entwerft zunächst in ganz einfachen Umrissen Motive aus Themenbereichen wie Sternzeichen, Blüten, Vögel, Schmetterlinge, Fische, Initialen, Zahlen … (siehe Anleitung).
- Die Motive werden über die Risskanten der aufgeklebten Flächen hinaus aufgezeichnet, sollen aber nicht an den Rändern anstoßen.
- Fahrt alle Umrisse mit schwarzem Filzstift nach.
- Gestaltet die Bildideen in einem zweiten Schritt farbig mit Filzstiften aus.
- Da die Motive relativ klein sind, kommen sie durch fein zeichnende Stifte besser zur Geltung.

Fertigstellen der Anhänger

- Zuletzt werden die Kanten der Kärtchen mit „Zierstichen" zeichnerisch bearbeitet: Mit Kreuzstich, Stielstich, Schlingstich … (siehe Anleitung).
  Tipp: Wenn die Ecken etwas abgerundet werden, verstärkt sich der Eindruck eines „Handarbeitsdeckchens".
- Die Kärtchen werden ausgeschnitten.
- Mit einem Locher werden Löcher für Schnüre oder Bänder eingestanzt.
- Texte, wie Glückwünsche, Sprüche etc., finden auf der Rückseite des Anhängers Platz.
  Tipp: Die Kärtchen lassen sich gut mit dem Kopiergerät vervielfältigen sowie, vergrößert, für Glückwunschkarten verwenden.

Bastelhilfe

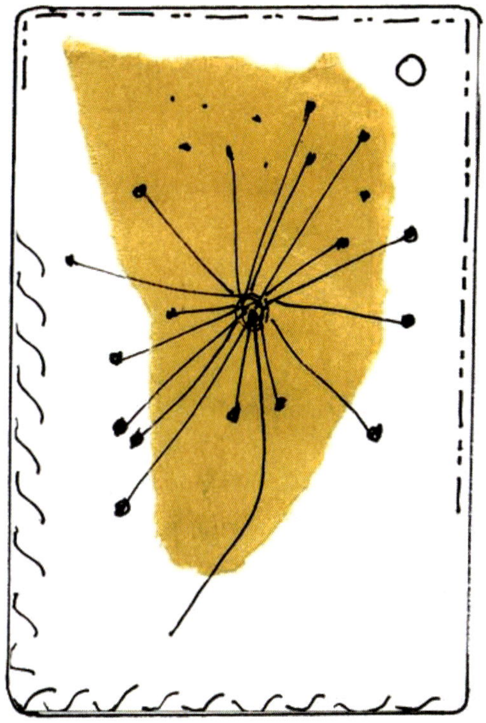

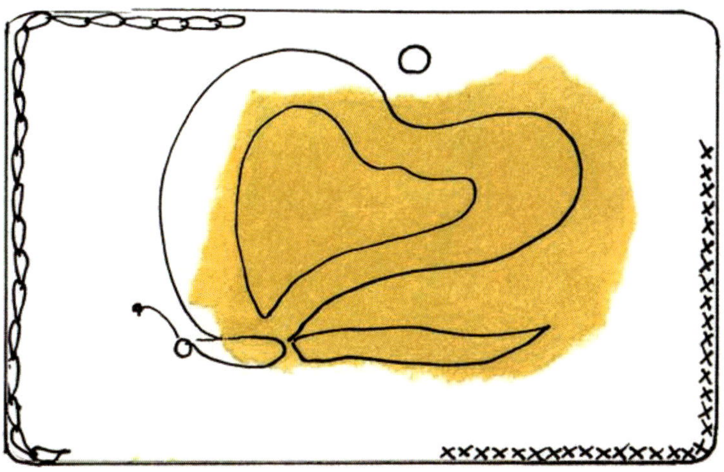

Papierrahmen 1/3

Kurzbeschreibung:

Durch Schneiden und Einrollen entstehen zwei unterschiedliche Rahmen aus Papier, in denen die Schüler eigene Bilder präsentieren können.

Lehrplan/ Lernziele

- Die Schüler widmen sich einer Papierschneidearbeit (3D-Effekte/Muster-Grund-Bezug).
- Sie befassen sich mit dem Hervorheben und Präsentieren von Bildern (Thema Design).

Zeitaufwand

1 Unterrichtsstunde

Material

für Vorschlag 1:
- Bastelhilfe S. 74 oben (auf Folie)
- zu rahmendes Bild
- ein Blatt Tonpapier (hell oder dunkel)
- Bleistift, Lineal
- weißer Holzstift, Silberstift, schwarzer Filzstift
- Schere
- Klebestift

für Vorschlag 2:
- Bastelhilfe S. 74 unten (auf Folie)
- zu rahmendes Bild
- weißes Papier (DIN A4)
- schwarzes Tonpapier (DIN A4)
- Bleistift
- Lineal
- Schere
- Klebestift

Lösungs-beispiele

Papierrahmen 2/3

So geht's:

Vorschlag 1: gerollter Kritzelrahmen

- Die Schüler wählen zum Rahmen ein Bild aus, dessen Fläche halb so groß wie ein Din-A4-Blatt oder beliebig kleiner ist. Je nach Farbgebung des Bildes, das gerahmt werden soll, entscheiden sie sich für helles oder dunkles Tonpapier als Rahmen. **Tipp:** Diese Arbeit eignet sich gut für Fotografien.
- Sie legen das Bild mittig auf die Fläche und zeichnen seine Umrisse mit Bleistift nach.
- Die Konturlinien (Länge und Breite) werden mit dem Lineal jeweils bis zu den Blatträndern verlängert.
- Die entstandenen rechteckigen Flächen an den Ecken werden nun herausgeschnitten, sodass vier Seitenklappen entstehen.
- Die Schüler legen das Tonpapier auf eine Unterlage (z.B. Zeitungspapier) und bemalen die vier entstanden Seitenklappen mit Kritzellinien, die in ihrer Richtung den längeren Außenkanten folgen. Sie verwenden weiße oder farbige Holzmalstifte, Filzstifte oder auch Silberstifte.
  Tipp: Die Schüler kritzeln spontan über die Schnittkanten des Tonpapiers hinaus. Sie legen bis zu drei Kritzelebenen übereinander.
- Das Papierteil wird auf die Rückseite gedreht und das Bild an die vorgesehene Stelle (Hintergrund – B) geklebt.
- Jetzt rollt man die Seitenklappen fest um einen Stift in Richtung Bildmitte. Wenn der Stift herausgezogen wird, bleibt ein lose gerollter dreidimensionaler Rahmen um das Bild stehen.

Vorschlag 2: Rahmen mit Strukturen

- Das Bild, das gerahmt werden soll, wird in die Mitte des schwarzen Tonpapiers gelegt, und seine Umrisse werden mit Bleistift nachgezogen.
- Nun zeichnet man innerhalb dieser reservierten Fläche (in der Skizze innerhalb der gestrichelten Linie) ein weiteres, um 0,5 cm kleineres Rechteck ein.
- Das Tonpapier wird nun umgedreht und in der Mitte zusammengeklappt (dann ergibt sich eine Fläche im Format DIN A5). Die vorgezeichneten Linien liegen außen.
- Jetzt schneidet man das kleinere Rechteck (doppelt) heraus.
- Von den Klappkanten her bringt man noch zwei oder drei Einschnitte an und erweitert sie zu ganz schmalen, langen Dreiecksformen (siehe Folie).
- Dann wird der Rahmen an den kürzeren Seiten in der Mitte noch einmal zusammengeklappt, und auch dort bringt man verschieden geformte Einschnitte an.
- Nun kontrolliert man die Lage von Rahmen und Bild: Das Bild wird in die Mitte eines weißen Blattes (DIN A4) gelegt und die Position der Ecken mit Bleistift markiert. Klappt man nun den Rahmen auf und legt ihn darüber, muss er die Bildkanten etwas überdecken (um die 0,5 cm).
- Als Letztes wird alles passgenau aufgeklebt. Die ausgeschnittenen Muster heben sich weiß auf dem schwarzen Rahmen ab.

Papierrahmen 3/3

Bastelhilfen

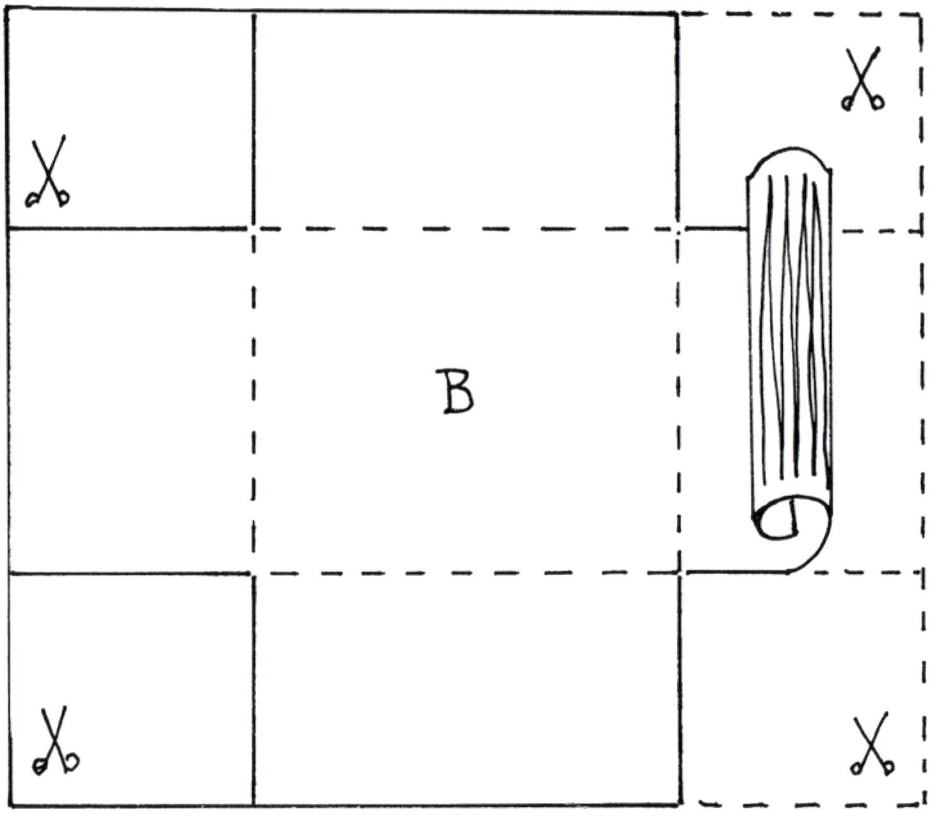

Vorschlag 1

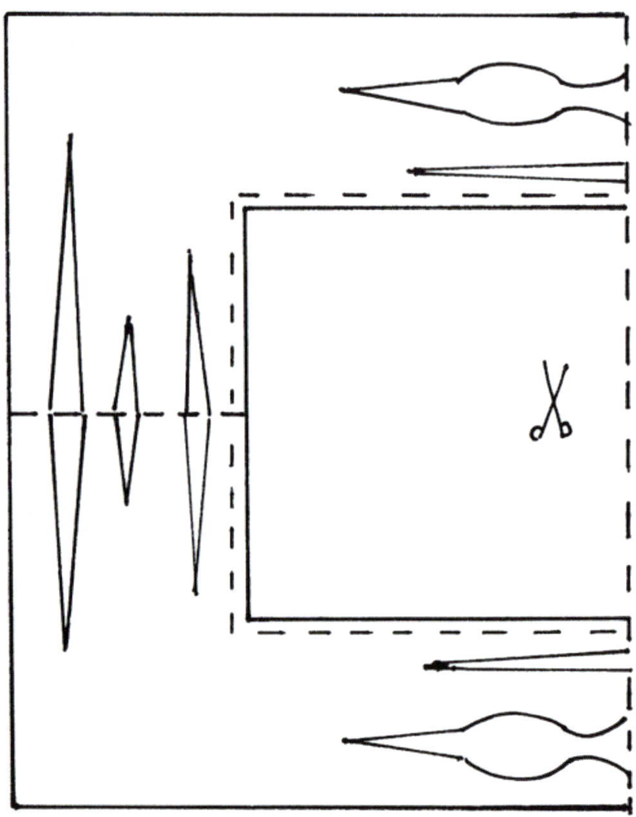

Vorschlag 2

Fundbüro 1/2

Kurzbeschreibung:

Die Schüler zeichnen mit Filzstift verschiedene Gegenstände, die in den Regalen eines Fundbüros aufgereiht sind.

Lehrplan/ Lernziele

- Die Schüler erproben gegenständliches Zeichnen.
- Sie arbeiten in den Bereichen Grafik und Collage.

Zeitaufwand

2 Unterrichtsstunden

Material

- weißes Zeichenpapier (DIN A4)
- Bleistift, Radiergummi
- Lineal
- fein zeichnende, schwarze Filzstifte
- Reste von schwarzem Tonpapier
- Schere oder Papierschneidegerät
- Klebestift

Lösungsbeispiel

Fundbüro 2/2

So geht's:

Blatteinteilung (Regal)

- Weißes Zeichenpapier (DIN A4) wird quer genommen.
- Mit dem Lineal und Bleistift werden drei waagrechte Regalbretter eingezeichnet. Jedes erhält eine „Dicke" von ca. 1 cm.
- Am oberen Bildrand wird zusätzlich noch eine Fläche von 2 x 15 cm für ein Hinweisschild („Fundbüro") reserviert.

Fundgegenstände (Entwürfe)

- Auf die Regalbretter zeichnen nun die Schüler mit Bleistift in loser Folge Objekte, die in einem Fundbüro abgegeben worden sein könnten: Hüte, Handschuhe, Handys, Taschen aller Art …
- Sie platzieren die Gegenstände neben- oder hintereinander, wobei die Perspektive keine Rolle spielt.
- Die Objekte stehen auf den Regalkanten oder etwas darüber. Kleinere Sachen, wie Ketten oder Schlüssel, hängen an Haken.

Ausarbeitung

- Alle Linien der Vorzeichnung werden mit feinem, schwarzem Filzstift nachgezogen.
- Manche Flächen werden mit Schriftzügen oder Mustern aufgelockert.
- Etwa 1 cm von den Regalkanten entfernt wird mit Lineal und Filzstift die hintere Kante der Regalböden angedeutet. Wichtig: Diese Linien laufen hinter den Gegenständen vorbei. Dadurch erhalten die Regale eine gewisse Tiefe.
- Auf das Hinweisschild schreiben die Schüler das Wort „Fundbüro".
  Tipp: Hilfslinien ziehen, damit die Buchstaben gleich hoch werden.
- Die Regalbretter werden nun durch Streifen aus schwarzem Tonpapier betont. Man schneidet Streifen von ca. 1 cm Breite zurecht und klebt sie an die entsprechenden Stellen.
  Tipp: Sehr exakt wird es, wenn ein Papierschneidegerät verwendet wird.
- Ungefähr 3 cm vom linken und rechten Blattrand entfernt werden weitere schmale Tonpapierstreifen aufgeklebt, die das Bild senkrecht gliedern. Alle Streifen liegen über den gezeichneten Objekten.

Varianten

- Die Arbeit kann auch mit Holzmalstiften oder Filzstiften farbig ausgestaltet werden.
- Im Rahmen des fächerübergreifenden Unterrichts können im Fach Englisch die abgebildeten Gegenstände benannt oder beschriftet werden.

Kleiderschrank 1/3

Kurzbeschreibung:

Die Schüler zeichnen in eine vorgegebene Schrankschablone verschiedene Kleidungsstücke und gestalten sie aus.

Lehrplan/ Lernziele

- Die Schüler stellen Alltagsgegenstände dar (lineares Zeichnen).
- Die Schüler arbeiten mit Filzstiften (Schwarz-Weiß/Farbe)

Zeitaufwand 1–2 Unterrichtsstunden

Material

- Kopien von Vorlage S. 79 (DIN A4)
- Lineal
- Bleistift, Radiergummi
- Filzstifte

Lösungsbeispiele

Phase 1

Phase 2

Kleiderschrank 2/3

So geht's:

Entwerfen von Garderobe

- Die Schüler arbeiten zunächst mit Bleistift.
- Sie „füllen" den Innenraum eines Schrankes (Kopiervorlage S. 79, DIN A4) mit Kleidungsstücken und Accessoires aller Art.
  Geben Sie folgende Hinweise:
  - Kleider hängen an Bügeln.
  - Pullover und Hemden erscheinen gestapelt.
  - Schuhe und Handtaschen füllen die Zwischenräume.
  - Krawatten und Gürtel hängen an den Türen.
  - Zusätzliche Fächer können eingezogen werden (Fluchtlinien beachten!).

Ausgestalten

Grafische Arbeit:
- Schrankkanten werden mit schwarzem Filzstift und Lineal ergänzt.
- Kleideroberflächen erhalten Muster und Unterteilungen.
- Schwarze Flächen setzen Schwerpunkte.

Farbige Arbeit:
- Flächen werden durch verschiedenfarbige Muster und Strukturen aufgelockert.
- Das Innere des Schrankes bleibt unbearbeitet (weiß).

Vorlage

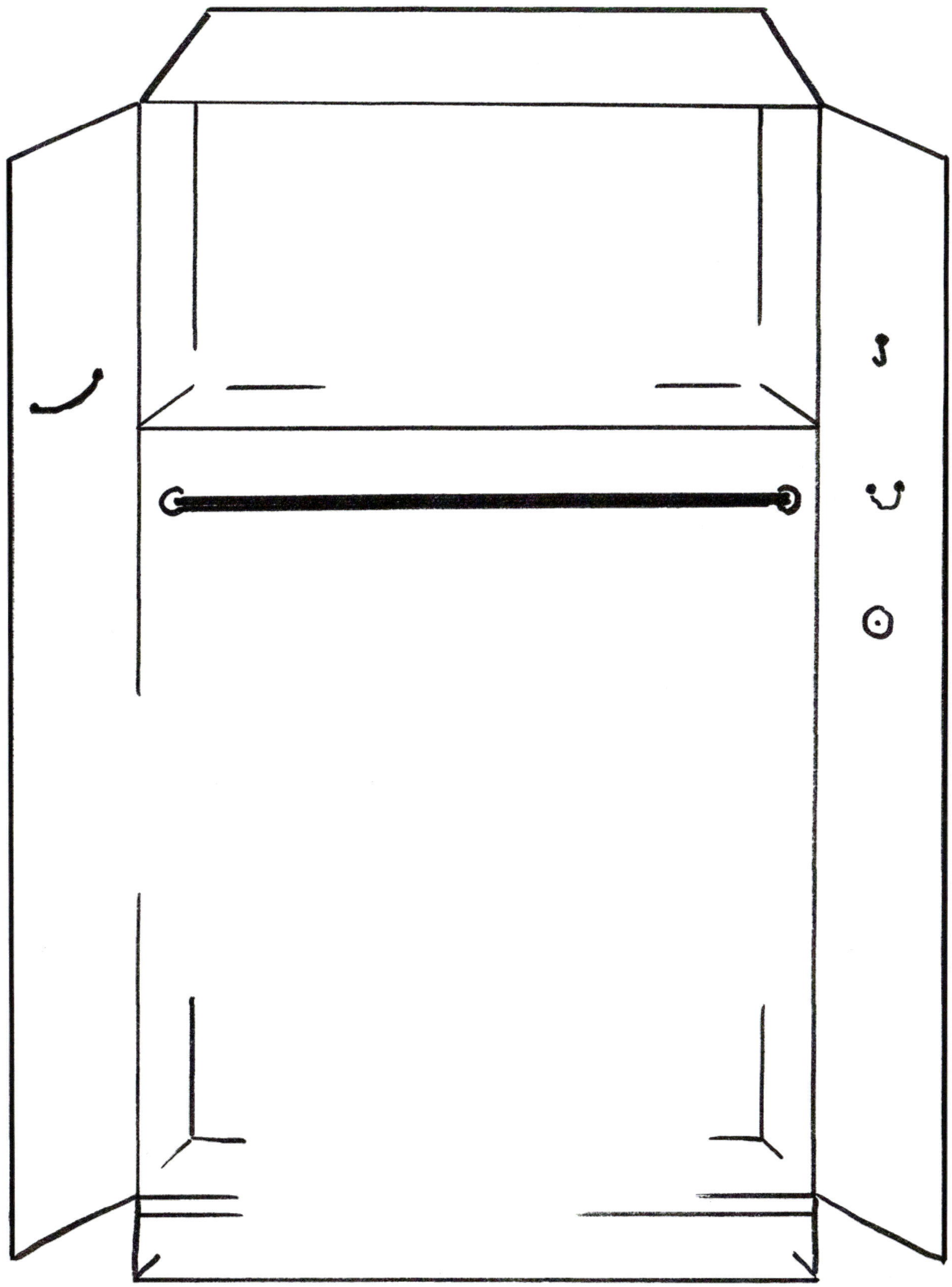

Pferdeköpfe 1/3

Kurzbeschreibung:

Die Schüler setzen aus Puzzleteilen zwei Pferdeköpfe zusammen. Anschließend gestalten sie die Binnenflächen mit grafischen Strukturen und Mustern aus.

Lehrplan/ Lernziele

- Die Schüler bauen ein Motiv aus Einzelteilen zusammen (kunstgeschichtlicher Aspekt: Kubismus).
- Sie erzielen beim Bearbeiten der Binnenflächen unterschiedliche Grauwerte (Bereich Grafik).

Zeitaufwand 2 Unterrichtsstunden

Material

- Kopien von Vorlage S. 82 (DIN A3 oder DIN A4)
- dunkles Tonpapier (DIN A3 oder DIN A4)
- Schere
- Klebestift
- schwarze Filzstifte
- Zeitungspapier (als Unterlage)

Lösungs- beispiel

So geht's:

Vorbemerkung

Die Aufgabe kann im Format DIN A3 oder DIN A4 gelöst werden. Bei jüngeren Schülern ist die größere Version vorzuziehen. Dazu muss die Vorlage mit dem Kopiergerät vergrößert werden.

Puzzle zusammensetzen

- Die Schüler schneiden alle auf der Kopiervorlage befindlichen Teile aus.
- Die Einzelteile werden zunächst auf Zeitungspapier gelegt und die Ränder nochmals mit schwarzem Filzstift nachgezogen.
- Dann legt man sie auf ein dunkleres Tonpapier (DIN A3 oder DIN A4) und setzt sie zu dem Motiv „Pferdeköpfe" zusammen.
  Tipp: Als Hilfe kann evtl. die Lösung als Folie gezeigt werden.

Grafische Ausgestaltung

Die Schüler beginnen, mit feinem, schwarzem Filzstift die einzelnen Flächen zu strukturieren.
Geben Sie folgende Hinweise:

- Erfindet verschiedene Muster aus dünnen und dicken Linien, Punkten und Schraffuren. Je dichter ihr die Muster setzt, desto „grauer" erscheint die Fläche.
- Lasst auch einige Partien unbearbeitet (weiß!) stehen, oder füllt kleine Teilflächen schwarz aus.
- Zieht die Begrenzungslinien noch einmal nach, sodass sie auf- und abschwellen (im Verlauf dicker und dünner werden).

Varianten

- Das Thema kann farbig mit Bunt- und Wachsmalstiften bearbeitet werden.
- Grauwerte können auch mit Bleistift erzeugt werden („Schummern").

Pferdeköpfe 3/3

Vorlage: Puzzle

Vögel mit langen Schnäbeln 1/5

Kurzbeschreibung:

Die Schüler entwerfen mit Hilfe einer einfachen Zeichenvorlage individuelle Vögel mit langen Schnäbeln und Hälsen, die sie mit Filzstiften ausgestalten.

Lehrplan/ Lernziele

- Die Schüler lassen aus Linien Flächen entstehen (Zeichnen).
- Die Schüler erarbeiten farbige Strukturen und Muster (Einsatz von Filzstiften).

Zeitaufwand

1–2 Unterrichtsstunden

Material

- Kopien von Vorlage S. 85 (DIN A3)
- Zeichenhilfe S. 86 (auf Folie)
- Fotos „Flamingos" S. 87 (auf Folie)
- weißes Zeichenpapier (DIN A4)
- Bleistift, Radiergummi
- Filzstifte in unterschiedlicher Strichstärke

Lösungsbeispiel

Vögel mit langen Schnäbeln 2/5

So geht's:

Vögel entwerfen

- Vergrößern Sie die Vorlage auf S. 85 auf das Format DIN A3, und verteilen Sie sie an die Schüler.
- Die vorgegebenen Linien werden mit Bleistift auf weißes Zeichenpapier durchgepaust, indem Vorlage und Zeichenblatt gegen eine Fensterscheibe gedrückt werden. (Dadurch können später Linien der Vorlage wieder ausradiert werden!)
- Dann ergänzen die Schüler die Umrisse von Kopf, Schnabel, Augen, Körper, Flügeln und Beinen des Vogels. Es empfiehlt sich, zur Anregung Abbildungen als Folie zu zeigen (siehe S. 87). Zeigen Sie auch die Zeichenhilfe auf S. 86 als Hilfestellung.

Farbige Ausgestaltung

Geben Sie folgende Hinweise:
- Zeichnet nicht vor, sondern arbeitet gleich mit Filzstiften.
- Verwendet Stifte in beliebigen Farbnuancen.
  Der Vogel muss nicht naturgetreu wiedergegeben werden.
- Gestaltet das Gefieder aus längeren und kürzeren Federn sowie Linien und Punkten.
- Setzt dicke und dünne Stifte im Wechsel ein.
- Lasst auch das Weiß des Blattes in Zwischenräumen stehen.

Vorlage

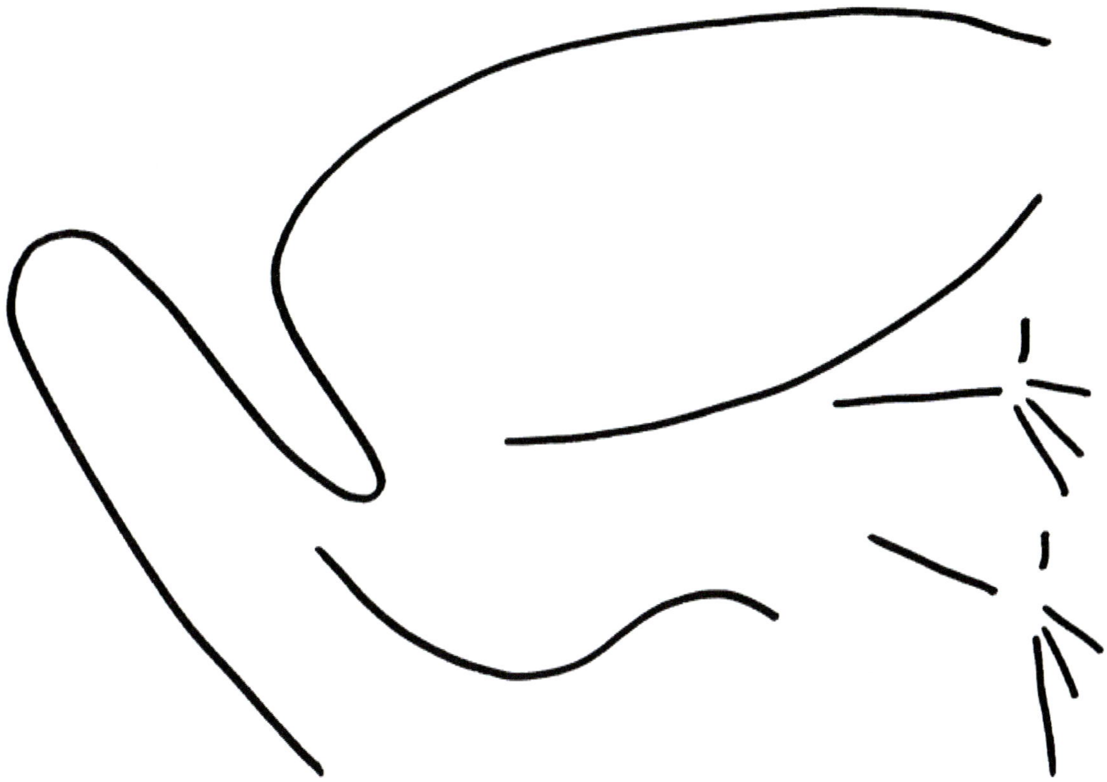

Vögel mit langen Schnäbeln 4/5

Zeichenhilfe

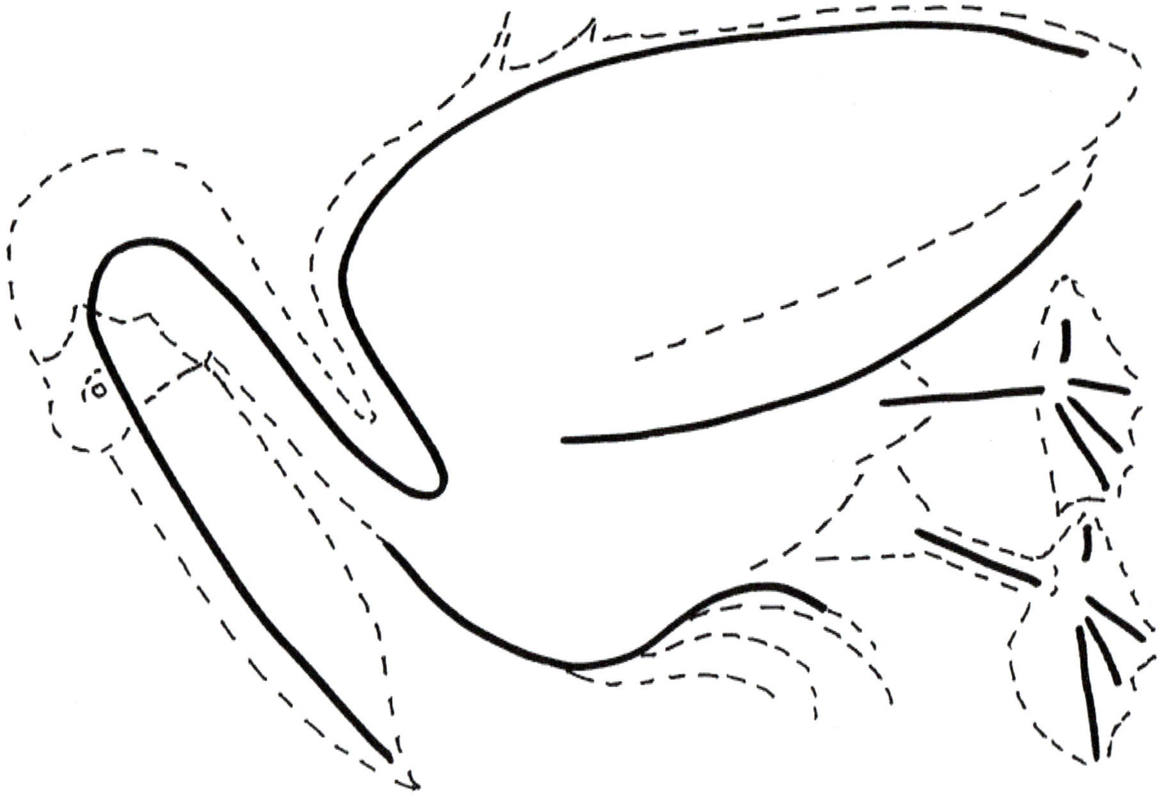

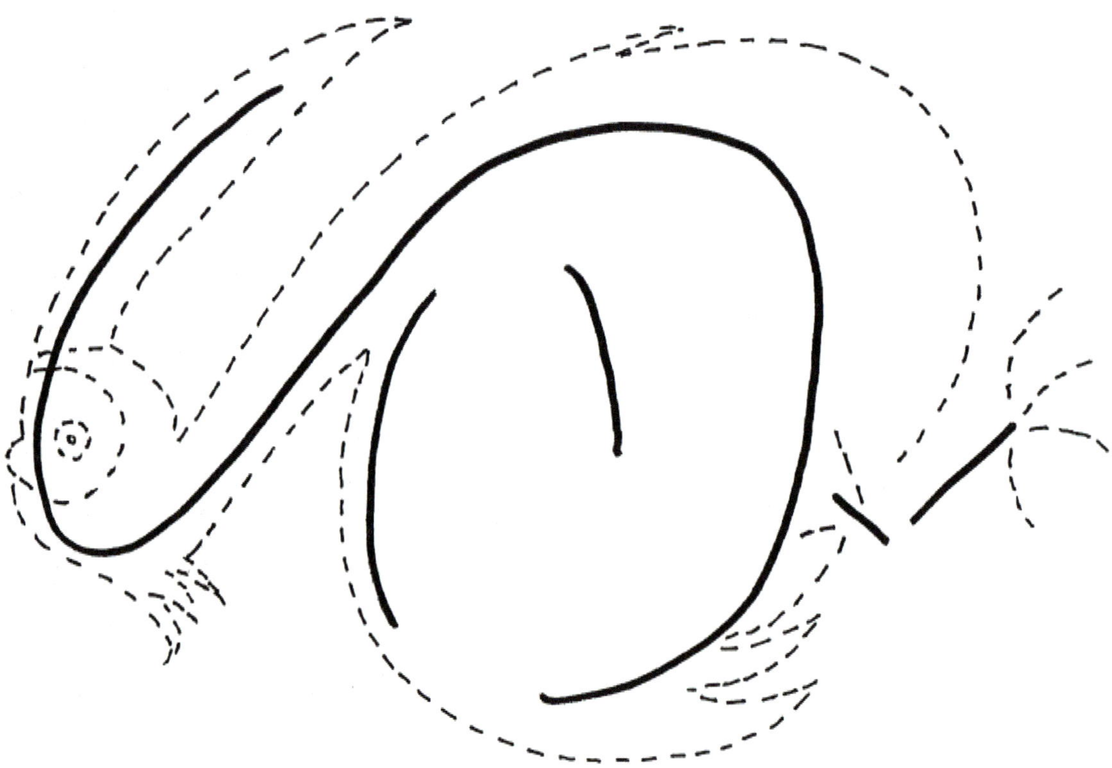

Fotos: Flamingos, Pelikan

Fotos: © Dieter L. Blahak

Indianischer Wolf 1/4

Kurzbeschreibung:

Die Schüler bearbeiten das Motiv „Wolf/Mondnacht" in der Art der Haida-Indianer, wobei sie die Flächen mit scharf abgegrenzten, geometrischen Formen füllen.

Lehrplan/ Lernziele

- Die Schüler füllen eine Entwurfszeichnung mit Filzstift mit geometrischen Mustern und Flächen.
- Die Schüler setzen sich mit der Kunst der Haida-Indianer auseinander (außereuropäische Kulturen).
- **Zusatzinformationen:** Die Haida sind ein Indianerstamm, der an der Nordwestküste Kanadas und der USA lebt. Sie sind bekannt für ihre ausdrucksstarken, flächigen und sehr an geometrischen Formen ausgerichteten Darstellungen von Menschen und Tieren. Im Museum von Seattle wird ihre Kunst in einer eigenen Abteilung hervorragend dokumentiert.

Zeitaufwand

1–2 Unterrichtsstunden

Material

- Zeichenhilfe S. 91 (auf Folie)
- Fotos S. 90 (auf Folie)
- weißes Zeichenpapier (DIN A4)
- schwarzes Tonpapier (DIN A3)
- Kreisschablone (z.B. Jogurtbecher)
- Bleistift, Radiergummi
- Filzstifte
- Schere
- Klebestift

Lösungsbeispiele

Indianischer Wolf 2/4

So geht's:

Leiten Sie die Aufgabe ein, indem Sie Kunst der Haida präsentieren (siehe S. 90, auf Folie) und etwas darüber erzählen.

Entwurfsskizze

- Die Schüler entwerfen auf weißem Zeichenpapier (DIN A4) mit Hilfe der Zeichenhilfe auf S. 91 (Folie) die Figur eines sitzenden Wolfes. Dabei konstruieren sie das Tier mit Bleistift aus Ovalen und Rechtecken (siehe Folie).
- In die restliche Fläche zeichnen sie einen Kreis mit einem Durchmesser von ca. 7 cm.
  Tipp: Dazu einen Jogurtbecher benutzen!

Ausgestalten der Skizze

- Die Schüler legen sich Filzstifte in folgenden Farbstellungen zurecht: Schwarz, Rot, Blau, Braun, Gelb, Grün.
- **Geben Sie folgende Tipps:**
  - Unterteilt zunächst mit Bleistift die Wolfsfigur in geometrische Einheiten: Ovale, Rauten, Kreise, Dreiecke …
  - Die Hilfslinien der Vorzeichnung können mit einbezogen werden.
  - Beachtet, dass zwischen den einzelnen Formen das Weiß des Blattes als selbstständiges dekoratives Element stehen bleiben muss. Das heißt, dass ihr diese Stellen beim Bearbeiten aussparen müsst.
  - Jede geometrische Form bekommt somit eine weiße oder schwarze Kontur.
  - Während die Hauptfarben Weiß und Schwarz sind, setzen andere Farben lediglich Akzente in kleinen Flächen.
  - Bearbeitet die Mondschablone nur mit dünnem, schwarzem Filzstift.
  - Zeichnet in den Mond ein Gesicht nach Art der Haida-Indianer, und malt einige wenige Flächen mit Bleistift grau aus.
    Dieses Motiv soll im Gegensatz zum Wolf filigraner wirken.
    Tipp: Bei knappem Zeitlimit kann hier die Arbeit bereits beendet werden.

Weitere Ausgestaltung

- Bergrücken: Die Schüler schneiden sich ein schmales, weißes Stück Papier zurecht (ca. 13 x 4 cm). Sie gestalten es ebenfalls mit geometrischen Formen, schneiden das Motiv aus und kleben es in die rechte oder linke untere Bildecke eines schwarzen Tonpapiers (DIN A3).
- Nun wird die Wolfsfigur ausgeschnitten. Wichtig: Die Schnittkante liegt 1–2 mm vom äußeren Umriss entfernt, sodass zusätzlich ein schmaler, weißer Rand entsteht. Der Wolf wird nun, auf dem Bergrücken sitzend, aufgeklebt.
- Das Mondmotiv wird in die entgegengesetzte obere Ecke des Tonpapiers platziert.

Fotos: Kunst der Haida

Fotos: © Dieter L. Blahak

Zeichenhilfe

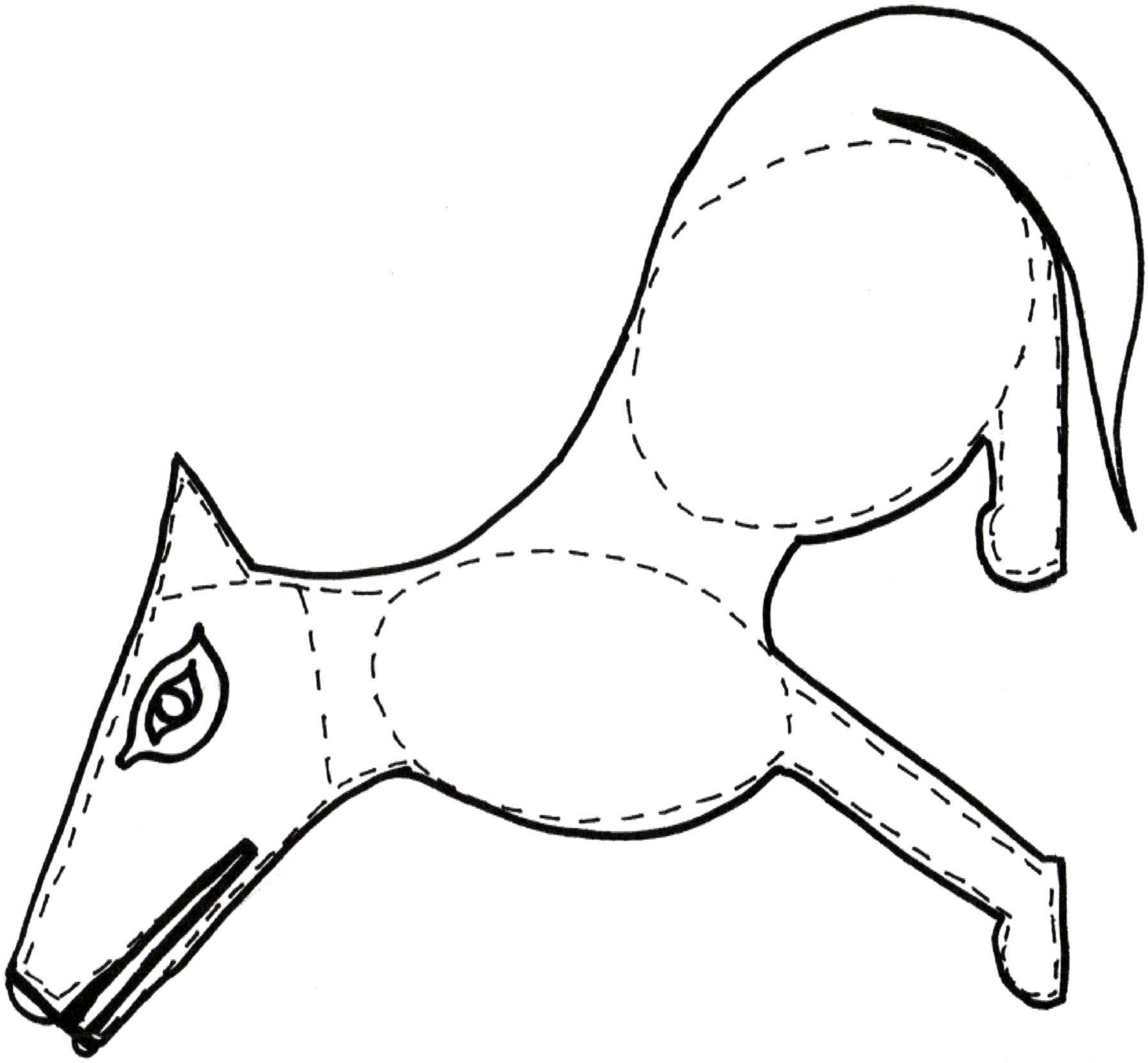

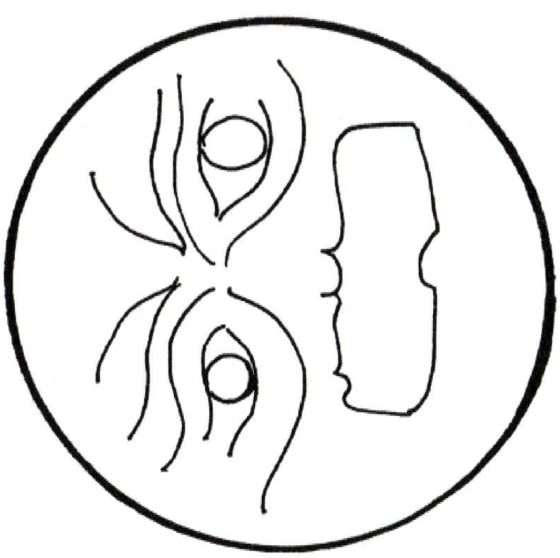

Venezianische Masken 1/4

Kurzbeschreibung:

Die Schüler gestalten aus farbigen Papierteilen Masken im venezianischen Stil. Sie bearbeiten anschließend Gesichter und Kostüme mit feinen Filzstiften.

Lehrplan/ Lernziele

- Die Schüler arbeiten in Mischtechnik (Collage/Grafik).
- Sie setzen weiße und farbige Flächen als kontrastierende Stilmittel ein.

Zeitaufwand

2 Unterrichtsstunden

Material

- Fotos S. 94 (auf Folie)
- Kopien von Vorlage S. 95
- Fotokarton/Tonpapier (z.B. schwarz, DIN A3) als Hintergrund
- Reste von farbigem Tonpapier
- weißes (Kopier-)Papier (DIN A4)
- Bleistift, Radiergummi
- dünne Filzstifte
- evtl. Gold-/Silberstift
- Schere
- Klebestift

Lösungsbeispiel

So geht's:

Zeigen Sie zu Beginn Fotos von venezianischen Masken zur Einstimmung (S. 94). Für die auszuschneidenden Einzelteile können die Schüler die Vorlage auf S. 95 als Anregung benutzen, sie können sie aber auch frei entwerfen.

Gesichter

Die Schüler schneiden zunächst aus weißem Papier zwei verschiedene Gesichter oder Maskenformen zu. Dabei klappen sie das Papier und zeichnen (mit Bleistift) nur eine Motivhälfte, die aber doppelt ausgeschnitten wird, um symmetrische Flächen zu erhalten.

Hüte und Kragen

- Für die Kopfbedeckungen legt man die Gesichter auf farbiges Tonpapier und zeichnet unterschiedliche Hutformen hinzu.
- Als Mantelkragen dienen Reste aus Tonpapier, die auch unregelmäßige Formen aufweisen dürfen. Man legt sie unter die Gesichter und knickt zwei schmale Partien nach vorne über das Gesicht (siehe Lösung). Diese Kragenenden werden dann auch nicht angeklebt, sondern sollen dreidimensional von der Bildfläche abstehen.
- Hüte, Krägen und Gesichtsmasken werden gleich gesondert zusammengeklebt und erst später als Ganzes auf den Hintergrund montiert.

Mäntel

- Hinter das fertige Kopfteil wird nun ein weiteres, andersfarbiges Stück Tonpapier geschoben. Der Kopf sollte nicht auf der oberen Kante sitzen, sondern in die Mantelfläche hineinragen.
- Man platziert nun alle Teile auf dem Hintergrund (Fotokarton, DIN A3) und experimentiert mit der Lage und dem Zuschnitt der Mantelfläche. Sie sollte über die untere Bildkante hinausragen und eine geschwungene Schnittkante erhalten.
- Mantel und evtl. Hüte werden mit zusätzlichen weißen Flächen beklebt: Krawatten, Federn, Bändern …
  Dann klebt man alle Teile auf den Hintergrund.

Ausarbeitung mit Filzstiften

- Die Schüler gestalten zuerst alle weißen Flächen mit feinen Filzstiften: Gesichtszüge, Augenschlitze, Ornamente auf Mantel und Kopfbedeckung …
- Für dunkle Flächen können auch Silber- oder Goldstifte zum Einsatz kommen.

Fotos

Fotos: © Dieter L. Blahak

Vorlage: Masken und Hüte

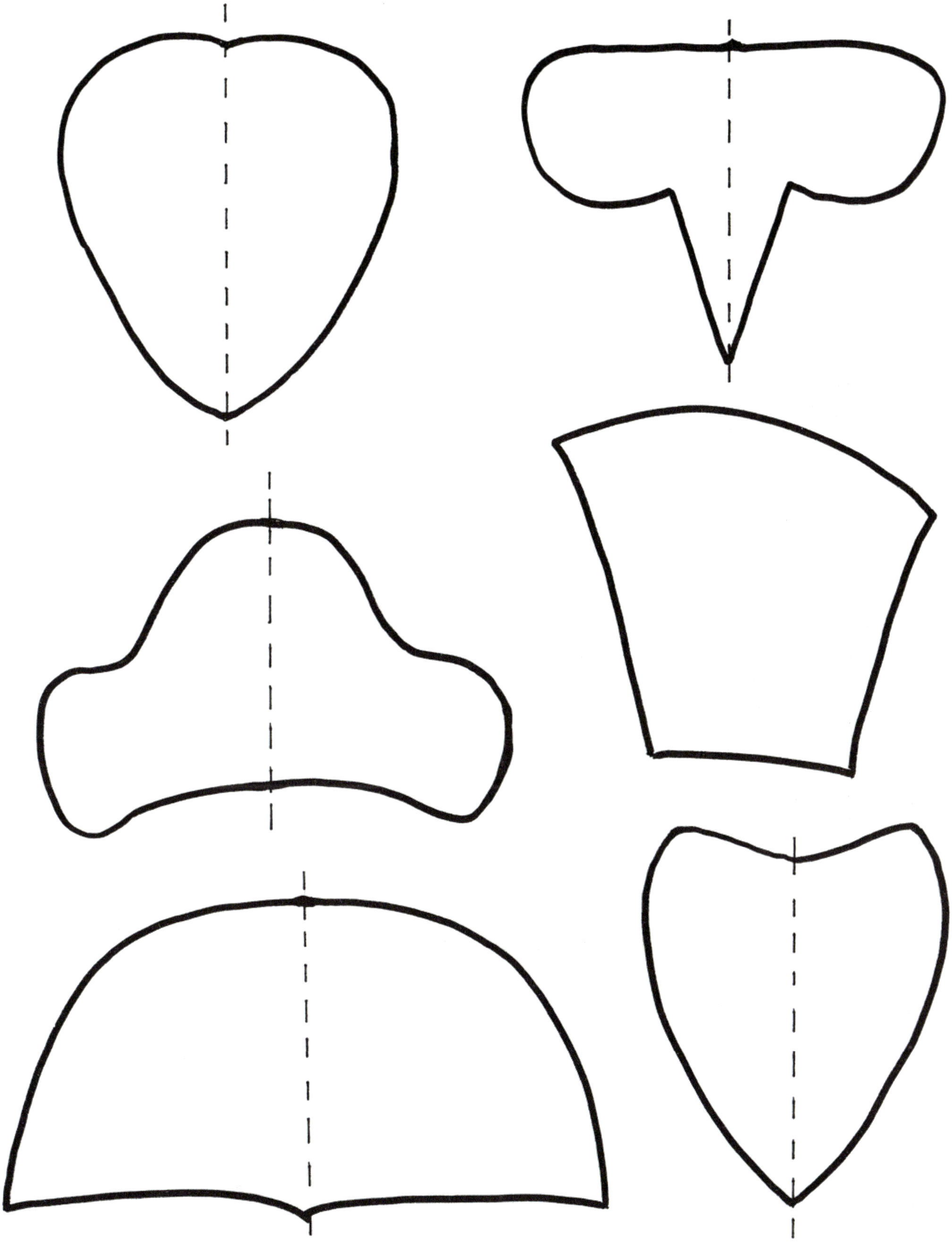

Riesen-Türschild 1/3

Kurzbeschreibung:

Die Schüler überlegen sich in Gruppen einen möglichst langen Namen für einzelne Räume in der Schule und gestalten ein Türschild als witziges Buchstaben-Bild-Konstrukt.

Lehrplan/ Lernziele

- Die Schüler gehen Beziehungen zwischen Wort und Bild auf den Grund (Bereich Schrift).
- Sie experimentieren mit Grauwerten und linearem Gestalten (Bereich Grafik).
- Sie arbeiten kooperativ in Gruppen.

Zeitaufwand

1–2 Unterrichtsstunden

Material

- Zeichenhilfe S. 98 (auf Folie)
- 2 Blatt weißes Zeichenpapier (DIN A4) pro Arbeitsgruppe
- Bleistift, Radiergummi
- schwarze Filzstifte
- Lineal
- Schere
- Klebeband

Lösungsbeispiel

Riesen-Türschild 2/3

So geht's:

Arbeitsgruppen/ Einteilung

- Eine Arbeitsgruppe besteht (je nach Länge des Wortes) aus fünf bis acht Mitgliedern.
- Jede Gruppe überlegt sich ein möglichst langes „Wortungetüm", das einen bestimmten Raum im Schulhaus charakterisiert.
  Geben Sie zur Anregung folgende Begriffe vor: Schreib-, Hausaufgaben-, Überlegungs-, Erfinder-, Vervielfältigungs-, Ausbildungs-, Kommandozentrale-, -Werkstatt, -Zentrum, -Verein, -Anlage …
- Zwei weiße DIN-A4-Blätter werden waagrecht nebeneinandergelegt. Sie ergeben einen Streifen von ca. 60 cm Länge.
  Die Schüler ziehen mit Bleistift und Lineal waagrechte Linien (Einteilung siehe Zeichenhilfe S. 98).
- Die Buchstaben des gefundenen Begriffs werden abgezählt.
  Dann teilt man 60 cm durch die Anzahl der Buchstaben (Beispiel 60 cm: 26 = 2,2. Somit ergibt sich eine Buchstabenbreite von 2 cm, der Rest wird als Rand freigehalten.)
- Die Schüler ziehen im Abstand von z.B. 2 cm senkrechte Linien und markieren so pro Buchstabe eine schmale Fläche.
- Dann werden die „Aufgaben" verteilt: Jedes Teammitglied erhält vier bis fünf Buchstaben zur Ausgestaltung. Dazu wird der Papierstreifen senkrecht zerschnitten, sodass jedes Gruppenmitglied einen schmalen Streifen mit einer Buchstabenkombination selbstständig bearbeiten kann.
  Tipp: Zur Sicherheit notieren sich die Schüler „ihre" Buchstaben!

Ausarbeitung des Schriftzugs

- Die Schüler arbeiten zunächst mit Bleistift und beginnen mit der Buchstabenzeile: Sie füllen die schmalen Flächen mit je einem Blockbuchstaben, der an den Rändern der Fläche anstößt (siehe Zeichenhilfe).
- Sie setzen für die darüberliegende Zeile auf die Buchstaben, je nach Breite der Kontaktstellen, senkrechte Flächen, die bis zur dritten, obersten Zeile reichen (siehe Zeichenhilfe).
- Auf die oberste Linie werden nun kleine Motive gezeichnet: Figuren, Tiere, Pflanzen, Gegenstände …
- Alle Entwürfe werden mit dünnem, schwarzem Filzstift nachgezogen (nicht die drei ursprünglichen Linien zur Einteilung des Blattes!).
- Alle Buchstaben erhalten einen kräftigeren Rand (etwas dickerer Filzstift).
- Die senkrechten Flächen des Mittelstreifens werden schwarz ausgefüllt. **Tipp:** Zu große, schwarze Flächen können durch kleine, weiße Details aufgelockert werden (siehe Zeichenhilfe).
- Zum Schluss radiert man die drei ursprünglichen Trennlinien weg und gibt den Buchstabenflächen mit Bleistift einen Grauton (Schummern).

Riesen-Türschild

Die Schüler legen ihre Einzelarbeiten passgenau aneinander und fixieren die Nahtstellen auf der Rückseite mit Klebeband. Das Schild kann laminiert und an den entsprechenden Türen angebracht werden.

Riesen-Türschild 3/3

Zeichenhilfe: Blatteinteilung

Schnipsel-Fantasiebild 1/3

Kurzbeschreibung:

Der Lehrer zerschneidet Vorlagen (z.B. „Kretische Vase", S. 101), und die Schüler lassen sich, ausgehend von diesen Schnipseln, zu einer völlig neuen Bildidee anregen.

Lehrplan/ Lernziele Die Schüler sammeln Erfahrung mit der Technik der Reizbild-Collage, d.h. sie gestalten angeschnittene Linien und Flächen kreativ weiter (Bereich Grafik; Mischtechnik).

Zeitaufwand 2 Unterrichtsstunden

Material
- 3–4 Vorlagen (zerschnitten, z.B. „Kretische Vase", S. 101)
- weißes Zeichenpapier (DIN A4)
- Klebestift
- Bleistift, Radiergummi
- fein zeichnender, schwarzer Filzstift

Lösungs-beispiel

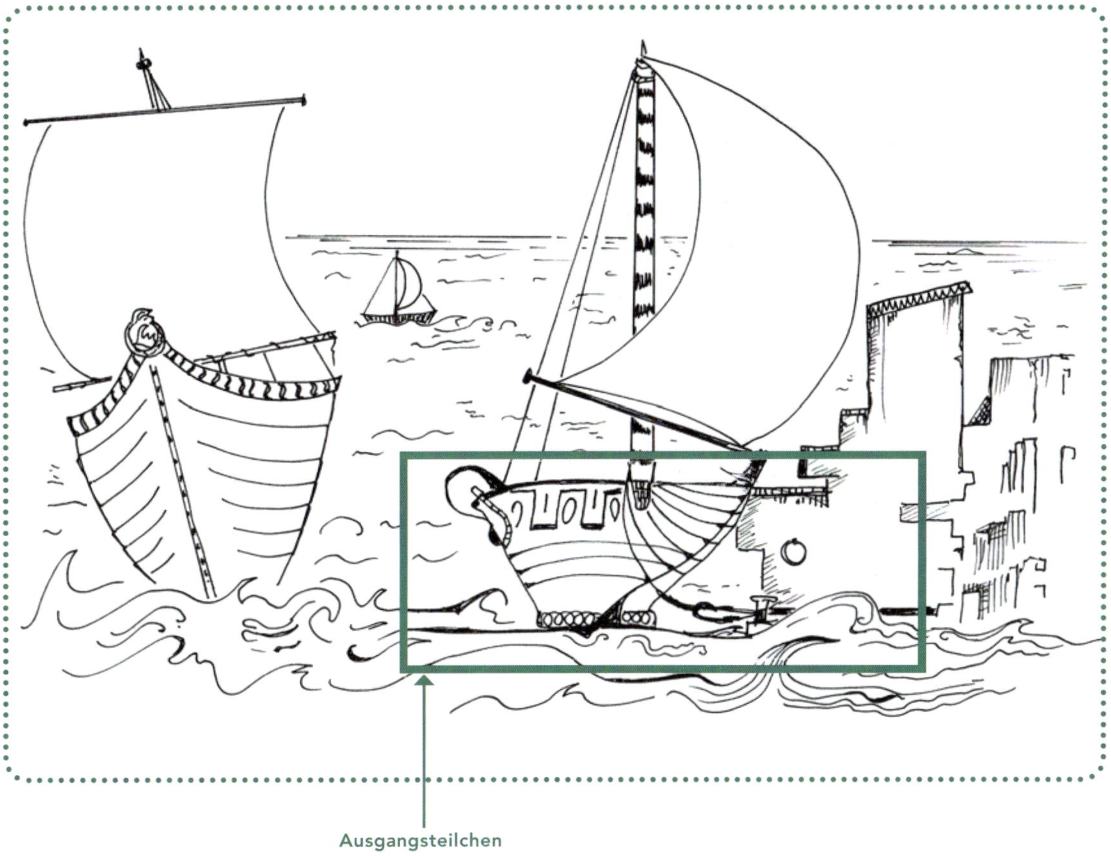

Schnipsel-Fantasiebild 2/3

So geht's:

Reizbild (Schnipsel) auswählen

- Zerschneiden Sie die Vorlage (z.B. „Kretische Vase“, S. 101) wie angegeben in einzelne Teilflächen.
  Wichtig: Die Schüler dürfen die komplette Vorlage vorher nicht sehen!
- Verteilen Sie die Schnipsel in beliebiger Anordnung auf einem Tisch. Fordern Sie die Schüler auf, sich die Teile von allen Seiten zu betrachten und ein bis zwei Schnipsel auszuwählen, mit denen sie weiterarbeiten wollen. Dieser Vorgang der kreativen Initialzündung ist sehr wichtig und wird sich bei jedem Schüler anders gestalten.
  Beispiele: Aus Vasenbäuchen werden Schiffssegel, Reifröcke, Fische, Stoffmuster, verzierte Türbögen …
- Geben Sie folgende Hinweise:
  - Die Teile können auch auf dem Kopf stehend verwendet werden.
  - Ihr könnt sie auch weiter zuschneiden.
  - Ihr könnt mehrere Teile kombinieren.
  - Ihr könnt neben realen Objekten auch abstrakte Muster kreieren.

Filzstiftarbeit

- Die Schüler kleben die Schnipsel an beliebiger Stelle auf ein weißes Blatt (DIN A4).
- Sie arbeiten zunächst mit Bleistift, indem sie Linien und Flächenstrukturen fortführen.
  Sie dürfen auch den Ausschnitt zeichnerisch verändern, indem sie in ihn hineinzeichnen.
  Sie erweitern die ursprüngliche Bildidee um weitere, zum Bildthema passende Motive.
  Sie arbeiten mit feinen und dickeren Linien, Punkten, Mustern.
- Manche Konturen werden an- und abschwellend verstärkt.
  Ziel: Der ursprüngliche Schnipsel soll völlig in das Bild integriert werden.

Wege nachvollziehen

Zeigen Sie den Schülern das Originalbild erst ganz zum Schluss, und lassen Sie, wenn Sie die im Buch gelieferte Vorlage nehmen, raten, welches Teil den Ausgangpunkt des Schlussbildes bildete (siehe Lösung).

Varianten

Sie können natürlich auch andere Vorlagen auswählen und die Schüler ggf. mit Buntstiften arbeiten lassen.

Vorlage: Kretische Vase

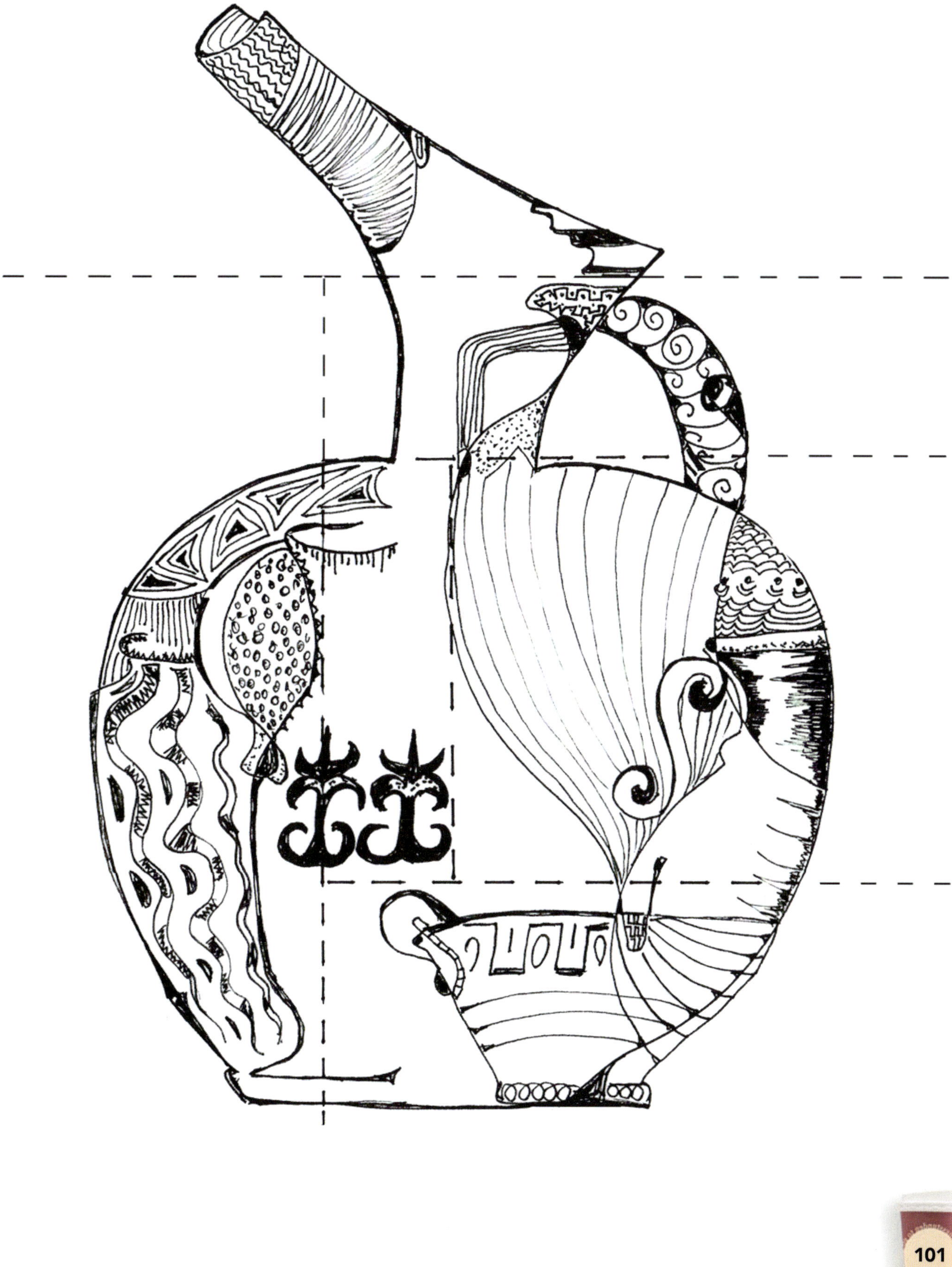

Medientipps

Alger, Sandra L.H.:
Spiele zur Unterrichtsgestaltung: Kunst.
Verlag an der Ruhr, 2011.
ISBN 978-3-8346-0890-1

Blahak, Gerlinde:
30 x Kunst für 45 Minuten.
Kurze Projekte für schnelle Erfolge.
Verlag an der Ruhr, 2004.
ISBN 978-3-86072-922-9

Blahak, Gerlinde:
Kunst-Projekte: Techniken, Themen, Tricks.
Verblüffende Ideen mit einfachen Materialien.
Verlag an der Ruhr, 2005.
ISBN 978-3-8346-0038-7

Kaster, Armin:
Kunst mit dem, was da ist.
Ideen für (un)geplante Kunststunden. Klasse 5–7.
Verlag an der Ruhr, 2009.
ISBN 978-3-8346-0472-9

Kaster, Armin:
Kunst mit dem, was da ist.
Ideen für (un)geplante Kunststunden. Klasse 8–10.
Verlag an der Ruhr, 2010.
ISBN 978-3-8346-0578-8

Tiainen, Tom:
Das Kunstrezeptbuch.
55 einfache Rezepte zum Zeichnen, Malen und Gestalten.
Verlag an der Ruhr, 2007.
ISBN 978-3-8346-0232-9

Verlag an der Ruhr

Postfach 10 22 51
45422 Mülheim an der Ruhr

Telefon 030/89 785 235
Fax 030/89 785 578

bestellungen@cornelsen-schulverlage.de
www.verlagruhr.de

KlassenlehrerIn sein

Das Handbuch. Strategien, Tipps, Praxishilfen

Für alle Schulstufen, 174 S., 16 x 23 cm,
Paperback, farbig
ISBN 978-3-8346-0154-4

Unterrichtsvorbereitung

Strategien, Tipps und Praxishilfen

Für alle Schulstufen, 176 S., 16 x 23 cm, Paperback
ISBN 978-3-8346-0667-9

Produktive Unterrichts-einstiege

100 motivierende Methoden für die Sekundarstufen

Kl. 5–13, 134 S., 16 x 23 cm, Paperback
ISBN 978-3-8346-0022-6

Produktive Arbeitsphasen

100 Methoden für die Sekundarstufen

Kl. 5–13, 152 S., 16 x 23 cm, Paperback
ISBN 978-3-8346-0325-8

Unterrichtseinheiten erfolgreich abschließen

100 ergebnisorientierte Methoden für die Sekundarstufen

Kl. 5–13, 137 S., 16 x 23 cm, Paperback
ISBN 978-3-8346-0153-7

So stimmt es mit der Stimme

Übungen zur Sprech- und Stimmbildung für Lehrer

Für alle Schulstufen, 103 S., 16 x 23 cm, Paperback
ISBN 978-3-8346-0763-8

Cool down!

Entspannungs- und Konzentrationsübungen im Schulalltag

Kl. 5–13, 135 S., 16 x 23 cm, Paperback
ISBN 978-3-8346-0661-7

Relax! Entspannt Lehrer sein

Für alle Schulstufen, 120 S., 21 x 22 cm,
Paperback, farbig
ISBN 978-3-8346-0544-3

Strategien • Tipps • Praxishilfen

Locomotives

Édité par :

www.hachette-collections.com

Cet ouvrage est une édition partielle de l'encyclopédie
« La grande aventure du train. Découvrir et collectionner les trains de légende »

Maquette de couverture : Graph'm
Photo de couverture : Clive Lamming

Directeur de collection : Clive Lamming
Auteurs : Jean-Marc Combe, Clive Lamming, André Papazian, Jacques Poré
Iconographie : Jean-Marc Combe, Pierre Descroix, Edelweiss, Clive Lamming, Musée du chemin de fer, Jacques Poré
Illustrations : Clive Lamming, Henri Simoni, Légendes Cartographie

Imprimé par Mateu Cromo (Espagne)
Dépôt légal : mai 2005
Achevé d'imprimer : avril 2005
Édition 02
ISBN : 2-84634-351-9

Au cœur des

Locomotives

HACHETTE
Collections

Que seraient les chemins de fer sans leurs locomotives ? Voyage à travers plus de deux siècles d'histoire ferroviaire, *Au cœur des locomotives* part à la découverte des plus grands trains ayant jamais existé.

De l'élégance victorienne de la Stirling anglaise aux lignes plus effilées de notre TGV, la merveilleuse histoire de ces machines de légende qui ont fait les heures de gloire des compagnies ferroviaires réveille, page après page, la mémoire de leurs usagers.

Et dès lors que l'histoire des locomotives est liée à celle des hommes, comment ne pas se rappeler que la compagnie du PLM ouvrit la voie de la Côte d'Azur au tourisme de luxe, notamment avec ses superbes Pacific mises en tête de trains légendaires comme le Train Bleu ? Et comment oublier la 220 American lancée à toute allure dans la conquête de l'Ouest américain ?

Récit de défis techniques sans cesse relevés, *Au cœur des locomotives* raconte aussi cette lente évolution qui, de la traction vapeur au tout électrique, vit éclore les trains de demain. Découvrez l'aventure fascinante du plus important moyen de transport terrestre !

231

TRACTION VAPEUR

À la fin du XVIIIe siècle la voie ferrée et le véhicule à vapeur existaient indépendamment l'un de l'autre : inventée par le français Denis Papin, la première machine à vapeur fit, en 1770, ses premiers pas sur la route. Du côté des chemins de fer, c'étaient bien les chevaux qui fournissaient l'énergie nécessaire à la traction des wagons sur les rails.

Le 21 février 1804, la première locomotive à vapeur roulant sur rail voit le jour grâce à l'Anglais Richard Trevithick. Destinée au transport de lourdes pièces de fonte, elle tracte près de 10 tonnes de fer et pas moins de 70 personnes à la vitesse de 8 km/h.

C'est avec le concours de Rainhill que naît le chemin de fer moderne : remportée par Georges Stephenson, la compétition de 1829 donna naissance à une machine baptisée « the Rocket » capable de remorquer 40 tonnes à la vitesse de 26 km/h.

Le prototype de Stephenson fixa définitivement la silhouette de la locomotive à vapeur de demain.

Un demi-siècle plus tard, la puissance motrice des machines à vapeur aura pratiquement triplé et dès lors, des ingénieurs de renom y apporteront d'importants perfectionnements.

En France, la traction vapeur a subsisté sur les chemins de fer jusqu'au début des années 1970.

La 220 American à la conquête de l'Ouest

Avec son énorme cheminée, son immense chasse-buffles, ses cuivres et sa cabine ouvragée et rutilante comme une maisonnette suisse, la 220 American réveille en nous le souvenir de quantité de westerns ou de films sur la guerre de Sécession. Véhicule du rêve américain, la 220 American fut aussi une excellente locomotive ainsi qu'un enjeu commercial pour les constructeurs de matériel ferroviaire.

A – Collection J.-M. Combe

▲ *Deux trains « Lightning Express », vus la nuit et remorqués par deux 220 American typiques. Vue d'artiste publiée par le célèbre éditeur américain Currier et Ives, en 1863.*

Pour l'œil non averti, les confusions entre les locomotives à vapeur européennes sont possibles. En revanche, n'importe qui est à même de différencier une locomotive américaine d'une autre. C'est que le dimensionnement très généreux de l'ensemble de l'infrastructure ferroviaire a toujours permis de donner une taille extraordinaire aux locomotives outre-Atlantique. Ce n'est pas un phénomène nouveau. Après une première et courte période d'achat de locomotives anglaises, dans les années 1830, les Américains passèrent vite à une production nationale d'engins adaptés aux conditions particulières de ce grand pays où la tradition du gigantisme est ancienne. Alors qu'en Europe les locomotives de disposition d'essieux 220 (deux essieux porteurs à l'avant, suivis de deux roues motrices) seront d'usage courant à partir du milieu des années 1890, aux États-Unis, la première 220 remonte à 1833 et le type devint commun vers la fin des années 1840.

B – Collection J.-M. Combe

▲ *Vues d'une 220 American construite par Grant, en 1867.*

En 1890, on était déjà passé de la 220 à la 230.

Les premières 220 américaines étaient d'aspect rustique et encore éloignées de la 220 qui nous occupe ici. Elles évoluèrent toutefois rapidement et vers 1850, tous les éléments pour la mise au point de la 220 moderne étaient en place.

Ce dont on avait évidemment besoin dans l'Amérique des années 1850, celle de la conquête de l'Ouest, c'est évidemment d'une machine puissante – donc aux dimensions imposantes – mais qui soit aussi simple, facile d'entretien et de conduite, rarement en panne, apte à tous les types de trafics et de climats et qui surtout – cet aspect des choses n'étant pas le moindre – symbolise la puissance et la fierté américaines. Ce fut chose faite en 1852, avec une 220 construite par l'usine Rogers à Paterson, dans le New Jersey. Cette machine fit la réputation de la firme Rogers, qui la copia pendant plus de vingt ans. Mais la concurrence ne tarda pas à proposer des modèles identiques mais plus perfectionnés.

COMPOSITION DE LA LOCOMOTIVE DE LA CONQUÊTE DE L'OUEST

Si nous examinons la locomotive Rogers en commençant par l'avant de la machine, nous remarquons successivement un certain nombre de composants significatifs. Tout d'abord l'immense chasse-buffle frappe le regard. Appelé « cowcatcher » ou encore « cattle guard », il sera progressivement mis en place à partir de 1833 sur toutes les locomotives américaines, les déraillements dus au bétail errant sur les voies étant alors fréquents. Nous avons ensuite l'énorme cheminée réservoir d'escarbilles. Celle-ci est d'une absolue nécessité. L'immense majorité des locomotives américaines est alors chauffée au bois et il faut éviter que des flammèches issues de la combustion n'aillent embraser la prairie. C'est un problème très important dont on se préoccupe dès le début des années 1830 : mais la forme définitive, telle qu'elle est appliquée sur les machines de la conquête de l'Ouest, n'apparaîtra que vers 1850. Dans le plan de la cheminée, à hauteur des rails, nous avons aussi le bogie à deux essieux, imposé par une voie aux courbes nombreuses et souvent de faibles rayons, qui ont tendance à contourner les obstacles de façon à réaliser des économies d'établissement. La chaudière est du type « wagon top », autrement dit son diamètre à hauteur de la boîte à feu est supérieur à celui du corps cylindrique. Le surdimensionnement de l'enveloppe de chaudière est justifié par le poids à supporter de l'énorme dôme de vapeur situé sur la boîte à fumée elle-même.

C – Collection C. Lamming

▲ *Une très rare photographie prise pendant le tournage du film* Le Mécano de la General *avec Buster Keaton.*

Enfin la cabine de conduite donne l'impression qu'une maisonnette a été rajoutée à la locomotive. Très vaste, spacieuse, dotée de fenêtres, autorisant une bonne visibilité, elle traduit non seulement le besoin de confort dans un continent au climat rude mais aussi la volonté de traiter le travail des conducteurs comme celui de gentlemen responsables et compétents qui méritent quelques égards. Le tender, quant à lui, est toujours à bogies et de grande capacité.

Ce qui fait que la locomotive 220 American ne ressemble à aucune autre, ce sont ses accessoires et sa décoration. Devant la cheminée trône une grosse lampe, généralement à huile et à réflecteur parabolique. Il y a aussi la cloche caractéristique mais, ce qui frappe, c'est la décoration de la lampe qui la métamorphose en œuvre d'art. On y trouve souvent, sur chacune des faces, un motif végétal, généralement un arbre exotique, entouré de motifs décoratifs typiques au XIXe siècle. La sablière est traitée de la même manière mais quelquefois, une véritable scène de genre y est dessinée. Plus rarement, ces motifs traitent de l'actualité du temps et, lorsque c'est le cas, ils ornent généralement le tender.

Mais là où les constructeurs rivalisent d'imagination pour séduire les acheteurs, dans un pays où la concurrence joue à plein, c'est au niveau de l'incroyable ornementation de la cabine. Certains proposent des cabines de conduite de style gothique, d'autres préfèrent le Louix XVI ou le Renaissance, d'autres encore n'hésitent pas à recourir au style oriental ! Une fois achetée, la décoration de la locomotive est encore complétée par son mécanicien qui n'hésite pas à lui ajouter divers ornements, voire des glaces. On le voit, la locomotive américaine des années 1850, c'est Versailles sur rails !

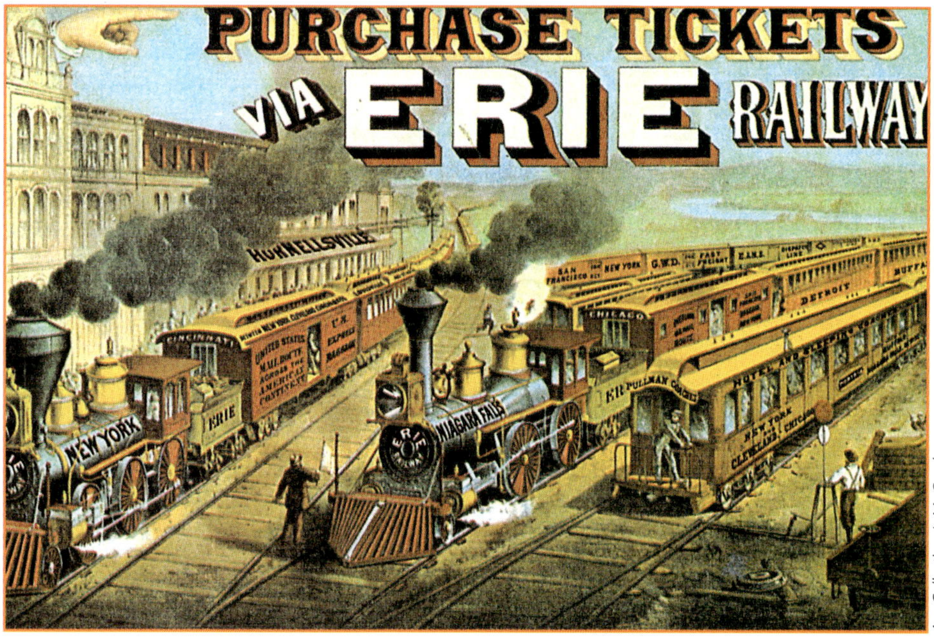

A – Collection J.-M. Combe

▲ *Affiche émise en 1870 pour le chemin de fer Erié, alors à voie large. Les trains sont remorqués par des 220 American. Les destinations New York et Niagara Falls (chutes du Niagara) ont été rajoutées par le publicitaire.*

LE MÉCANO DE LA GENERAL

La locomotive 220 American a inspiré tout particulièrement le cinéma, parce que sa part dans la conquête de l'Ouest fut fondamentale et qu'elle glorifiait ainsi l'esprit d'une nation. Sa renommée tient aussi notamment au fait qu'elle fut mêlée à de nombreux épisodes de la guerre de Sécession. Elle fut donc la vedette d'innombrables westerns, parmi lesquels il convient de citer *Le Cheval de fer* (surnom que donnaient les Peaux-Rouges à la locomotive à vapeur) de John Ford en 1924.

B – Collection C. Lamming

◀ *Les clichés d'époque concernant les premières locomotives du type American sont assez rares, car la photographie existait à peine, et rarement dans l'Ouest... Cette 220 American archaïque a été en service au Pérou jusqu'en 1946, ce qui a donné le temps nécessaire pour la photographier !*

1855

LA 220 AMERICAN

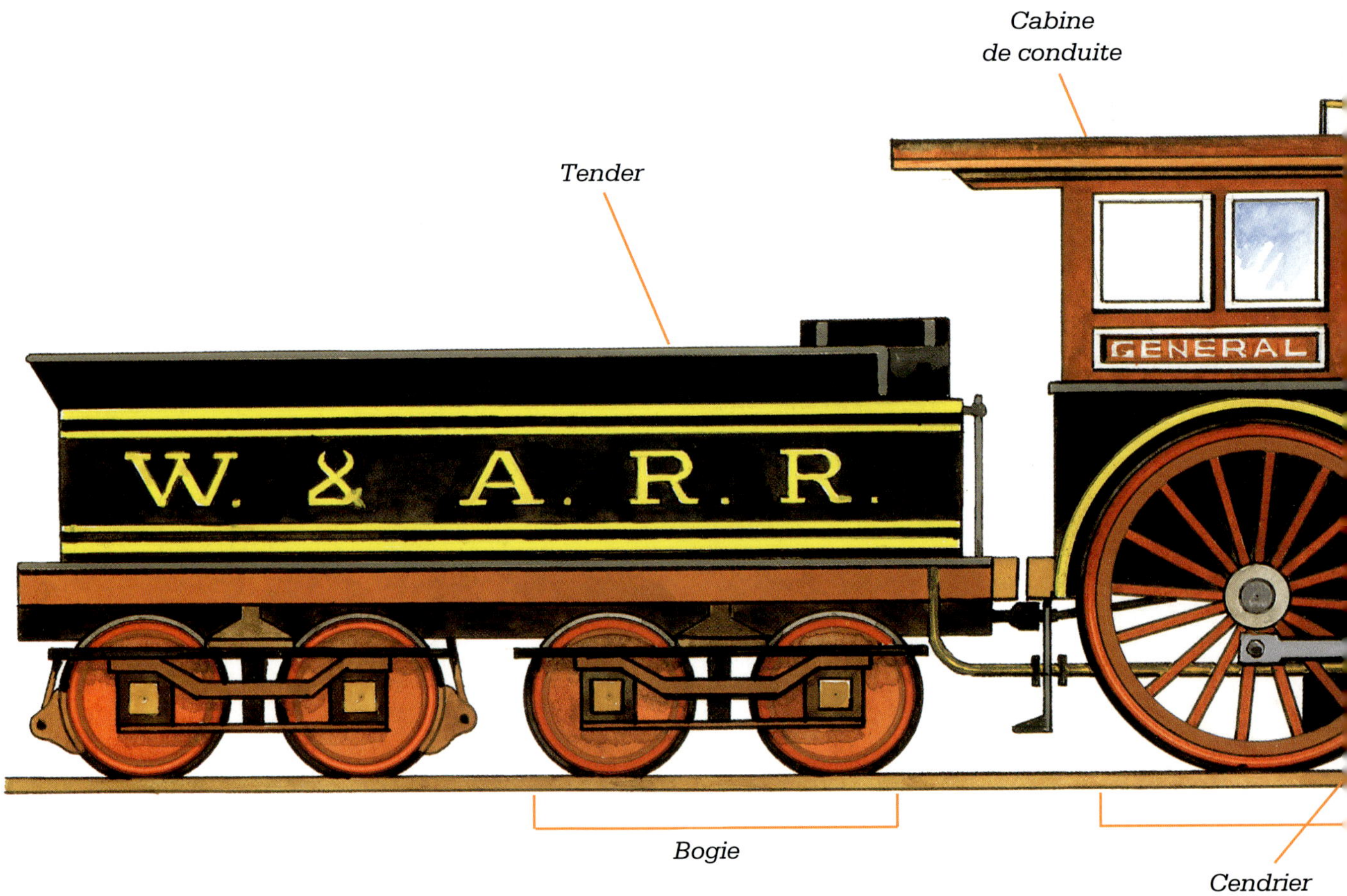

D – Collection C. Lamming

La « Jupiter », une copie exacte et fonctionnelle de l'une des deux locomotives 220 qui, en 1869, servirent pour la cérémonie de l'achèvement du premier transcontinental, à Promontory Point. Cette locomotive, avec la n° 119 de l'Union Pacific, est exposée actuellement sur le site.

Remplissant par sa prolifération et sa perfection technique le même rôle que la Ford T qui a mis l'Amérique sur les routes, cette locomotive devient le « cheval de fer » qui permet de gagner la bataille économique et politique que fut la création des États-Unis.

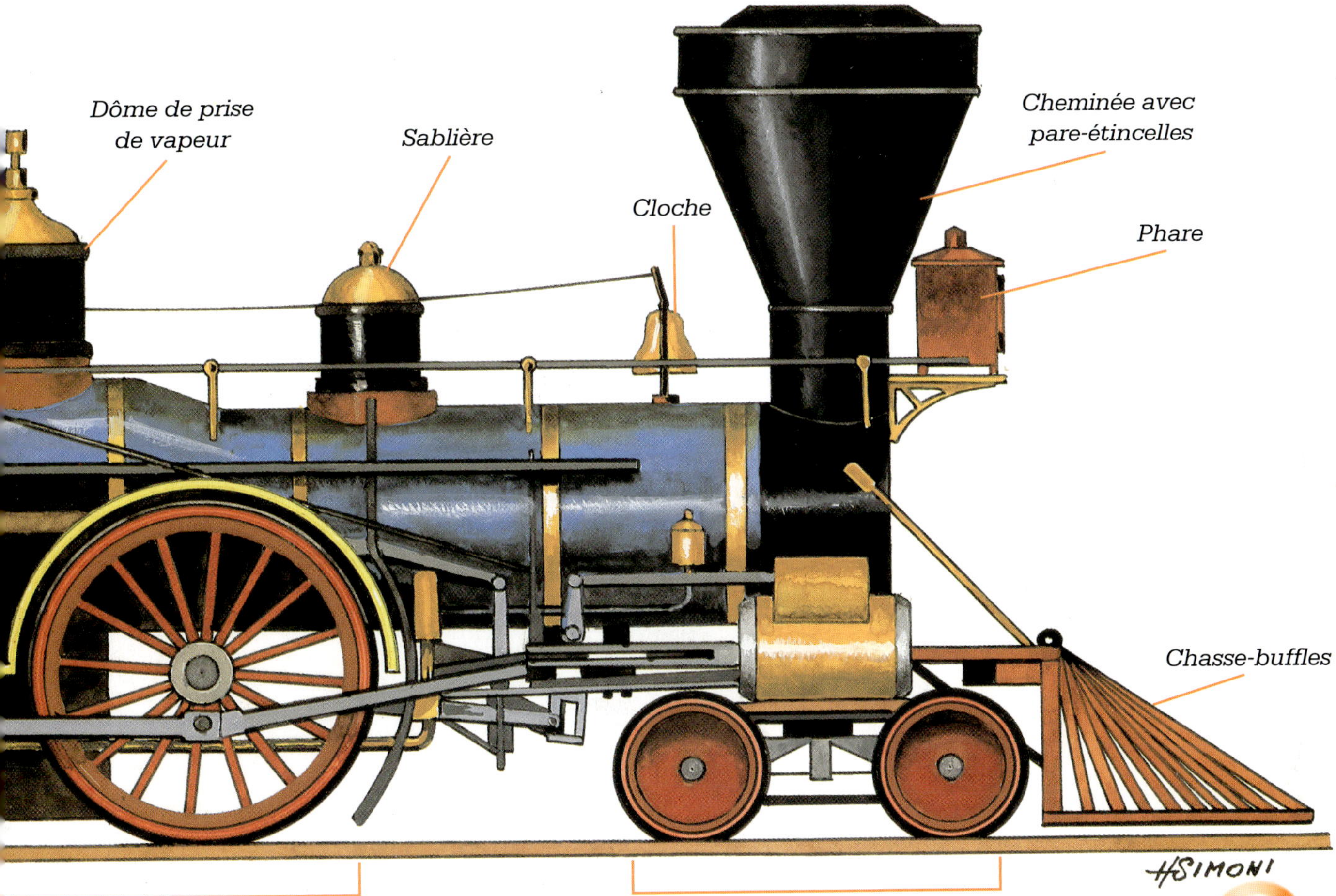

A – Collection J.-M. Combe

◀ *Et voici la célèbre « General » du film de Buster Keaton, reconstruite pour les cérémonies du centenaire, en 1962-1963. Elle est vue ici sur un pont de bois très « guerre de Sécession ».*

CARACTÉRISTIQUES TECHNIQUES

- Cylindres : 381 × 610 mm
- Diamètre des roues motrices : 1,524 m
- Diamètre des roues porteuses : 0,80 m
- Pression de la chaudière : 6,35 kg/cm²
- Contenance du tender en bois : 7,25 m³
- Contenance du tender en eau : 5,75 t
- Masse totale : 41 t
- Masse de la locomotive : 25 t
- Masse du tender : 16 t
- Longueur totale : 15,926 m
- Longueur de la locomotive : 10,26 m
- Longueur du tender : 5,68 m
- Vitesse maximale : 60 km/h

B – Collection J.-M. Combe

▲ *Deux variantes d'une même 220 pour le chemin de fer de New Jersey, 1868.*

On retiendra également *Pacific Express* de Cecil B. de Mille en 1939, et surtout l'hilarant *Le Mecano de la General*, avec Buster Keaton, qui raconte un épisode de la guerre de Sécession impliquant la locomotive, objet d'une folle poursuite. Ce dernier est à ce point célèbre aux États-Unis qu'en 1962 et 1963, à l'occasion du centenaire de l'événement, la Compagnie Louisville and Nashville n'hésita pas à reconstruire la « General ». Sa présentation au public, en chauffe, eut un succès considérable. La littérature et la bande dessinée se sont aussi emparées de la locomotive de la conquête de l'Ouest : on la trouve dans les ouvrages classiques et sérieux de Jean-Louis Rieupeyrout sur le Far West, mais la 220 American est aussi omniprésente, comme chacun le sait, ou le saura désormais, dans les aventures de Lucky Luke. S'il est une locomotive que même un non-connaisseur peut reconnaître au premier coup d'œil, c'est bien celle de la conquête de l'Ouest.

La 220 American a été construite à des centaines d'exemplaires, des années 1850 au début des années 1880, date à laquelle elle commença à être supplantée par des machines de disposition d'essieux 230 qui souvent lui ressemblaient encore étrangement ! Plusieurs exemplaires de ce type de machine ont été heureusement préservés par des musées américains.

C – Collection C. Lamming

▲ *Une 220 assurant un train de travaux sur un* trestle bridge *caractéristique du chemin de fer de l'Ouest, ceci près de Promontory Point, peu avant 1869. Noter, à l'arrière-plan, les deux tranchées parallèles datant de l'époque où deux compagnies rivales ont construit, parallèlement et inutilement, deux tronçons de la ligne.*

1870
Royaume-Uni

La Stirling, reine des « single drivers »

La locomotive anglaise à essieu moteur unique de la fin du xxe siècle est l'arbitre des élégances ferroviaires victoriennes et sa ligne simple et dépouillée est une réplique aux gares « gothiques » contemporaines. Ultime développement anachronique d'un type dépassé depuis longtemps, elle a de l'allure, du chic, bref, elle est *very british* dans le moindre détail, cette fascinante machine. Pourtant elle détonne complètement dans le paysage ferroviaire de l'époque surtout quand on la voit encore rouler au lendemain de la Grande Guerre. En retard, les Anglais ?

A – Collection C. Lamming

▲ *Les lourdes et puissantes « single drivers » du réseau du Midland : elles marquent la renaissance de la locomotive à roues libres en Angleterre, alors disparue de l'ensemble des autres pays, capable de rouler à plus de 130 km/h en tête de trains de 150 à 200 t, soit mieux que les locomotives du type 120 ou 220 contemporaines.*

Une locomotive à roues libres est une locomotive à un seul essieu moteur, donc sans roues couplées par bielles. Ce fut le cas de l'ensemble des toutes premières locomotives à vapeur rapides, comme « la Fusée » de Georges Stephenson de 1829, et les célèbres types 111 « Patentee » des années 1830 et 1840. Mais ces locomotives sont sujettes à des patinages lors du démarrage de trains lourds, et les premières locomotives pour trains de marchandises ont donc, déjà, deux essieux moteurs couplés et même bientôt trois.

LES ROUES LIBRES : ABANDONNÉES

La présence de roues couplées permet d'augmenter l'effort de traction et d'éviter les patinages au démarrage, et c'est pourquoi, à partir du milieu du xxe siècle, les réseaux abandonnèrent la locomotive à essieu moteur unique (ou à roues libres) pour les machines de type 120, 121, 220 pour les trains de voyageurs.

Mais, très vite, les ingénieurs découvrirent un grave inconvénient : la rotation des longues bielles d'accouplement créait des mouvements parasites de lacet ou de roulis très dangereux notamment à certaines vitesses critiques. Il fallut y remédier par des contrepoids tout en allégeant les bielles, ainsi qu'en recalculant les contraintes mécaniques exercées sur les rails qui subissaient un véritable martelage de la part des roues couplées par bielles.

B – Collection C. Lamming

Un vieux cliché datant de la fin du XXe siècle nous fait découvrir les lignes très fines et élégantes de la Stirling : l'art du dénuement et de la simplicité des locomotives anglaises poussé à son maximum.

C'est pourquoi certains ingénieurs, notamment anglais, restèrent fidèles à la machine à roues libres pour le service des trains très rapides et légers. Roulant en douceur, épargnant les rails, affectée d'aucun mouvement parasite, la locomotive à roues libres est choyée par les ingénieurs et les équipes de conduite de ce Royaume-Uni, en plein âge d'or tant pour son chemin de fer que pour sa puissance industrielle et militaire.

C – Collection C. Lamming

En 1898, la locomotive à roues libres est l'expression la plus parfaite de la locomotive de vitesse britannique, comme en témoigne cette couverture d'un numéro spécial de The Locomotive Magazine.

UN SÉRIEUX DÉBAT TECHNIQUE

Les avantages de la locomotive à roues libres sont tels que, en Angleterre, certaines compagnies y reviennent vers la fin du XXe siècle après avoir essayé des locomotives à roues couplées. Il est vrai que les progrès de construction des voies ont permis des vitesses supérieures et que, justement, les machines à roues libres sont d'excellentes « coureuses », filant agilement sur les rails désormais bien posés. Les voies ont aussi fait des progrès en matière de tolérance des charges par essieu, et les ingénieurs anglais peuvent donc construire des locomotives beaucoup plus puissantes et lourdes sans être contraints d'en augmenter le nombre de roues motrices et porteuses : ils peuvent donc retourner à la formule des roues libres pour des locomotives plus lourdes.

La suppression des bielles d'accouplement et du deuxième essieu moteur accouplé diminue, à puissance égale, le poids et la complexité de la locomotive, donc donne un meilleur rendement et moins de dépenses d'entretien et de réparations. La suppression des bielles d'accouplement, forcément longues quand les roues sont de grand diamètre, supprime les risques de rupture de ces bielles. La suppression du deuxième essieu moteur au profit d'un essieu porteur arrière à petites roues donne plus de place pour un foyer plus généreux et qui n'est plus coincé entre des roues motrices à grand diamètre.

COMMENT L'APPELER ?

La machine à essieu moteur unique est souvent appelée, dans les ouvrages techniques français, « machine à roues libres ». C'est le cas de la célèbre Crampton, par exemple, avec son unique essieu moteur placé à l'arrière. Pour les auteurs anglais, ce genre de machine est une « single driver ». Le mot de « driver » ne veut pas seulement dire « conducteur » comme on pourrait le penser *a priori*, mais aussi, pour les locomotives à vapeur, « roue motrice ». Ainsi « single driver » veut dire qu'il s'agit d'une locomotive à roue motrice unique, au sens littéral du texte anglais. Évidemment, il est question de ce que l'on voit de chaque côté de la locomotive, c'est-à-dire une roue motrice et on sait qu'il y en a une autre de l'autre côté... Mais beaucoup de traducteurs, peu au fait de la chose ferroviaire, pensant qu'il ne peut s'agir d'une locomotive à une seule roue motrice, préfèrent alors écrire « machine à un seul conducteur » ! Y aurait-il eu des locomotives à deux conducteurs ?...

A – Collection C. Lamming

▲ *Un cas typique de la double traction vers 1910 : le poids des trains est tel qu'il faut doubler les « single drivers » en tête des grands trains, comme ici sur le Great Northern. Noter, en deuxième position, une Stirling.*
En première position, une machine à roues libres et à cylindres intérieurs.

C'est ainsi que des machines à roues libres de 2,50 m de diamètre peuvent rouler très vite, grâce au grand diamètre de ces roues, et à la présence d'une chaudière aussi puissante que celle des locomotives à quatre, ou même six roues couplées (types 220 ou 230) qui sont nécessairement d'un diamètre plus faible pour ne pas allonger démesurément la machine. Mais cette configuration a un prix : l'unique essieu moteur d'une locomotive de 50 t environ porte un poids de 18 t, ce qui est considérable pour l'époque et n'est pas encore permis par toutes les voies. Toutefois ces 18 t sont insuffisantes pour les cas extrêmes comme un démarrage sur un rail gras : une machine à deux essieux couplés, pesant aussi environ 50 t, dispose de 30 t sur ses deux essieux, soit seulement 15 t par essieu pour ne pas fatiguer la voie, mais ces 30 t sont les bienvenues pour les démarrages difficiles car le poids imposé aux essieux moteurs est plus important.

B – Collection C. Lamming

▲ *Un cliché de presse de 1905 : les Stirling attirent toujours les admirateurs dans les grandes gares. Noter le matériel roulant en bois.*

D – Collection C. Lamming

◀ *Sur le réseau du Great Northern vers 1910. Les locomotives à roues libres sont désormais en compétition avec des machines à deux essieux moteurs : le réseau doit maintenir sa réputation de vitesse.*

Racée, rapide, cette superbe locomotive marque son époque, celle de l'apogée du rail britannique et de l'empire : les années 1870 à 1900. Mais son règne sera écourté par ses performances mêmes : elle augmente les vitesses des trains, donc leur clientèle. Elle ne peut plus faire face à la demande qu'elle a créée.

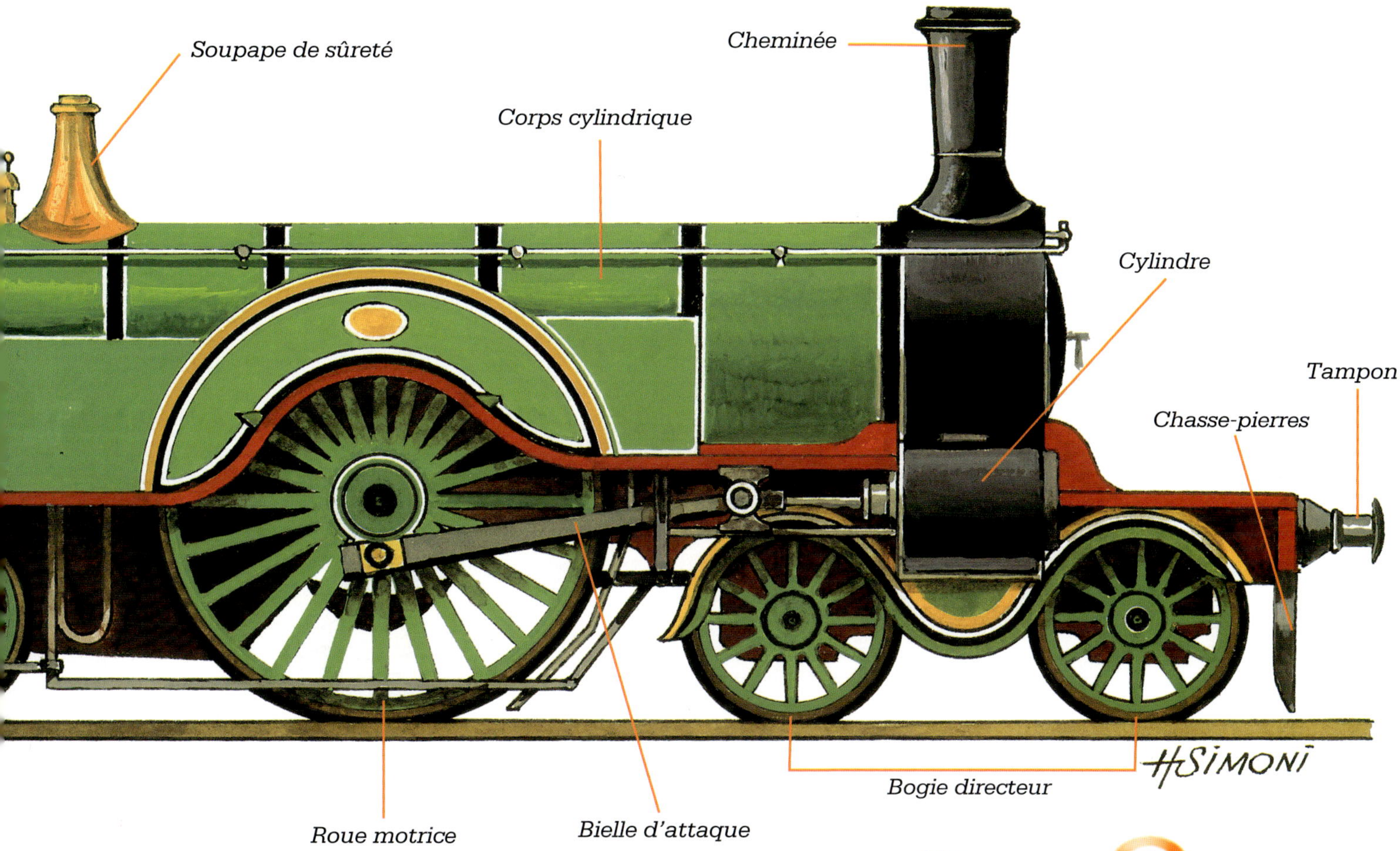

CARACTÉRISTIQUES TECHNIQUES

- Années de construction : 1870 à 1893
- Cylindres : 457 x 711 mm
- Moteur : 2 cylindres simple expansion
- Surface de la grille du foyer : 1,64 m²
- Pression de la chaudière : 10 kg/cm²
- Diamètre des roues motrices : 2 463 mm
- Contenance du tender en charbon : 3,5 t
- Contenance du tender en eau : 13 m³
- Masse : 66 t
- Longueur : 15,24 m

A – Collection C. Lamming

Le Great Western, réseau de la grande vitesse, eut, lui aussi, ses locomotives à roues libres mises en tête des trains rapides en direction du pays de Galles et du Sud-Ouest anglais.

La Stirling N° 1 du Great Northern Railway est sans aucun doute l'un des plus brillants exemples de ce type de locomotive. Elle est la plus célèbre des « single drivers » anglaises, et la plus élégante, avec ses deux grandes roues motrices centrales couvertes d'un couvre-roues ajouré la faisant ressembler à un bateau à roues. Patrick Stirling, directeur du réseau du Great Northern Railway, commande cette série de locomotives pour trains rapides en 1870, et la série de quarante-sept machines qui suivra sera construite jusqu'en 1893. Très simple mécaniquement avec deux cylindres simple expansion, elle est capable de rouler à 120 km/h avec des charges surprenantes, comme des rames de quinze voitures à bogies – légères, il est vrai, du fait d'une caisse en bois et d'une longueur réduite.

Mais l'alourdissement des trains enlève peu à peu à ces locomotives leur premier rôle, et on ne les voit plus, vers 1910, en tête du fameux train « Flying Scotsman » à 10 heures en gare de Kings Cross. En 1938 la Stirling n'est plus qu'un souvenir, exposée au musée de York. Les dirigeants du London & North Eastern Railway, qui veulent que l'on parle du nouveau « Flying Scotsman », invitent la presse à faire un voyage comparatif qui commence d'abord avec le train de 1888 précisément remorqué par la Stirling, sortie du musée pour la circonstance. L'événement a plus de portée que prévu, et un groupement d'amateurs se constitue pour former la première association faisant fonctionner des trains à vapeur remorqués par des locomotives anciennes.

Les conservateurs de musées comme les réseaux de chemin de fer voient la chose d'un mauvais œil : les premiers parce que cela fait du travail supplémentaire que de bouger ces machines qui dorment sagement au risque, d'ailleurs, de les abîmer, les seconds parce que cela fait aussi du travail supplémentaire que de « graphiquer » ces trains dans les horaires déjà serrés des trains sérieux, au risque, d'ailleurs, de donner une image de marque vétuste et folklorique du chemin de fer. Bref, les « bâtons dans les roues » des circulations historiques à vapeur commencent et ne sont pas près de finir...

B – Collection C. Lamming

Une splendide vision que celle d'une double traction prête au départ vers 1910, dans une grande gare anglaise.

C – Collection C. Lamming

Les premières « single drivers » en voie large de 2,10 m ont des roues motrices immenses : ici, le diamètre est de 2,74 m pour cette locomotive du Bristol & Exeter qui roula à 132 km/h en 1853. Trente ans avant, on se contentait du pas des chevaux...

1894
Suisse

L'A 3/5 suisse, la belle jurassienne

Chacun sait que la Suisse est par tradition le pays de la traction électrique. Mais, contrairement à une idée couramment répandue, la traction vapeur n'y fut pas absente. Au contraire, elle y fut même brillante, certes pour une courte période, et la 230 A 3/5, originaire du chemin de fer du Jura-Simplon, a à ce point su conjuguer efficacité et esthétique qu'elle est désormais dans toutes les mémoires. Plus encore, elle a été classée officiellement parmi les 100 plus belles locomotives du monde, dans la section « Belle Époque ».

A – Photo J.-L. Tuleau

▲ *Construite par SLM Winterthur en 1904, la 230 A 3/5 705 est vue ici sur la plaque tournante du dépôt de Délémont, à l'occasion du 150e anniversaire des Chemins de Fer suisses, en 1997.*

Nationalisés en 1902, les Chemins de Fer Fédéraux suisses (CFF) connurent auparavant, eux aussi, le régime des compagnies privées. Parmi celles-ci, deux nous intéressent ici : le Jura-Simplon et le chemin de fer du Gothard.

UN COIN DE FRANCE EN SUISSE

Le Jura-Simplon exploitait un ensemble de lignes, à l'ouest d'un axe Bâle-Montreux. En général, l'influence française y était forte, tout particulièrement celle de son voisin, le chemin de fer de Paris à Lyon et à la Méditerranée (PLM), surtout en ce qui concerne l'étude de certaines locomotives.

Au début du xxe siècle, pour remorquer ses trains de voyageurs, le Jura-Simplon utilisait des locomotives de disposition d'essieux 220 et 130, à roues motrices de 1,65 m et 1,52 m, construites entre 1892 et 1907. Ces deux séries présentaient des particularités techniques intéressantes, les premières étant compound à 2 cylindres et les secondes toujours compound, mais à 3 cylindres.

Ainsi, on peut sans risque affirmer qu'à l'ouest de la Suisse, la totalité des trains de voyageurs étaient remorqués par des locomotives dont le moins que l'on puisse dire est qu'elles étaient peu courantes en Europe et qu'elles faisaient montre d'un radicalisme hardi et évident dans les choix technologiques.

B et C – Collection J.-M. Combe

▲ *Cette photographie (au-dessus) du début du XXe siècle montre un train express « corridor » du Gothard, assurant la relation Lucerne-Milan, à Göschenen, près de l'entrée du tunnel du Saint-Gothard. Il est remorqué par une 230 A 3/5 du Gothard de 1894, série ayant inspiré celles du Jura-Simplon, puis des Chemins de Fer Fédéraux. À l'évidence, cette même photographie a inspiré le graphiste du superbe dépliant (au-dessous) du chemin de fer du Gothard pour le service d'été 1901.*

Lorsque, à leur tour, vers 1902, les 220 et 130 devinrent insuffisantes, par suite de l'augmentation des charges à remorquer, le réseau s'orienta vers une locomotive de disposition d'essieux 230, alors classique.

DES IDÉES À SAISIR SUR LES SOMMETS

Contrairement au Jura-Simplon, le chemin de fer du Gothard exploitait une ligne au profil difficile, reliant Arth-Goldau à Airolo, à travers le massif du Gothard. En fait, ce chemin de fer donnait un accès direct depuis l'Europe du nord-ouest vers l'Italie, avantage que la publicité du réseau ne se privait pas de mettre en avant. Les difficultés topographiques constituent un puissant stimulant à l'innovation technologique et, dès 1894, le Gothard mettait en service deux locomotives 230, dont l'une était compound à 4 cylindres et l'autre à 3 cylindres. La machine à 4 cylindres se montra supérieure. L'ensemble de la série, étagé entre 1894 et 1905, comportait 30 unités, construites par SLM Winterthur. De fait, c'étaient les premières compound suisses à 4 cylindres, répondant à la conception française initiée par Gaston du Bousquet et Alfred de Glehn et selon laquelle les 4 cylindres sont décroisés par paires. C'étaient elles qui allaient directement orienter l'étude de la 230 du Jura-Simplon.

LA SURCHAUFFE CHANGE LES POINTS DE VUE

À partir de 1906, le procédé de surchauffe, qui permet d'augmenter la température de la vapeur indépendamment de la pression qui règne dans la chaudière et surtout de débarrasser la vapeur des gouttelettes d'eau en suspension, vint jeter un grand trouble et faire douter de l'intérêt du compoundage. L'expérience montrera que seule la superposition des deux procédés est bénéfique. Ainsi les A 3/5 se virent-elles appliquer la surchauffe pour 68 unités de 1913 à 1923. Les machines demeurant à vapeur saturée (sans surchauffe) furent les premières retirées du service, et ce dès la fin des années 1920.

A – Photo J.-L. Tuleau

L'expérience suisse en matière de compoundage était réelle et sérieuse. La tradition venait des machines de navigation, et tout particulièrement de celles étudiées pour les bateaux des lacs suisses, les firmes Sulzer et Escher Wyss étant reconnues comme des spécialistes européens incontestés en la matière. Cependant la concurrence s'installe quand le chemin de fer du Gothard fait le choix d'une autre variante du compoundage à 4 cylindres, variante typiquement allemande celle-là.
Il s'agit du système dit de von Borries, du nom de son promoteur et dans lequel les 4 cylindres sont positionnés en batterie.
Ce choix s'explique, tout d'abord, par de simples considérations d'influence géographique.

◀ ***Aujourd'hui préservée, la 230 A 3/5 705 circule toujours en tête de trains spéciaux.***

Les deux premières 230 du Jura-Simplon, mises en service en 1902 (Nos 231 et 232) étaient compound à 4 cylindres du Bousquet-de Glehn et la série en fut continuée par les Chemins de Fer Fédéraux suisses, la nationalisation étant intervenue dans l'intervalle. Seules des différences de détail distinguaient les machines des deux provenances.
Les deux engins Jura-Simplon se caractérisaient par un artifice esthétique : une courbe très « Art nouveau », à hauteur de l'abri du mécanicien, permettant un raccord parfait et harmonieux avec la ligne du châssis du tender. De fait, elles allaient constituer une série numériquement très importante de 111 unités, SLM Winterthur construisant des engins de ce type jusqu'en 1909 (230 A 3/5 701 à 811).

▶ *Cette autre vue de la 230 A 3/5 705, toujours sur la plaque tournante du dépôt de Délémont, dans le Jura suisse, permet de mieux voir son tender rempli de charbon.*

B – Photo J.-L. Tuleau

1894

L'A 3/5

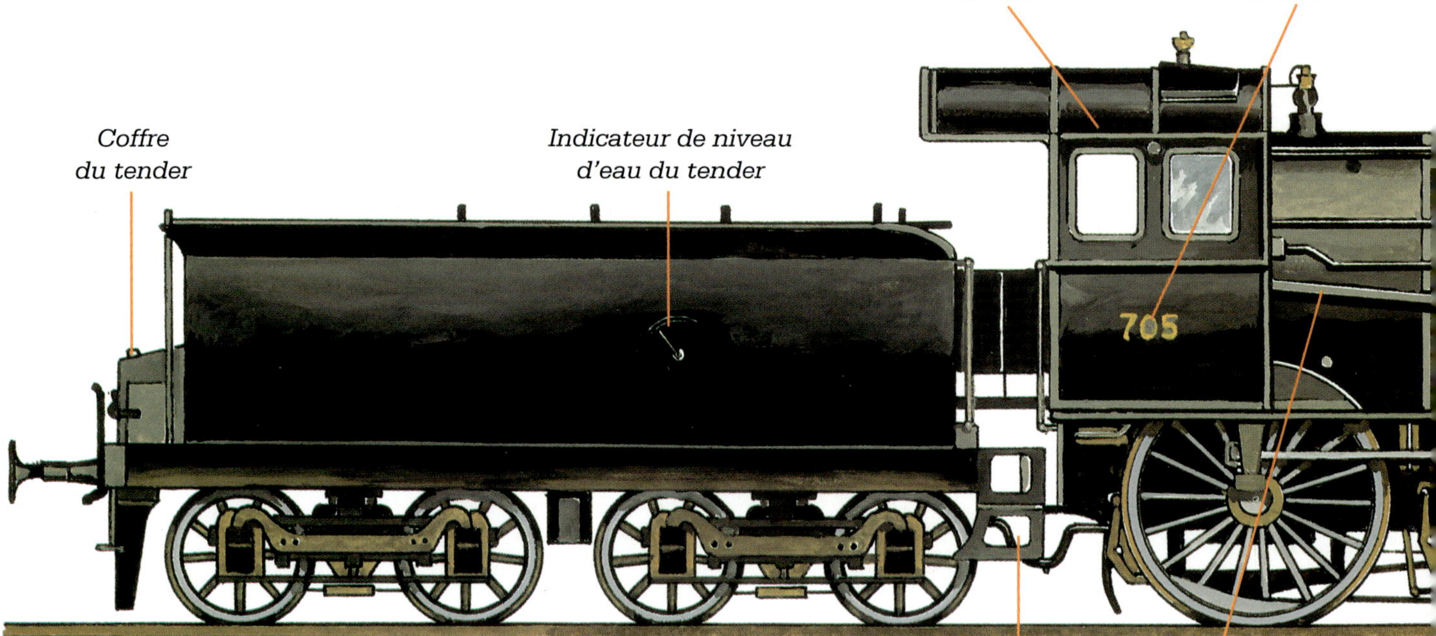

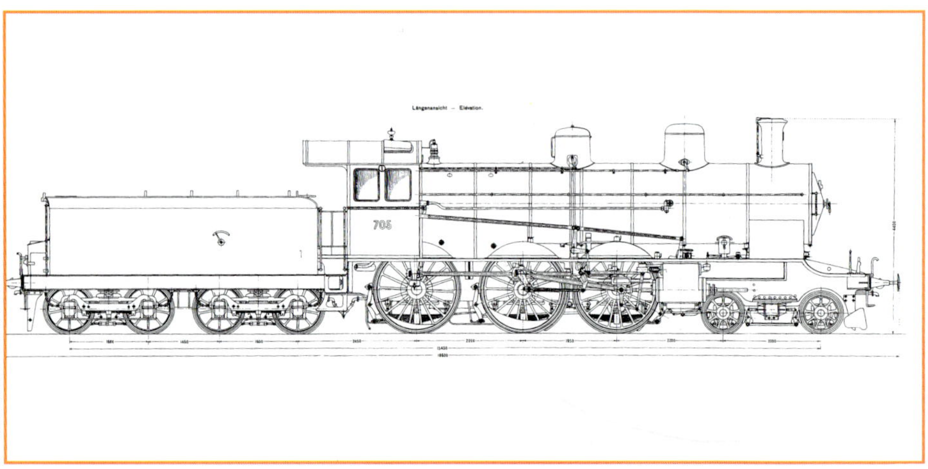

C – Collection Musée du chemin de fer

▲ *Dessin en élévation de la A 3/5 n° 705, aujourd'hui préservée.*

À l'occasion du 150e anniversaire des Chemins de Fer suisses, l'A 3/5 W0705 a tracté, avec le renfort de la C 5/6 2978, un train spécial sur la ligne du Gothard. Elle a ainsi rendu un hommage à ses aînées et ancêtres directes du Gothard, qui furent aussi les premières 230 ayant existé en Suisse.

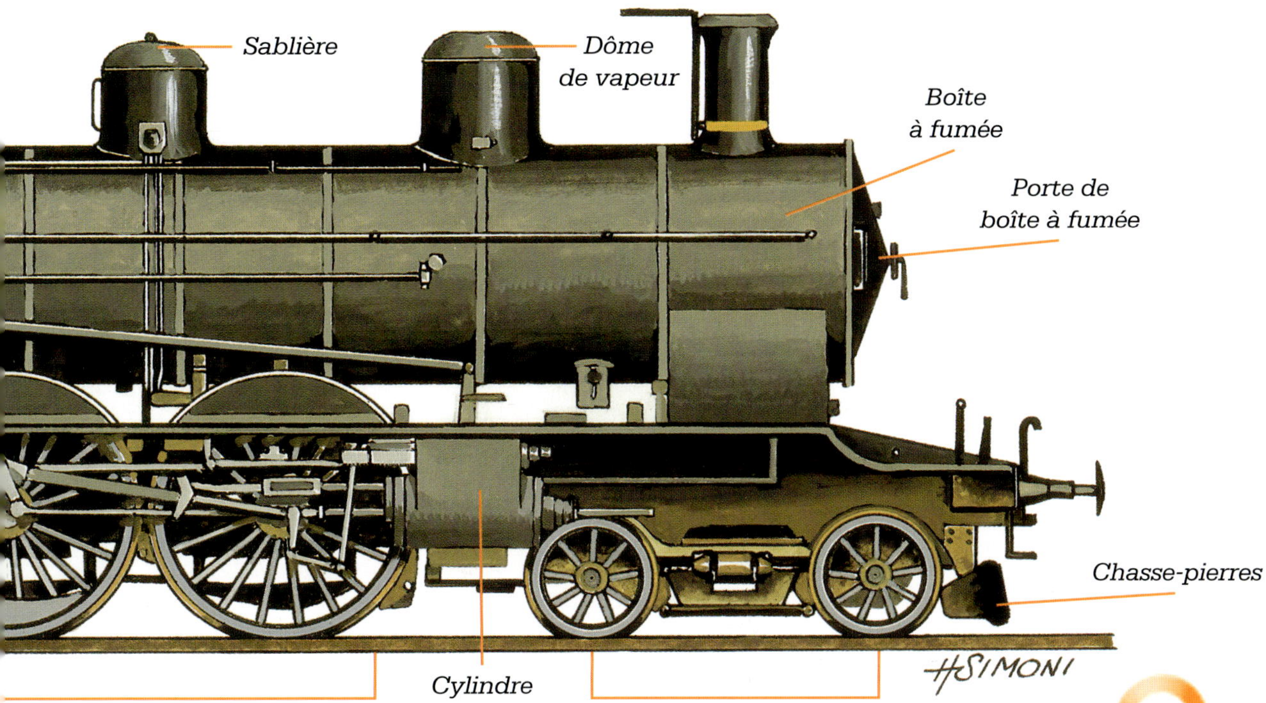

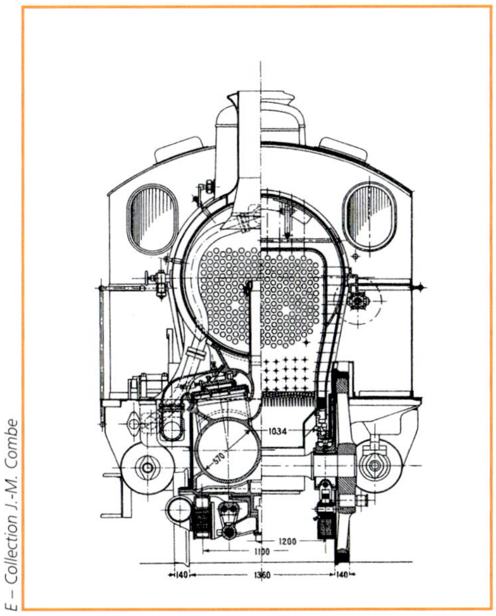

Coupe transversale de la locomotive-compound à 4 cylindres série A 3/5.

CARACTÉRISTIQUES TECHNIQUES

- Type : A 3/5
- Surface de la grille : 2,60 m²
- Surface de chauffe totale : 166,5 m²
- Pression de la chaudière : 15 kg/cm²
- Diamètre des cylindres à haute pression : 0,36 m
- Diamètre des cylindres à basse pression : 0,57 m
- Course des pistons : 0,66 m
- Diamètre des roues motrices : 1,78 m
- Vitesse maximale en service : 100 km/h
- Longueur machine et tender : 18,60 m
- Poids total en ordre de marche : 64,4 t
- Puissance : 1 600 ch
- Tender à 2 bogies emportant 17 m³ d'eau et pesant 39,2 t en ordre de marche. Les 48 premières possédaient de grands tenders à 3 essieux.
- La machine 652 était équipée d'une chaudière à tubes d'eau de type Brotan.

B – Photothèque Edelweiss

L'A 3/5 n° 705, équipée de petits sacs chasse-neige. Cette photographie met en valeur les lignes simples et pures de cette belle machine. À coup sûr, une réussite esthétique dans sa catégorie.

Alors que le Jura-Simplon subissait l'influence de son voisin immédiat, la France, le Gothard était plutôt dans la sphère d'influence des pays germaniques, même si, dans un premier temps, il avait été le premier à appliquer sur ses 230 le compoundage à la française. Application circonspecte, puisqu'il avait été testé parallèlement au système à 3 cylindres. Ainsi, à partir de 1908, le Gothard mit en service des 230 très germaniques d'aspect, construites chez Maffeï, le grand constructeur du sud de l'Allemagne, et à la SLM. À leur tour, les Chemins de Fer Fédéraux, ayant besoin de 230 puissantes, imitèrent les 230 allemandes du Gothard, jusqu'en 1915, mais en prenant soin de tester à nouveau les machines à 3 cylindres, ce qui se révéla un échec. Bien vite, pour la série, on revint au système à 4 cylindres. Ainsi la Suisse posséda, pour la remorque de ses trains express, une flotte de 4 séries de 230 provenant de 2 réseaux et utilisant 2 types de compoundage concurrentiels. Elles firent les beaux jours de la traction vapeur, avant de céder la place face à une irrésistible électrification. La dernière, la 705, aujourd'hui conservée, a été retirée du service en 1964 seulement, bien que le gros des retraits du service se soit étalé entre 1930 et 1955.

DES A 3/5 EN FRANCE

De 1875 à 1915, les locomotives de la compagnie Jura-Simplon, puis des Chemins de Fer Fédéraux suisses, ont circulé sur la ligne de Vallorbe à Pontarlier via Les Hôpitaux-Neufs-Jougne. Au début du XXe siècle, les A 3/5 y vinrent régulièrement et ces belles locomotives, par ailleurs très françaises d'apparence, ne paraissaient pas incongrues dans le paysage ferroviaire hexagonal.

C – Collection J.-M. Combe

Ce modèle réduit d'A 3/5, fonctionnant à vapeur vive, a circulé sur le réseau à voie de 381 mm des frères Brast, à Lucerne, en Suisse.

1900
Italie

La Mucca, la vache italienne

L'Italie fut sans doute le premier pays au monde à mettre en service, entre 1900 et 1906, 43 locomotives à vapeur dont la cabine de conduite était positionnée à l'avant de l'engin. Cette disposition était dans l'air du temps mais n'avait jusqu'alors concerné que des locomotives prototypes. La forme très particulière des machines italiennes les disposait à l'attribution d'un surnom. Ce fut celui peu flatteur de « mucca », vache en français, qui fut retenu.

A – Collection P. Descroix

▲ *La Mucca était en fait une 230 inversée. Avec sa cabine à l'avant, son personnel de conduite pouvait plus facilement voir la voie et les signaux. Cet exemplaire fait partie de la série n° 6738 à 6943.*

Parmi les reproches faits à la locomotive à vapeur classique, il en est un qui a beaucoup agité les esprits vers le début du XXe siècle. Il s'agit du positionnement de l'abri du mécanicien et du chauffeur à l'extrémité du corps cylindrique, à l'arrière de la machine.

On commence à se poser la question de l'éventuel intérêt d'avoir une cabine à l'avant. En effet, avec l'abri à l'arrière, la vision de la voie et des signaux par le personnel de conduite n'est pas optimale et l'impossibilité de fermeture complète de ce même abri à l'époque, conséquence de la présence du tender, crée des problèmes de respiration dans les tunnels mal ventilés. De plus, l'arrivée des premières auto-motrices à vapeur, ancêtres directes des autorails, équipées d'une cabine à l'avant, donne à réfléchir aux concepteurs de locomotives. Enfin, sur le plan technique, dans le cas d'une locomotive courte, de disposition d'essieux 230 – cas le plus fréquent alors et correspondant bien à celui de la Mucca –, l'inversion de la cabine permet aussi celle de la disposition des essieux. Ainsi, avec le bogie sous l'abri, on peut à loisir dimensionner le foyer, sans être gêné par la présence des roues motrices.

B – Collection P. Descroix

▲ *Au Musée de Naples, on peut admirer cette jolie maquette de la Mucca série n° 6702.*

Lors de l'Exposition universelle de 1900, deux locomotives particulières autant qu'impressionnantes peuvent être admirées. Tout d'abord, dans sa fameuse coupole des berges de la Seine, la firme Schneider du Creusot présente la locomotive Thuile, un engin exceptionnel à tous points de vue. Destinée à un hypothétique trafic international, elle possède une cabine à l'avant destinée au mécanicien, le chauffeur étant placé sur une plate-forme à l'arrière, de manière conventionnelle. Pour coordonner leurs actions, les deux hommes sont en relation par cornet acoustique. L'autre machine, dotée d'une cabine à l'avant, est présentée à l'annexe de Vincennes. Il s'agit de la Mucca italienne, qui, elle aussi, frappe beaucoup les esprits. Un peu plus tard, vers 1910, les Américains construisent eux aussi des locomotives avec cabine à l'avant. Ils appellent cette disposition « cab forward ». Les Allemands feront également de même. Étudiée par les Chemins de Fer Méridionaux italiens pour leur réseau de l'Adriatique, la Mucca s'avère remarquable à plus d'un titre. Tout d'abord, et c'est là ce qui frappe d'emblée les regards, la position particulière de sa cabine est la conséquence d'impératifs à la fois ergonomiques et techniques. En effet, il a paru intéressant aux ingénieurs italiens de choisir un tel emplacement car, les lignes de Milan à Venise et à Bologne et de Rome à Florence comportant de nombreux tunnels, cela épargne au personnel de sérieuses difficultés respiratoires.

DES ANTÉCÉDENTS

Il semble bien que les premières locomotives construites avec cabine à l'avant aient été les six machines-tender, à écartement de 1 m, du chemin de fer minier de La Mure, près de Grenoble, construites par Fives-Lille en 1888 et reproduites avec améliorations pour le chemin de fer chinois du Chan-si en 1905. Peu après, en 1893 et 1894, Jean-Jacques Heilmann mit en service sur le réseau de l'Ouest ses locomotives thermo-électriques, véritables centrales thermiques roulantes, qui elles aussi possédaient leur cabine de conduite à l'avant de l'engin.

C – Collection J.-M. Combe – DR

▲ *Voici une belle illustration de la machine de série n° 6943, construite par Breda et présentée à l'Exposition internationale de Milan en 1906.*

Rappelons que c'est aussi le cas en France à l'époque, sur la ligne des Cévennes, où, conséquences des tunnels, il a fallu doter le personnel d'appareils respiratoires, tant les émissions de gaz toxiques par les locomotives y sont importantes.
Enfin, le fait de placer le poste de conduite à l'avant permet également d'y prévoir sur ses faces latérales des soutes à charbon et ainsi de ne pas séparer le couple traditionnel mécanicien-chauffeur. Le tender se transforme ipso facto en un simple wagon-réservoir d'eau, qui peut être attelé indifféremment à l'avant ou à l'arrière de la Mucca.

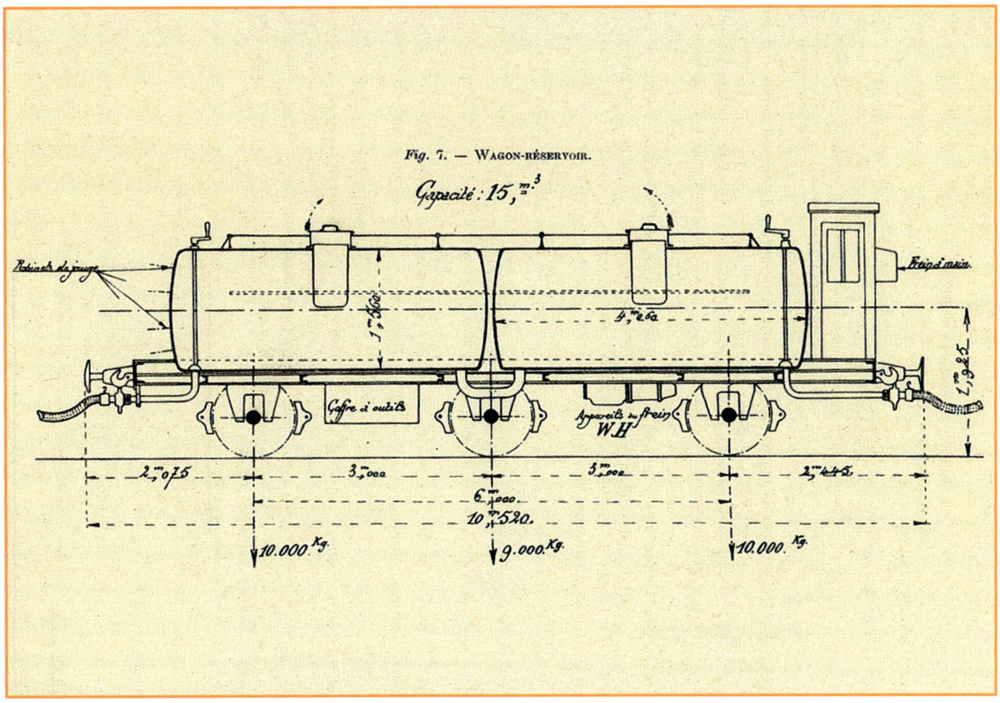

A – Collection J.-M. Combe – DR.

▲ *Plan du wagon réservoir de la « Mucca ». Il s'agit d'un simple wagon-citerne doté à l'une de ses extrémités d'une cabine pouvant abriter du personnel, un chef de train, par exemple. Cette disposition de tender à cabine sera également adoptée sur une série de 050 des Chemins de Fer Italiens.*

LES CHOIX TECHNIQUES

Sur le plan des choix techniques fondamentaux, si l'on prend une locomotive de disposition d'essieux et qu'on la retourne à la manière d'une peau de lapin, cas de la Mucca, devenue une 032, on peut facilement installer sur le bogie porteur, maintenant à l'arrière, un foyer aux larges dimensions, sans être gêné par la présence des roues motrices, et ainsi prévoir une chaudière à la production abondante, d'une absolue nécessité sur les lignes à profil difficile. Un argument de premier ordre !

B – Collection J.-M. Combe – DR.

▲ *Cette vue d'artiste montre, avec cependant quelques erreurs de détail, la célèbre locomotive Thuile, avec cabine à l'avant, qui fut présentée à l'Exposition universelle de 1900.*

EN TEST SUR LE RÉSEAU DE L'OUEST

Au cours et au lendemain de l'Exposition universelle de 1900, la Mucca impressionne beaucoup, tout particulièrement les gens du réseau de l'Ouest.
Sur la requête de leur ingénieur en chef Clérault, ils demandent des essais sur leur réseau après la fermeture de l'exposition, avant que la machine ne retourne en Italie et alors qu'elle n'a même pas été rôdée sur son propre réseau.
L'alter ego italien de Clérault, Agazzi, donne son accord et dépêche Vian, l'un de ses ingénieurs, pour assister les Français. Les essais peuvent commencer…

1900

LA MUCCA

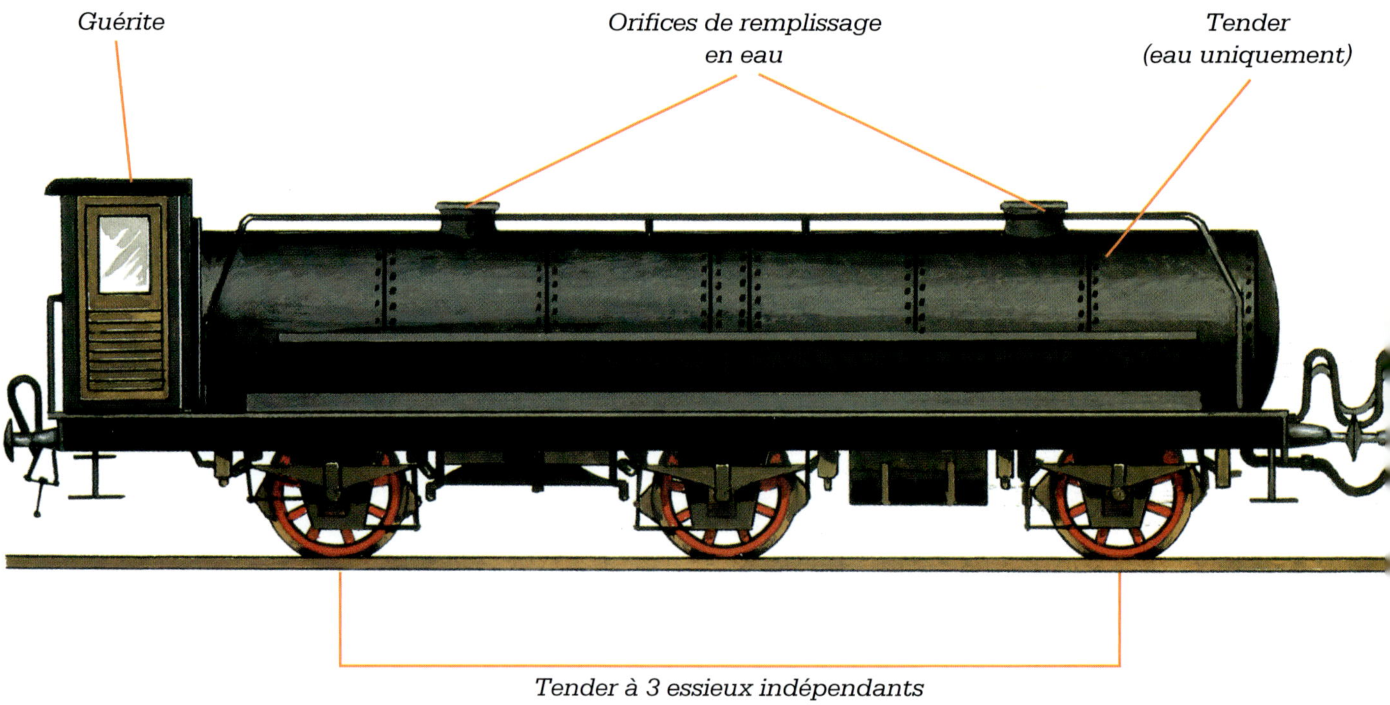

C – Collection J.-M. Combe – DR.

▲ *C'est sur le réseau de l'Ouest, en France, que la Mucca fut essayée. Des modifications d'ordre ergonomique furent apportées par la suite.*

Avec son abri placé à l'avant et sa disposition d'essieux inversée, la Mucca fut une locomotive très originale au niveau technique. Malheureusement, elle n'intégrait pas suffisamment de solutions novatrices pour pouvoir faire souche. Toutefois, son souvenir est resté bien vivace.

UNE APPLICATION INTÉRESSANTE

En 1936, la Mucca n° 670 030 fut équipée d'une chaudière Franco Crosti, dont une partie fonctionnait en réchauffeur à gaz. Réalisée grâce à l'aide du Conseil National de la Recherche, cette machine renumérotée 671 026 put rouler à 126 km/h sur Florence-Pise.

CARACTÉRISTIQUES TECHNIQUES

Locomotive :

- Surface de la grille : 3 m^2
- Surface de chauffe totale : 166,70 m^2
- Pression de la chaudière : 15 kg/cm^2
- Diamètre des cylindres à haute pression : 0, 38 m
- Diamètre des cylindres à basse pression : 0,57 m
- Diamètre des roues motrices : 1,94 m
- Écartement entre essieux extrêmes : 8,35 m
- Poids de la machine seule : 66,5 t
- Capacité des soutes à charbon : 4 t

Wagon-réservoir :

- Poids à vide : 14 t
- Nombre d'essieux : 3
- Capacité en eau : 15 m^3
- Longueur hors tout : 10,52 m

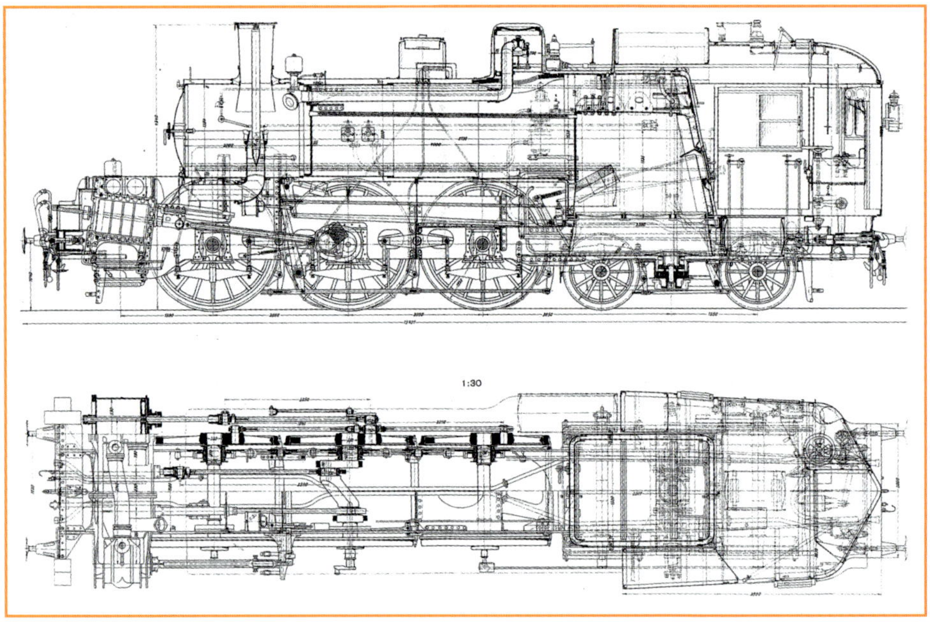

A – Collection J.-M. Combe – DR.

▲ *Une coupe détaillée de la Mucca.*

La Mucca est testée à partir du 18 décembre 1900 jusqu'au 30 janvier 1901, comparativement à la 2516 et à la 521, respectivement une 230 et une 220 compound de l'Ouest, sur les lignes d'Evreux, de Mantes et du Mans.

Assez curieusement, à l'exception d'un compte rendu détaillé dans la très sérieuse *Revue Générale des Chemins de Fer*, les résultats se font discrets, la Mucca s'étant montrée bonne et suffisamment supérieure, en dépit de ses originalités, pour décider l'Ouest à passer une commande. En fait, tout se passe comme si l'Ouest était « l'essayeur » officiel des Italiens et ces derniers tiendront compte des avis français pour la commande de la série, apportant les modifications suivantes par rapport au prototype : fermeture complète de l'abri, séparation de l'abri de la chaudière par une paroi en tôle, suppression de la soute à charbon côté gauche pour donner plus d'amplitude au chauffeur dans ses mouvements lors de la charge, report du poste du mécanicien également à gauche. Bref, essentiellement des mesures d'ordre ergonomique.

UN PARFUM D'ITALIE

Pas moins de 43 « Mucca » sont produites pour la Méditerranée, puis les Chemins de Fer Italiens, entre 1900 et 1906, 12 d'entre elles étant construites chez Borsig en Allemagne, les autres étant produites par Ernesto Breda, en Italie même. Toutefois, il doit rester quelque chose du passage de la Mucca à l'Ouest, puisque, en 1908, les 2 Pacific prototypes 2901 et 2902 se verront appliquer une distribution italienne. La même année, le réseau français met en service une série de 140 compound à 2 cylindres, qui sont la copie exacte d'un modèle italien.

En fin de compte, la Mucca ne fait pas souche, l'immense majorité des locomotives italiennes présentant la disposition classique. Les dernières Mucca sont retirées du service immédiatement après la Seconde Guerre mondiale.

UNE PREMIÈRE TECHNIQUE

Pour la première fois, la Mucca, machine compound à 4 cylindres, possédait ses groupes de cylindres jumelés de part et d'autre du châssis : les 2 cylindres à haute pression se situaient d'un côté et ceux à basse pression de l'autre. Cette disposition autorisait des arrangements, allégements et facilités au niveau de la distribution tout à fait appréciables.

B – Collection J.-M. Combe

▲ *Une des célèbres cartes postales anglaises, réalisées à partir de peintures à l'huile, dites « Oilettes », et éditées par Raphael Tuck à Londres, qui montrent une Mucca en pleine vitesse, dans un décor idyllique de bord de mer, propre au réseau italien de la Méditerranée.*

1907
France

La 4500 du PO : la première Pacific d'Europe

S'il fut une locomotive populaire, c'est bien la Pacific. Cette popularité trouve son origine non seulement dans le fait que la Pacific symbolise pour toujours la locomotive à vapeur à grande vitesse, mais aussi parce que son image a bien été relayée par les médias et la publicité de l'époque ainsi que par le célèbre poème symphonique d'Arthur Honegger *Pacific 231*. En mettant en service sa série des 4500, le PO a contribué à construire sa renommée en France.

La France fut le premier pays d'Europe à mettre en service des Pacific. Ces superbes machines frappèrent beaucoup les esprits et contribuèrent grandement, elles aussi, au développement du mythe « Pacific ».

LE PROBLÈME DE TOULOUSE

Au réseau Paris-Orléans, la ligne de Toulouse a toujours posé un problème difficile. Contrairement à celle de Bordeaux, au profil relativement facile, elle présente des rampes nombreuses et sévères, accompagnées de courbes de faible rayon, surtout au sud de Limoges. C'est pourquoi, avant 1907, alors que pour Bordeaux les gracieuses et efficaces « 3000 » à 2 essieux couplés conviennent parfaitement, pour Toulouse, des machines à 3 essieux couplés série 4000, dont l'adhérence est plus forte, s'avèrent nécessaires. Mais le poids des trains augmentant sensiblement, à partir de 1905-1906, les 4000 éprouvent alors de graves difficultés de vaporisation dans la montée des rampes de 10 ‰ entre Argenton-sur-Creuse et Montauban.

A – Collection Musée français du chemin de fer

▲ *La 4546, vue à sa sortie de restauration, en 1972. Une locomotive de toute beauté !*

1907

LA 4500

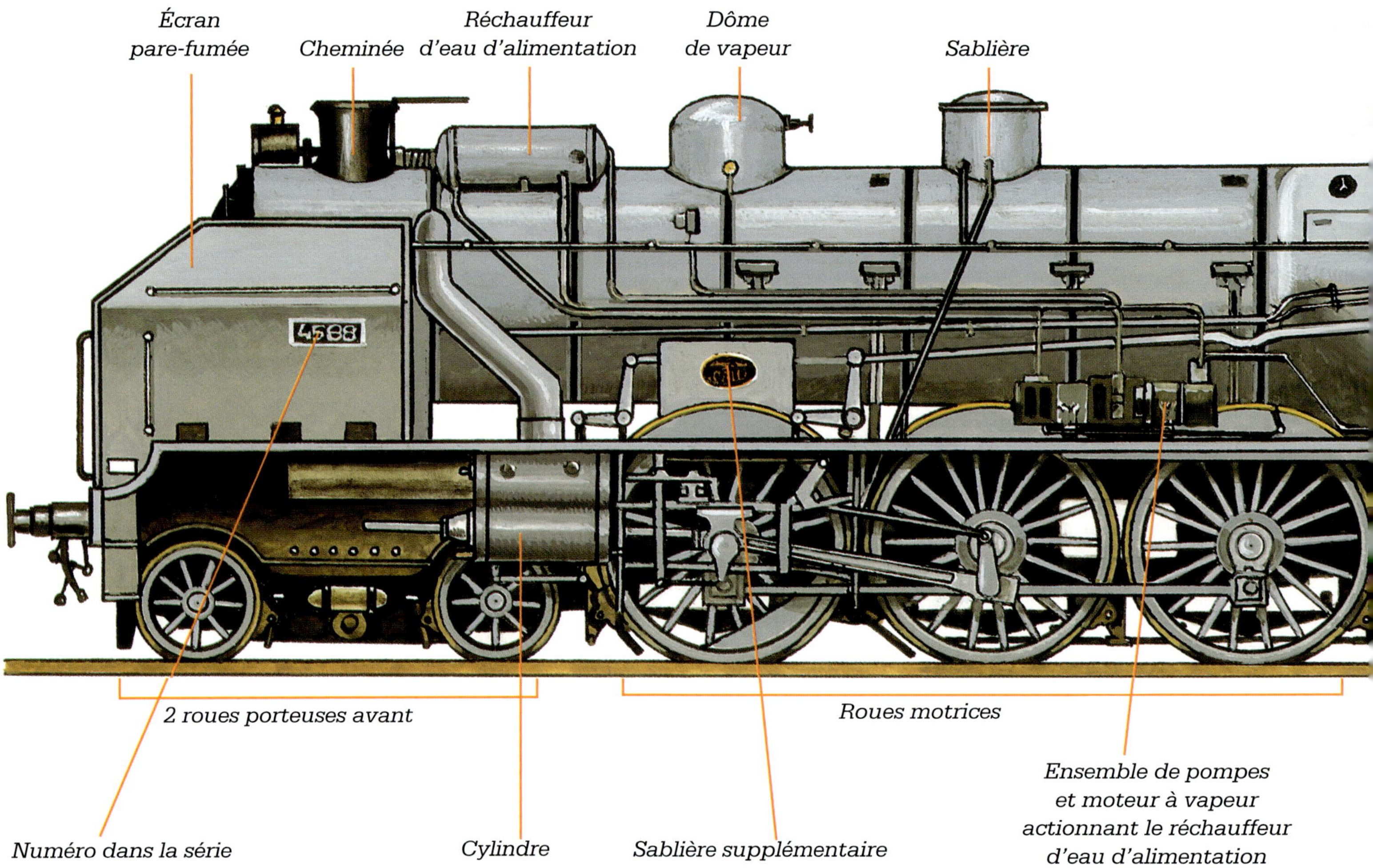

C – Collection Musée français du chemin de fer

Vue intérieure de la cabine de conduite de la 4546, restaurée et présentée au Musée du chemin de fer de Mulhouse.

C'est avec la Pacific 4500 qu'apparaît pour la première fois en France le remarquable foyer semi-débordant de forme trapézoïdale. Étudié par la Société Alsacienne de Constructions Mécaniques, il est étroit à l'avant et débordant vers l'arrière.

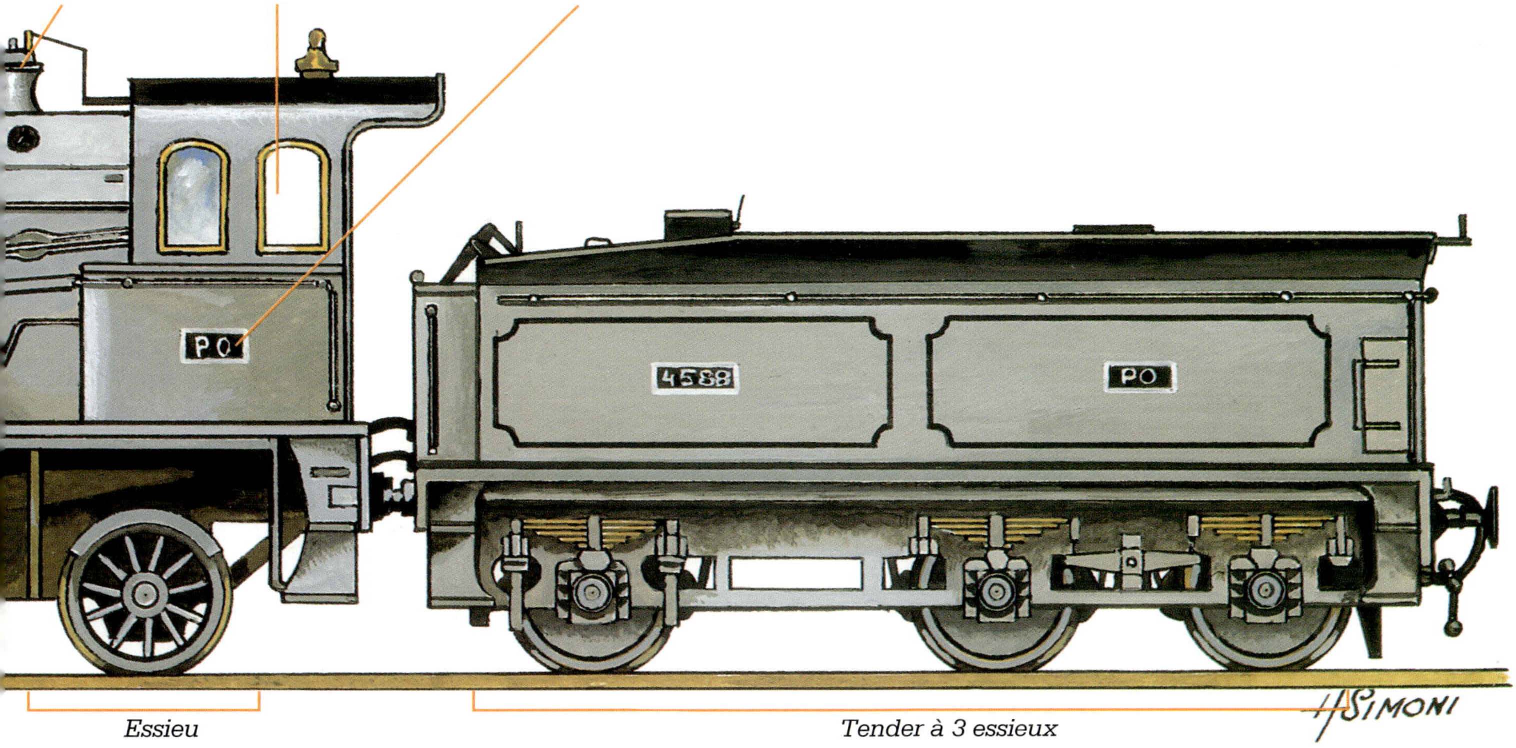

LES ITINÉRAIRES

Généralement affectées au service de la ligne de Toulouse, que ce soit par Brive ou Capdenac, et de ses embranchements, les 4500 ont également circulé sur la ligne de Bordeaux, entre Paris et Tours, avec les 3500 et, plus tard, sur la transversale Lyon-Nantes, autour de Vierzon.

CARACTÉRISTIQUES TECHNIQUES

- Surface de grille : 4,27 m²
- Timbre de la chaudière : 16 kg/cm²
- Diamètre des roues motrices : 1,85 m
- Longueur machine et tender : 20,78 m
- Poids en ordre de marche : 90 t
- Tender à 3 essieux contenant 20 m³ d'eau
- Porte de chargement de charbon à 3 vantaux

F – Photothèque Edelweiss

▲ *La 4546 restaurée, exposée au Musée français du Chemin de fer à Mulhouse.*

B – Collection Musée français du chemin de fer

▲ *Sur cette couverture d'un opuscule publicitaire de grande diffusion, édité par le PO en 1908-1909, on peut voir une approche artistique très réaliste de la 4501, première « Pacific » d'Europe, alors neuve.*

► *Le départ du train d'essais de chauffe au fuel. Derrière la machine, on distingue la voiture réservée aux techniciens chargés d'enregistrer les mesures (voiture dynamomètre).*

C – Collection J.-M. Combe

LES AUTRES RÉSEAUX

Si le Paris-Orléans a été le premier réseau dans l'Hexagone à mettre en service des locomotives Pacific, il est bientôt imité par l'ensemble des autres réseaux français, chacun d'entre eux ayant effectué des choix techniques et esthétiques qui lui sont propres. C'est ainsi qu'en 1908, le Midi sort des Pacific à roues de 2,04 m, par ailleurs identiques à celles du PO. Il a été précédé par l'Ouest, qui a sorti ses prototypes 2901 et 2902, des modèles audacieux qui malheureusement ne feront pas souche. L'année suivante, le Paris-Lyon à la Méditerranée essaie ses Pacific 6001 et 6002, à l'origine d'une lignée de pas moins de 462 machines. À son tour, il est suivi par le réseau de l'État, en 1910, avec ses 231-011 dites « Dieppoises », et par le Nord, avec ses 3.1151 à 3.1170, imitées des S 12 de l'Alsace-Lorraine, que celui-ci a mises en service en 1909, alors qu'il était sous administration allemande.

UNE 4500 AU MUSÉE DU CHEMIN DE FER

Sauvegardée pour illustrer la saga des Pacific, la 4546 a été remise en état en 1957, à l'occasion du cinquantenaire des « Pacific ». Certains détails n'étant pas conformes à l'originale, la 4546 a recouvré strictement son état d'origine, avant son entrée au Musée français du Chemin de fer de Mulhouse, en 1972.

1910
États-Unis

La Cab Forward passe en tête

Les énormes difficutés rencontrées par les locomotives du Southern Pacific, lors de la traversée des tunnels de la Sierra Nevada, ont conduit à placer la cabine à l'avant pour éviter au personnel des ennuis respiratoires. Ce fut un franc succès pour ces engins qui ne perdirent rien de l'attrait des locomotives à vapeur classiques.

A – Collection C. Lamming

▲ *Une Cab Forward en tête d'un train de marchandises dans la traversée de la Sierra Nevada.*

Dès la fin de l'hiver 1910, le réseau américain Southern Pacific mit d'énormes et étonnantes locomotives articulées du type Mallet en service. Elles présentaient la particularité d'avoir leur cabine de conduite placée à l'avant et leur tender qui suivait la machine.

Ce choix fut dicté par de sérieuses difficultés rencontrées lors de la traversée des tunnels de la Sierra Nevada avec les locomotives conventionnelles, le personnel y suffoquant littéralement. Outre le choix judicieux de la cabine à l'avant (en anglais : *cab forward*) ce furent d'excellentes locomotives dont la série fut poursuivie, avec améliorations, jusqu'en 1944. Elles font aujourd'hui partie des grandes séries mythiques de la traction vapeur aux États- Unis, au même titre que les « Big Boy » de l'Union Pacific ou les 232 J 3a du New York Central.

LES DIFFICULTÉS DU SOUTHERN PACIFIC

La grande ligne du Southern Pacific qui joint Rocklin (Californie) à Reno (Nevada), section de la liaison San Francisco – Salt Lake City qui autrefois appartenait à la compagnie Central Pacific, présentait de sérieuses difficultés lors de la traversée de la Sierra Nevada. Les très fortes rampes nécessitaient quelquefois la présence de quatre locomotives pour remorquer les trains. On s'en doute, les tunnels sont nombreux, longs et particulièrement sinueux. Le personnel des machines y était souvent au bord de l'asphyxie. Cette situation dura jusqu'au printemps 1909 quand le Southern Pacific mit en service deux grosses locomotives semi-articulées de type Mallet. C'était des 140 + 041qui furent classées dans la série MC1.

Si elles permirent de résoudre les problèmes de traction, elles rendirent les conditions de travail du personnel de conduite définitivement insupportables : il ressortait des tunnels non seulement quasi asphyxié mais encore littéralement bouilli et enfumé.
Dans l'abri, le bruit et la chaleur étaient dantesques, comparables à ceux des rues de chauffe des grands navires à vapeur de l'époque. La fourniture de masques respiratoires, solution déjà pratiquée en France sur la ligne des Cévennes n'apporta que peu de résultats appréciables.

B – Collection C. Lamming

▲ *La S9 allemande de 1906 est, à sa manière, une tentative de Cab Forward européenne avant la lettre : mais il s'agit ici d'une locomotive prototype destinée à la grande vitesse. La cabine avant est justifiée par le problème de visibilité pour le mécanicien et s'intègre dans un carénage. La locomotive n'est pas inversée : le mécanicien est donc seul à l'avant.*

L'INGÉNIEUR BROWNING TROUVE LA SOLUTION

Cette situation de crise trouva une heureuse issue lorsque, à l'occasion d'une réunion dans le bureau du chef de la traction, Taylor W. Heintzelman, l'ingénieur Charles Browning se souvint subitement avoir vu dans la baie de San Francisco une petite locomotive dont la cabine était positionnée à l'avant. Lumineux souvenir ! Chacun fut immédiatement convaincu que là se trouvait la solution à tous les malheurs du Southern Pacific. Curieusement, la machine du souvenir de Browning appartenait à un petit chemin de fer à voie étroite, le North Pacific Coast et elle résultait de la transformation d'une locomotive existante avec chaudière à tubes d'eau, chauffe au fuel et cabine à l'avant. Mise en service en 1900, elle avait connu un échec complet et elle avait été retirée du service en 1905.

C – Collection C. Lamming

▲ *Très modestement... mais quand même, en France ! Il y eut des Cab Forward rurales et « bien de chez nous » sur nos humbles « tacots », ces secondaires qui longeaient les routes départementales. La cabine à l'avant permettait de limiter les accidents de la circulation ou l'écrasement des animaux ou des personnes. Le principe est intégralement respecté, avec une locomotive inversée, de type 021 devenant une 120.*

A – Collection C. Lamming

▲ *La Cab Forward à l'italienne : il s'agit de la célèbre série des « Mucca » de 1900, donc plus anciennes que les Cab américaines. Les dimensions sont plus modestes, mais cette série eut un certain succès, sauf en France où les essais ne furent pas jugés concluants.*

Bien évidemment, le choix de la cabine à l'avant, s'il solutionnait le problème du confort de la conduite, impliquait une autre contrainte : comme le tender se trouvait maintenant positionné derrière la cheminée, la chauffe au fuel s'imposait.

LA GRANDE FAMILLE DES CAB FORWARD

Pour le reste, la nouvelle Mallet était on ne peut plus classique. Elle intégrait simplement la nouvelle chaudière « séparable », commune aux machines Mallet, chaudière qui se compose de deux parties séparées par un joint. Alors que la première renferme un faisceau tubulaire ordinaire, la seconde fonctionne en réchauffeur d'eau d'alimentation.

Mise en service à la fin de l'hiver 1910, la première Cab Forward suscita de nombreuses interrogations de la part du public. Certains crurent à une erreur, d'autres critiquèrent ce type de construction mais tout le monde finit par s'y habituer. Classée MC2, elle appartenait à une série de quinze unités, numérotées de 4002 à 4016. Entre 1910 et la Première Guerre mondiale, soixante unités furent mises en service. Elles étaient compound à 4 cylindres et une version en 130 + 031, destinée aux trains de voyageurs, fut ensuite introduite. Au milieu des années 1920, en conformité avec une tendance générale aux États-Unis, toutes les compound furent transformées en simple expansion quatre cylindres. Par voie de conséquence, toutes les Cab Forward nouvelles, car on avait décidé d'en poursuivre la construction mais en y apportant des améliorations (preuve de satisfaction), étaient désormais à simple expansion. Elles furent nombreuses entre 1920 et 1944.

AUX ORIGINES DE LA CABINE À L'AVANT

Parmi les inconvénients que présente la locomotive à vapeur classique, le fait que l'abri du mécanicien et du chauffeur soit placé à l'arrière de l'engin n'est pas des moindres. Cette position rend évidemment plus malaisée l'observation de la voie et des signaux et peut engendrer de graves problèmes, lors de la traversée des tunnels. Alors qu'en Europe, les quelques exemples connus de cabines à l'avant vers 1900 (machines de Thuile, « Mucca » italienne et 222 allemandes Wittfeld) sont liés à la volonté d'une meilleure observation des signaux dans le but d'améliorer la vitesse, c'est bien la question des tunnels qui, aux États- Unis, va être à l'origine des cabines à l'avant.

1920

LA PACIFIC PLM

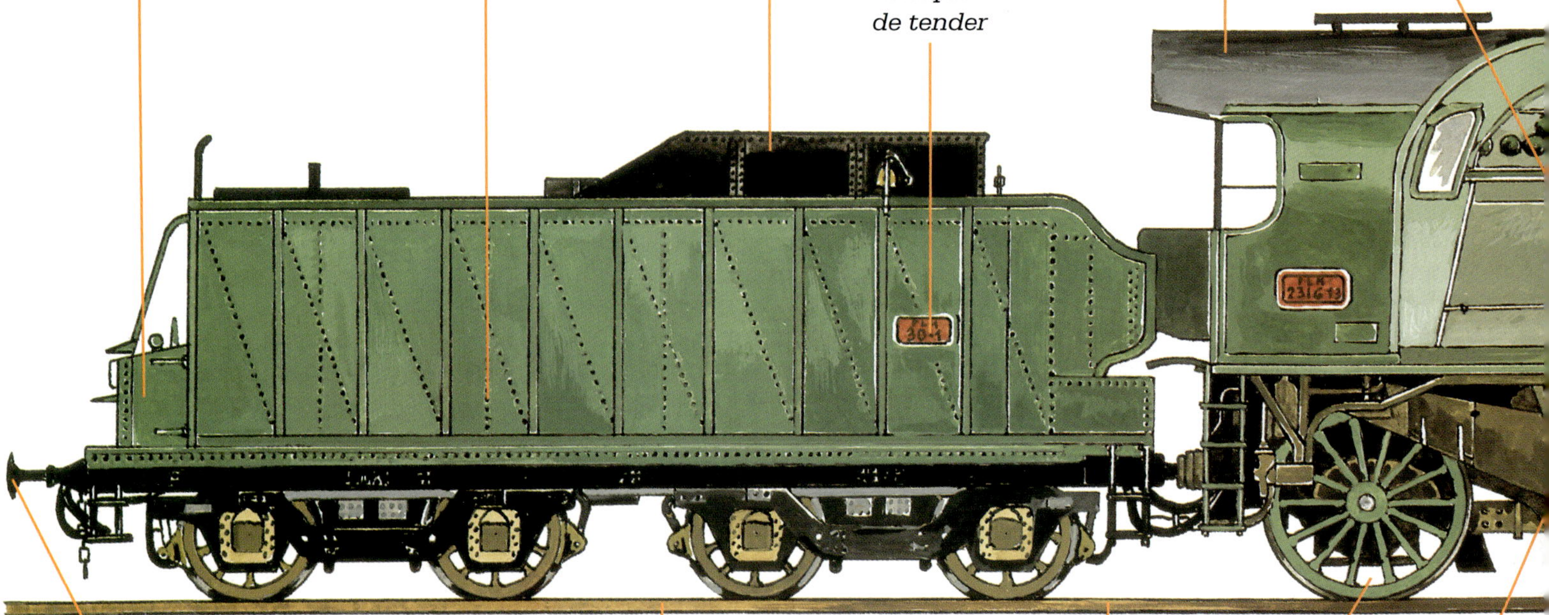

UN NOMBRE MAGIQUE : 462

Le nombre de Pacific construites par le PLM s'est élevé à 462 exemplaires. Si, pour un Français, la disposition d'essieux d'une Pacific est 2-3-1, pour un Anglais ou un Américain, une Pacific est une 4-6-2, car les Anglo-Saxons comptent les roues et non les essieux. Mais ce n'est sans doute pas pour cette raison que le PLM a commandé 462 locomotives... du moins, on peut l'espérer. Le nombre de locomotives construites correspondait toujours aux besoins du réseau, estimés avec précision en fonction du trafic.

Racée et élégante, cette locomotive pour trains de voyageurs rapides et lourds est la plus populaire en France. Elle fut construite à 462 exemplaires par l'ancien réseau du PLM. Au lendemain de la Seconde Guerre mondiale, elle étend son rayon d'action jusqu'à Calais.

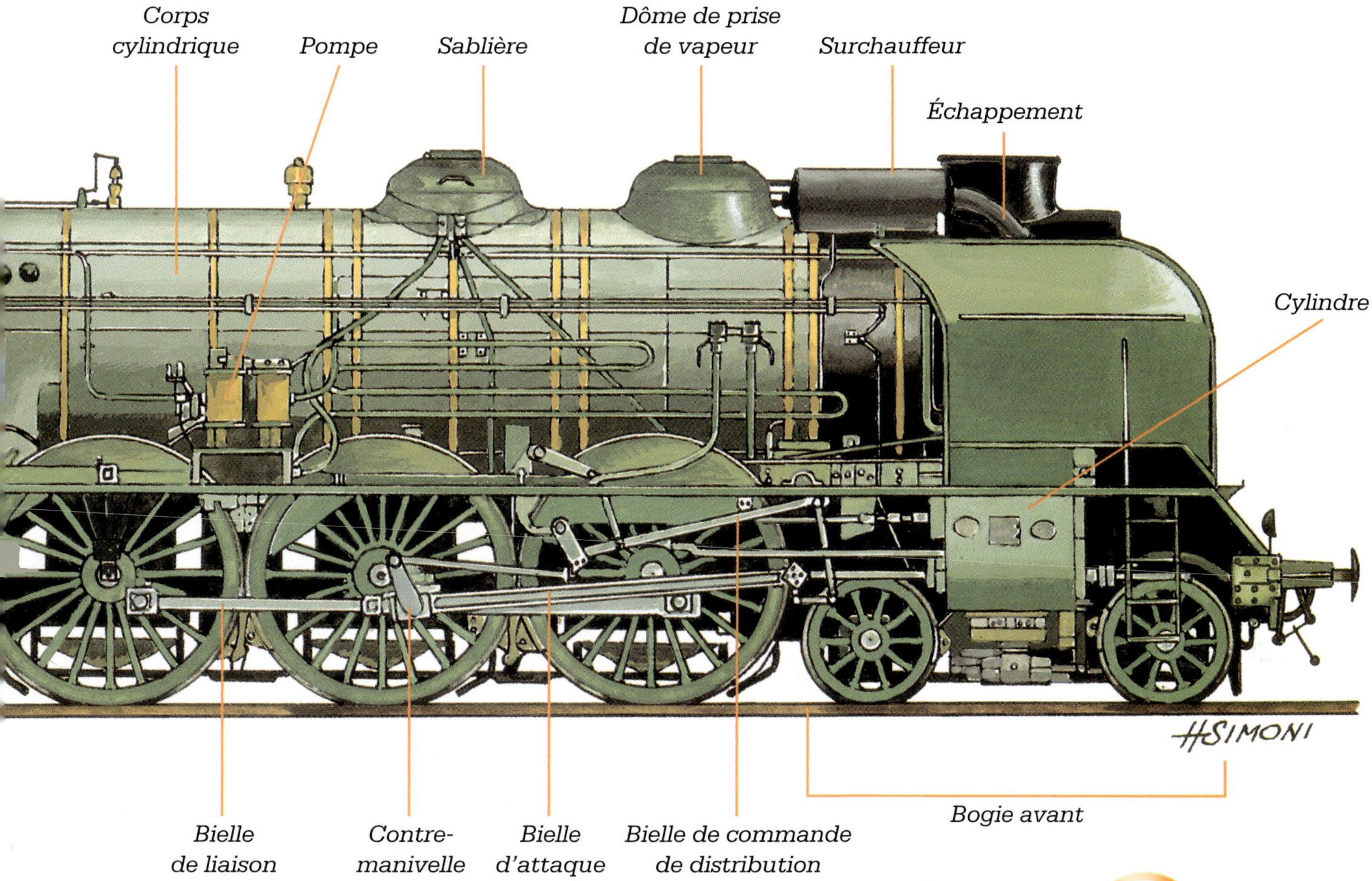

CARACTÉRISTIQUES TECHNIQUES

- Longueur totale : 13,99 m
- Masse totale : 93 t
- Surface de la grille du foyer : 4,25 m²
- Diamètre moyen de la chaudière : 1,68 m
- Diamètre des cylindres HP : 390 mm
- Diamètre des cylindres BP : 560 mm
- Course des pistons : 650 mm
- Vitesse maximale : 130 km/h

UNE LONGÉVITÉ EXEMPLAIRE

Les Pacific PLM ont duré plus d'un demi-siècle, puisque les premières construites ont été mises en service en 1909 et que la dernière circulation s'est faite en 1971, avec la 231-K-8, soit 62 années de présence continue sur le réseau ferré français.

A – Collection C. Lamming

▲ *La 231-K-8, aujourd'hui préservée par l'association Modélisme Paris-Nord, suscite encore des vocations auprès des enfants, comme ici, à Pontrieux, pendant l'été 2001, sur la ligne de Guingamp à Paimpol.*

DES TRAINS DE PLUS EN PLUS LOURDS

Les deux premières décennies du xxe siècle posent un nouveau problème pour les ingénieurs : l'accroissement du poids des trains de voyageurs en raison de l'introduction de voitures métalliques qui viennent supplanter les voitures à caisse en bois, trop fragiles. La voiture métallique a été perçue comme inévitable non seulement pour le confort et l'espace accrus offerts aux voyageurs, mais surtout pour sa résistance aux chocs accidentels.
Le poids des voitures, jusque-là d'une vingtaine de tonnes au maximum, parvient jusqu'au seuil de 40 et même 50 t, les trains passant ainsi de 200 à 400, voire 500 t.

La longue carrière de ces machines les soumet à une toute aussi longue évolution. Sous la pression des dirigeants et des actionnaires des compagnies, les ingénieurs sont à la recherche perpétuelle de perfectionnements et d'économies.
Pendant leur demi-siècle d'existence, les Pacific du PLM n'échappent pas à cette règle, d'autant plus que le PLM, au lendemain de la Première Guerre mondiale, sera toujours dans une situation financière catastrophique.
D'abord, les compound : en 1912, le PLM donne une nouvelle descendance à la 6001 avec une série n° 6201 à 6285, numérotées plus tard 231 C. Puis ce sont les 231 D et F qui sont construites en 1921-1922, toujours du type compound, qui seront transformées en 231 G et H durant les années 1930 par accroissement du circuit de vapeur et des cylindres. Enfin les 231 K, identiques aux 231 G, sont obtenues, à partir de 1939, en prenant modèle sur les 231 C qui sont ainsi profondément transformées et reconstruites.
Ensuite, les simple expansion : la 6101 donne une première série de locomotives n°s 6101 à 6171, numérotées plus tard 231 A, et transformées en compound entre 1925 et 1930. En 1911, une deuxième tranche est livrée, portant les numéros 6172 à 6191, plus tard numérotées 231 B, et elles aussi transformées en compound, mais dès 1917 à 1924. En fait, à partir de 1930, le PLM n'a plus aucune Pacific à simple expansion : la doctrine est enfin fixée.

1926
Allemagne

La Pacific 01 DR : l'unification allemande

Une nationalisation intégrale et précoce, intervenue dès 1920, a permis aux chemins de fer allemands (DR, soit *Deutsche Reischbahn*) de mettre en service, à partir de 1925, de remarquables locomotives à vapeur unifiées, c'est-à-dire présentant le plus d'éléments communs possibles et toutes d'une esthétique similaire. L'ensemble comportait, au moment de leur étude, 16 types destinés à assurer tous les genres de trafic.

A – Photothèque Edelweiss

▲ *Dans les années 1990, quelques 01 ont circulé en France, en Alsace, comme cette 1066.*

Le programme d'unification est dû à l'ingénieur Richard-Paul Wagner, le créateur au sein de cet ensemble des magnifiques et efficaces Pacific 01, les premières construites et appelées à connaître une nombreuse descendance.
Né en 1882 à Berlin, Richard-Paul Wagner a fait ses études à l'école supérieure technique de Charlottenburg, où il a eu comme professeur le célèbre August von Borries, l'introducteur en Allemagne de la locomotive compound d'Anatole Mallet. Une fois ses études achevées, il a intégré l'office central des chemins de fer à Berlin, qu'il a quitté pour le banc d'essai des locomotives de Grunewald, pour, en fin de compte, revenir à l'office central à Berlin, à l'automne de l'année 1922.
En réalité, bien qu'ayant eu von Borries pour professeur, Wagner a toujours été un défenseur des idées du

B – Photothèque Edelweiss

▲ *Les 01, 03 et 03 10 ont été construites chez différents constructeurs, le plus important étant la firme Borsig. Quant aux 01 10, elles ont toutes été construites chez Schwartzkopff.*

tandem Garbe-Schmidt, autrement dit un farouche défenseur des locomotives simples, à 2 cylindres, peu coûteuses en entretien mais fonctionnant avec de la vapeur surchauffée. Cette tendance va d'ailleurs perdurer longtemps en Allemagne et ne s'éteindre qu'avec la fin de la locomotive à vapeur dans ce pays. C'est à l'office central que l'on confie à Wagner ce qui va être l'œuvre de sa vie et lui valoir une célébrité mondiale : la mise au point d'un parc de locomotives unifiées pour les chemins de fer allemands nouvellement constitués. Les deux idées-force de ce programme sont : le nombre de types de locomotives doit être le plus petit possible ; le nombre d'éléments communs à chaque type doit être le plus grand possible.

LES 01 ET LEURS PARENTES

Pour la traction des trains rapides de voyageurs, Wagner choisit le type Pacific (locomotives de disposition d'essieux 231). Très équilibrée et d'une grande pureté de lignes en dépit d'une allure typiquement germanique, la 01, au contraire de la majorité des 231 de l'entre-deux-guerres, fonctionne en simple expansion 2 cylindres. Elle se caractérise par une grille de grande surface (plus de 4 m²) et un poids élevé approchant 110 t dû, en partie, à la présence d'un solide châssis en barres.
Bien que la chauffe se fasse à la pelle, sa cabine de conduite, très confortable, s'approche des notions que l'ergonomie mettra en valeur plus tard. Mais, comme beaucoup d'ingénieurs à cette époque, Wagner, bien que convaincu des mérites de la simple expansion, entretient des doutes sur le bien-fondé ou non des machines compound. Aussi, pour régler la question, décide-t-il de passer par quelques machines expérimentales.
Les 01 sont construites de 1926 à 1938 au nombre de 234 exemplaires mais, dans le même temps, Wagner met en service 10 autres 231 identiques aux 01, classées 02, fonctionnant en compound à 4 cylindres. Peu après, en 1929, il fait construire les 03, techniquement et esthétiquement identiques aux 01 mais un peu plus légères, de façon à pouvoir assurer les express sur des lignes plus faiblement équipées que les artères maîtresses du réseau.

LES PLUS LÉGÈRES 03

Avec une charge par essieu de 20 t, les 01 ne pouvaient pas circuler sur des lignes plus faiblement armées que les artères maîtresses du réseau. Cela permet d'expliquer la mise en construction des 03, plus légères, limitées à 18 t par essieu et ainsi aptes à circuler sur une majorité de lignes.

C – Photothèque Edelweiss

▲ *Une Pacific 001 de la DR est en tête de l'Express Würzburg-Hof.*

A – Photothèque Edelweiss

▲ *La Pacific n° 01.1100 de la DR en gare de Peignitz.*

Enfin, en 1933, Wagner, ayant encore des doutes, sort 2 prototypes à nouveau compound, équipés d'une chaudière fonctionnant à 25 kg/cm². Ils donnent de bons résultats en rendement (économie générale de 20 % par rapport aux 01 ordinaires) mais sont abandonnés en raison des difficultés de tenue des foyers.

Les 01 et 01 10 se révèlent capables de performances remarquables. Elles peuvent remorquer un train de 800 t à 100 km/h en palier. C'est la conséquence du grand diamètre de leurs roues motrices (2 m) mais aussi de leur dimensionnement très généreux. Avant même la guerre, on les fait rouler à des vitesses de l'ordre de 150 km/h. Petit à petit, elles vont accaparer une part du trafic des trains rapides, surtout dans l'Allemagne du Nord. Au sud, les séries régionales se maintiendront plus longtemps et l'on verra même les chemins de fer allemands faire construire, en 1930-1931, de nouvelles unités de la célèbre et magnifique Pacific S 3/6 bavaroise (série 18 5).

En 1936, ce sont des Pacific 01 et 03 unifiées qui assurent la majorité des trains des jeux Olympiques de Berlin. Une fois la guerre terminée, le parc est partagé entre les deux Allemagnes : 171 à l'Ouest et 70 à l'Est. Alors que la dernière de l'Ouest s'éteindra en 1973, celles de l'Est dureront jusqu'en 1981.

Ce sont alors les dernières machines du type Pacific en Europe.

DE NOMBREUSES MODIFICATIONS

Après la Seconde Guerre mondiale, dans une Allemagne en ruine, la 01 est la seule machine raide sur laquelle on puisse compter. Elle va devoir faire montre une nouvelle fois de ses qualités et s'adapter aux exigences du trafic d'après 1945, en attendant d'éventuelles constructions neuves. Les 01 à 2 cylindres et 01 10 à 3 cylindres sont l'objet de plusieurs améliorations et transformations dans les deux Allemagnes à la fois, avec des solutions voisines dans un cas comme dans l'autre. Certaines 01 se voient dotées d'écrans pare-fumée Witte, plus simples. Dans l'espoir de plus de puissance, un certain nombre de 01 « occidentales » reçoivent une nouvelle chaudière, comme leurs sœurs 01 10, qui, en même temps, sont adaptées pour la chauffe au fuel et non plus au charbon.

B – Photothèque Edelweiss

▲ *Aujourd'hui, plusieurs 01 et 01 10 sont conservées (01 150, 1056, 1066, 1100) et circulent en tête de trains spéciaux.*

1926

LA PACIFIC 01 DR

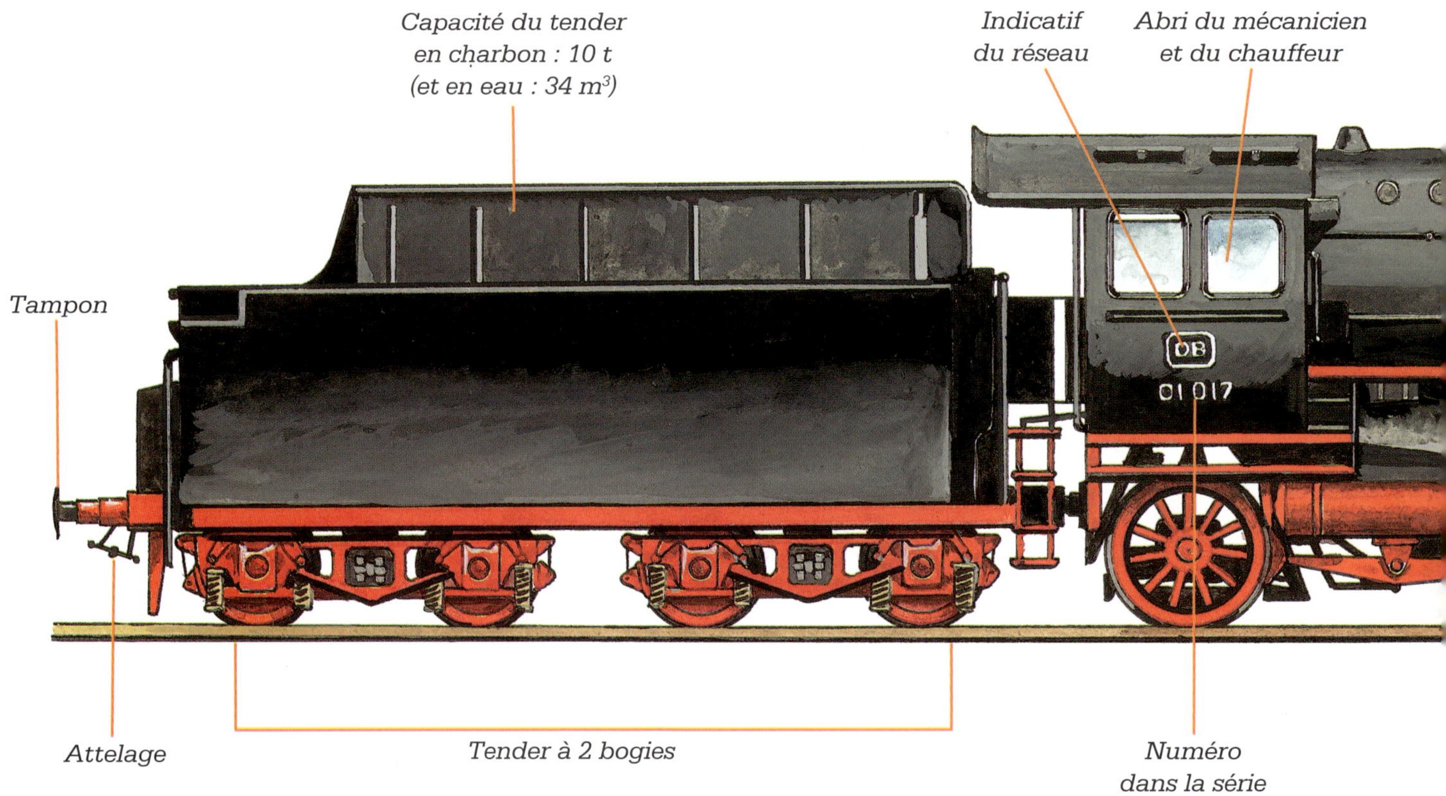

DES 01 EN FRANCE

Immédiatement après la Seconde Guerre mondiale, la SNCF avait imaginé que des 01 puissent être livrées à la France au titre des réparations. Cela ne se fit jamais, les seules locomotives à vapeur allemandes modernes ayant roulé sur le réseau français étant de type 150. Toutefois, des 01 et 03 circulèrent à plusieurs reprises en France, dans les années 1990, en tête de trains d'amateurs sur les lignes alsaciennes.

Élaborée par Richard-Paul Wagner dans le cadre du programme d'uniformisation du parc de locomotives allemand, la 01 restera comme l'une des plus brillantes réussites européennes en matière de locomotive à vapeur. Simple, fiable, ergonomique mais moins économique, peut-être, que les machines compound, elle connaîtra une nombreuse descendance.

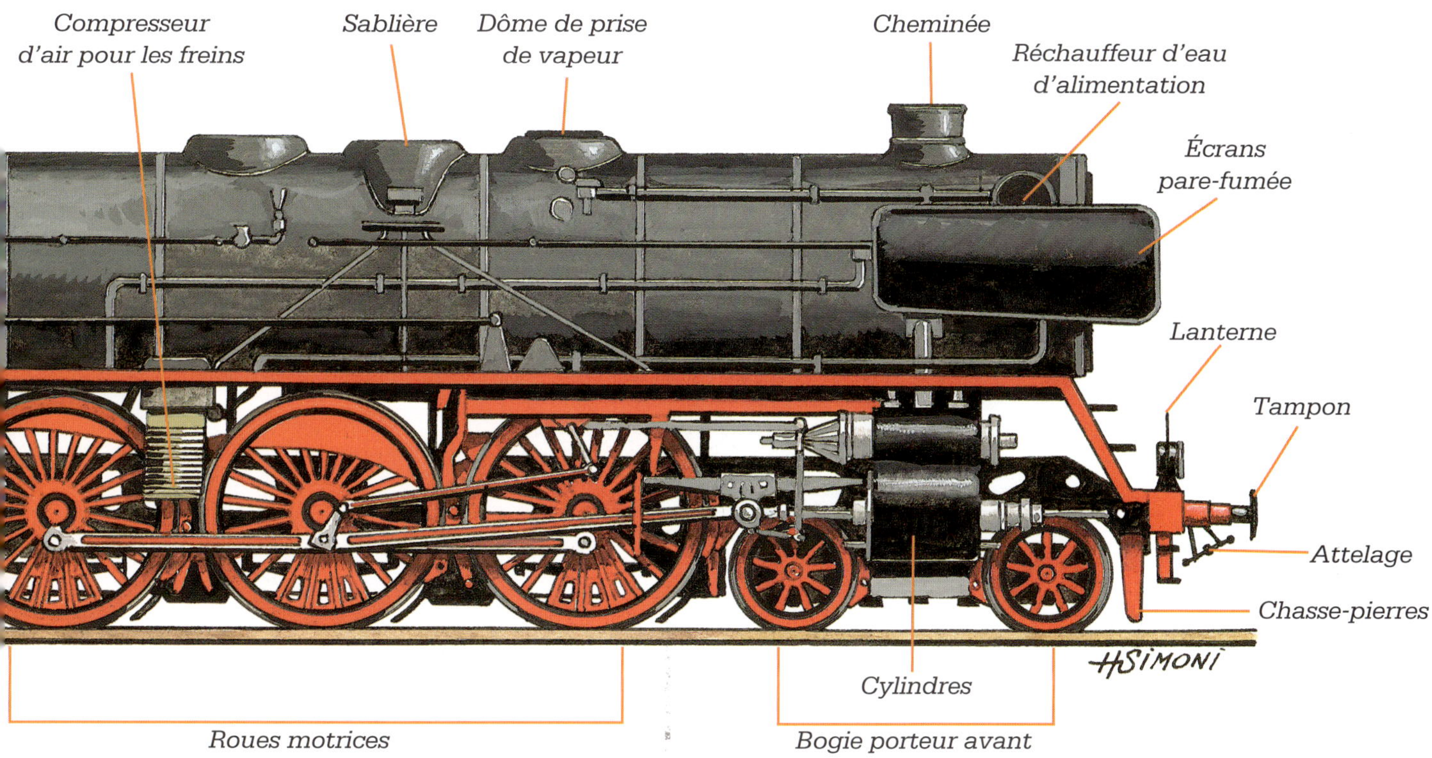

C – Photothèque Edelweiss

▲ *La locomotive 01.150 n'a pas eu de chance, n'apparaissant pas dans la liste officielle des locomotives préservées en Allemagne.*

CARACTÉRISTIQUES TECHNIQUES

- **Type : Pacific 01 à 2 cylindres**
- **Surface de grille : 4,41 m²**
- **Surface de chauffe : 247,3 m²**
- **Pression de la chaudière : 14 puis 16 kg/cm²**
- **Diamètre des roues motrices : 2 m**
- **Diamètre des cylindres : 0,60 m**
- **Longueur hors tout : 23,9 m**
- **Poids de la machine seule : 109,09 t**

A – Photothèque Edelweiss

▲ *Sur ce cliché pris en mars 1985, vous pouvez voir la Pacific 01.118 DR tractant le Zug I jusqu'à Neukirchen.*

C'est aux 01 qu'échoit, à l'Est comme à l'Ouest, l'essentiel du trafic des trains rapides. Le talentueux ingénieur Max Baumberg se lance alors dans une ambitieuse politique d'amélioration du parc existant, dont les effets s'étaleront du milieu des années 1950 au début des années 1960. Plusieurs unités de 01 sont touchées par ces mesures et font l'objet de transformations profondes, devenant la série 01 5. En général, les transformations ont non seulement consisté à adapter une nouvelle chaudière d'un diamètre plus important, mais aussi à augmenter la surface de grille en la portant à 4,96 m^2. Parallèlement, une douzaine de machines reçoivent, en plus, des roues de type américain « Boxpok ». De son côté, la 01 501, première modifiée, se voit appliquer des écrans différents ainsi qu'un très esthétique semi-carénage sur le corps cylindrique. Dans ce dernier cas, l'allure générale de ces nouvelles 01 s'éloigne sensiblement de celle des machines primitives de 1926. D'autres 01 ainsi modifiées sont en outre adaptées à la chauffe au fuel. La 01 504, enfin, également semi-carénée, sert de test au fameux échappement Giesl.

B – Photothèque Edelweiss

▲ *Une « Reko » à la grande époque de la RDA, paradis de la vapeur en Europe à la fin des années 1980. Les amateurs sont nombreux à s'y rendre… mais non pour l'idéologie officielle !*

LA VICTOIRE DE LA SIMPLE EXPANSION

Un total d'approximativement 600 machines 01 et 03 à simple expansion furent construites jusqu'en 1938, les 03 comportant exactement 298 unités. On peut affirmer qu'en Allemagne, la victoire de la simple expansion fut totale. La théorie de Schmidt et Garbe connaissait une glorieuse apothéose, et ce – chose rare – dans leur pays de naissance. Ajoutons que toutes les 02 furent remises au type 01 entre 1937 et 1942 et qu'un certain nombre de 01 et 03 furent transformées, avec un troisième cylindre, formant les séries 01 10 et 03 10, machines plus puissantes qui, pour la majorité d'entre elles, allaient se voir revêtues d'un carénage aérodynamique, le plus souvent assez réussi esthétiquement. Les 01 10 et 03 10 furent construites entre 1939 et 1941, alors que toutes les 01 ordinaires étaient livrées.

1934
France

La Pacific Chapelon Nord

Il s'agit de l'une des locomotives les plus connues de l'histoire des chemins de fer, non seulement en France, mais aussi dans le monde entier. Cette célébrité ne vient pas seulement de sa splendide livrée chocolat à filets jaunes mais aussi et surtout de ses performances à plus de 130 km/h en tête de trains comme la Flèche d'or Paris-Calais.

A – Collection J.-M. Combe

▲ *La Pacific Chapelon Nord, ex-Pacific PO 3500 transformée par les ateliers de Tours, est une merveille d'équilibre.*

Les Pacific Chapelon Nord ont fait l'admiration de plusieurs générations d'amateurs fervents. Elles sont non seulement d'une gracieuse élégance mais aussi très performantes. Leur origine est pourtant à rechercher dans une série du réseau Paris-Orléans, les « 3500 », mises en service en 1909 et qui suscitèrent une grande déception. Le grand ingénieur André Chapelon réussit toutefois à augmenter leur puissance de manière spectaculaire, tout en diminuant leur consommation et dans le respect de leurs dimensions originelles. Cet authentique travail de sorcier stupéfia tous les esprits de son temps.

UNE LOCOMOTIVE AUX ORIGINES MODESTES

Le réseau Paris-Orléans (PO) fut le premier en Europe à mettre en service, en juillet 1907, des locomotives de disposition 231, dites « Pacific ». À roues motrices de 1,85 m et classées série « 4500 », elles furent affectées à la ligne difficile de Paris-Toulouse. Pour son artère maîtresse de Paris à Bordeaux, plus plane, le PO mit en construction des machines semblables, mais à roues de 1,95 m, qui furent livrées entre 1909 et 1914. D'une grande pureté de lignes, leurs mécaniciens et chauffeurs affirmaient qu'ils ne se lassaient pas de les regarder.

Pourtant, les « 3500 » ne se hissèrent jamais à la hauteur de leur réputation. Supportable avant 1914, la situation empira brutalement, la guerre agissant comme un véritable révélateur de leurs travers. En effet, la destruction des mines du Nord et du Pas-de-Calais par l'ennemi fit que les « 3500 » durent consommer du combustible de moindre valeur calorifique si bien qu'elles ne donnaient plus que 50 % d'un rendement déjà peu brillant. On savait que des séries plus anciennes comme les « 3000 » de 1903, imitées des célèbres Atlantic Nord, étaient d'un rendement supérieur en dépit de dimensions plus modestes.

Alors, d'où venait le mal ? Le secret de la puissance résidait-il ailleurs que dans l'accroissement des dimensions ?

COUP DE TONNERRE DANS LA TRACTION VAPEUR

Tout commença le 19 novembre 1929. Ce jour-là, l'une des plus mauvaises « 3500 », la « 3566 », effectuait un parcours d'essai, dont les résultats allaient déchaîner une véritable révolution culturelle. Transformée dans les ateliers de Tours, la « 3566 » en était sortie métamorphosée. Tout d'abord, une attention toute scientifique fut portée aux conditions de circulation de la vapeur dans les conduites, du régulateur à l'échappement, question fondamentale dont curieusement on ne s'était que fort peu préoccupé jusqu'alors. Cela conduisit non seulement à donner aux tuyauteries le tracé le plus direct possible et le diamètre approprié, mais aussi à substituer aux tiroirs cylindriques des cylindres haute et basse pression des soupapes, exactement comme dans un moteur d'automobile, de façon à traquer sans pitié aucune les chutes de pression par pertes de charge.

B – Collection C. Lamming

▲ *La pompe ACFI du surchauffeur assure la circulation de l'eau portée à haute température.*

De plus, en conformité avec le principe de Carnot, on chercha – et on obtint – une température de vapeur surchauffée très élevée, approchant 400 °C. Enfin, l'échappement, dont le rôle est à la fois de créer l'effet de tirage par la mise en vitesse du mélange vapeur et gaz chauds de la combustion et de générer la moindre contre-pression possible aux cylindres, était fixe et non plus réglable. Il comportait deux dispositifs placés côte à côte. C'est le fameux « Kylchap », qui rendit moins pénible le travail de la chauffe à la pelle. Tout cela s'effectua dans le respect des dimensions originelles. Le bond dans les performances paraissait incroyable : avec la « 3566 », la puissance indiquée passait à 3 400 ch, contre 1 900 ch pour la machine originelle, et l'économie générale de combustible était de 25 %. La doctrine allait vite susciter de douloureuses remises en cause dans les réseaux français. Le créateur de cette extraordinaire locomotive était André Chapelon, à coup sûr le plus grand ingénieur mondial en matière de traction vapeur, *« the genius of french steam »*, selon l'expression mondialement consacrée. Son travail fut loué… mais suscita quelques jalousies.

UNE CARRIÈRE ENVIÉE AU SEIN D'UN RÉSEAU EXIGEANT

Très populaires et revêtues de la superbe livrée chocolat à filets jaunes, typique des machines de vitesse du Nord, les Chapelon y accomplirent très vite des merveilles en tête des rapides de Calais, Lille et Bruxelles.

ANDRÉ CHAPELON, UN CONCEPTEUR GÉNIAL MAIS DISCRET

Né à Saint-Paul-en-Cornillon (Loire) en 1892 et décédé à Paris en 1978, Chapelon fut passionné, dès son plus jeune âge, par la locomotive à vapeur. Ingénieur au Paris-Orléans en 1924, puis à la SNCF, il transforma avec succès les Pacific du réseau Paris-Orléans, obtenant des résultats spectaculaires qui firent entrer la locomotive à vapeur dans sa période scientifique, à une époque où elle était déjà menacée en tant qu'engin de traction. Son programme de machines unifiées à grande puissance, établi en 1942-1948, ne sera malheureusement pas matérialisé. Chapelon fut également un épistolier et un publiciste de grande valeur. Son grand livre sur la locomotive à vapeur, dont la première édition vit le jour en 1938, demeure un classique qui n'a jamais été surpassé.

A – Musée français du chemin de fer, Mulhouse

▲ *La « 3.1192 », dans sa version Nord, telle qu'elle peut être admirée au Musée français du Chemin de fer à Mulhouse. Cette superbe Pacific Nord fut construite en 1936 par les ateliers ANF à Blanc-Misseron, en même temps que sept autres exemplaires. Au total, ce sont 47 machines de ce type qui rouleront sur le réseau du Nord, en tête de trains rapides.*

UNE LÉGENDE...

Comme tant d'autres, les Pacific Chapelon commencèrent à être réformées et à hanter les cimetières de locomotives à partir du début des années 1960. Leur souvenir est resté vivace et il est entretenu aujourd'hui par deux d'entre elles : la « 231 E 41 » présentée en monument à Saint-Pierre-des-Corps, près de Tours, là où beaucoup d'entre elles avaient vu le jour, et la « 231 E 22 », dernière Chapelon à avoir assuré du service, au printemps 1967, exposée au Musée français du Chemin de fer, à Mulhouse. Superbement restaurée par le dépôt de Dunkerque en 1970, présentée en version Nord avec son numéro d'origine 3.1192, elle constitue l'un des fleurons de la collection du musée, revêtue de sa superbe livrée chocolat à filets jaunes.

Bien sûr, elles prirent en charge le fameux train de luxe la Flèche d'or, Paris-Londres, dont le bas de caisse marron des voitures Pullman s'harmonisait heureusement avec la machine elle-même, créant un ensemble magnifique de cohérence demeuré dans toutes les mémoires. En 1935, la « 3.1174 » dévalait Survilliers à 174 km/h avec un train de 400 t. Au quotidien, les trains dépassant 500 t, remorqués à 130 km/h, étaient considérés comme normaux et ne suscitaient plus de commentaires particuliers. C'est qu'avec les Pacific Chapelon on avait affaire à une merveille d'équilibre entre efficience thermique et rationalité mécanique. Ainsi, les gains de temps dans la remorque de trains rapides, aux horaires tendus, étaient leur point fort, économies de charbon incluses.

1934

LA PACIFIC CHAPELON NORD

CARACTÉRISTIQUES TECHNIQUES

Machine compound à 4 cylindres, surchauffeur Houlet, distribution à soupapes à cames oscillantes Lentz-Dabeg et réchauffeur d'eau d'alimentation caréné ACFI.

- **Surface de grille : 4,33 m²**
- **Surface de chauffe : 198,33 m²**
- **Surface de surchauffe : 80 m²**
- **Timbre de la chaudière : 12 kg/cm²**
- **Diamètre des cylindres haute pression : 0,42 m**
- **Diamètre des cylindres basse pression : 0,64 m**
- **Course des pistons : 0, 65 m**
- **Diamètre des roues motrices : 1,95 m**
- **Diamètre des roues du bogie : 0,97 m**
- **Diamètre des roues porteuses : 1,15 m**
- **Longueur machine seule : 13,70 m**
- **Poids total : 102,5 t**
- **Puissance : 3 400 ch**
- **Tender à bogies, série « 35 101 » à « 35 250 »**

L'esthétique très réussie de cette locomotive est mise en évidence par l'équilibre des formes, l'absence de surcharge en accessoires extérieurs et, surtout, par la fameuse livrée chocolat soulignée par des filets jaunes. Ses performances techniques révolutionnèrent le monde de la traction vapeur.

C – Musée français du chemin de fer, Mulhouse

▲ *La Flèche d'or, version d'origine, avec un fourgon deux essieux.*

Mieux encore, après le changement en matière de politique de traction et l'électrification du Nord, ce furent trois Pacific Chapelon qui furent choisies pour des essais de pousse à grande vitesse d'une locomotive électrique. À cette occasion, sur la ligne Valenciennes-Aulnoye, des vitesses approchant 180 km/h ont été chronométrées. Enfin, auparavant, en 1947, ce fut aussi une Pacific Chapelon qui eut la préférence du cinéaste Jean Mitry pour son film fondé sur la célèbre musique du compositeur suisse Arthur Honegger, *Pacific 231*. On n'aurait su faire meilleur choix...

LE NORD S'INTÉRESSE AUX CHAPELON

Le réseau du Nord, dont la tradition était celle de la vitesse depuis 1900, ne se fit pas prier longtemps pour commander des Chapelon. Après que le PO eut transformé des machines pour son propre compte et après des essais comparatifs organisés en 1932-1933, le Nord commandait aux ateliers de Tours la transformation de 20 « 3500 », qui seront livrées en 1934 et qui prendront les numéros 3. 1171 à 3. 1190. Ce seront les premières Chapelon Nord. Peu après, de façon à renforcer son parc, le réseau du Nord fit construire par l'industrie privée 28 engins identiques. Le parc des Chapelon Nord se répartit ainsi :

- **1936 : ANF. Blanc-Misseron. « 3. 1191 » à « 3. 1198 ».**
- **1936-1937 : Forges de la Marine et d'Homécourt. « 3. 1111 » à « 3. 1120 ».**
- **1936-1937 : Fives-Lille. « 3. 1121 » à « 3. 1130 ».**

L'ensemble sera renuméroté « 231 E 1 » à « 231 E 48 » par la SNCF, lors de sa création en 1938.

▼ *L'abri de conduite, vu du côté du mécanicien : notez le volant de réglage de la marche et, au fond, la commande du frein.*

D – Musée français du chemin de fer, Mulhouse

1935
Royaume-Uni

La Pacific série A4 Mallard

L'A4 fut mise en tête de grands trains rapides Londres-Newcastle ou Londres-Édimbourg et se fit remarquer dans ce dur service dont chaque seconde comptait pour gagner du temps. C'était encore l'âge d'or du Royaume-Uni, quand ce pays, alors le premier du monde par sa puissance industrielle, avait, bien sûr, des trains à la hauteur de ses exigences.

A – Collection C. Lamming

▲ *La Mallard, telle qu'elle est aujourd'hui, vue lors d'une de ses sorties, ici dans la gare de York.*

En 1923, le grand réseau du London & North Eastern Railway est créé et le Great Northern Railway en fait partie. Deux compagnies anglaises vont se partager l'important et prestigieux trafic Londres-Édimbourg : d'une part, le London Midland & Scotland Railway (LMS) par le centre du pays et la côte ouest, et, d'autre part, le London & North Eastern Railway (LNER) par la côte est.

SOUS LE CRAYON DE SIR GRESLEY

Le créateur des fameuses Pacific anglaises que sont les A1 et les A4, qui vont marquer de leur légende la grande ligne de la côte est vers l'Écosse, se nomme Nigel Gresley. Né en 1876, Gresley a fait ses débuts d'ingénieur au dépôt de Crewe, sur le London & North Western Railway, puis à Horwich, sur le Lancashire & Yorkshire Railway. En 1905, il a pris la direction du matériel roulant remorqué du réseau du Great Northern Railway.

B – Collection C. Lamming

▲ *Une vue du Silver Jubilee parue dans la presse en 1935. Le décor est typiquement anglais, notamment la ravissante cabine d'aiguillage.*

En 1911, sur ce même réseau, il a accédé au grade le plus élevé et le plus envié pour un ingénieur, celui de « Chief Mechanical Engineer », qui lui a conféré la responsabilité de la conception des locomotives. Il a dessiné les premières Pacific du réseau, les bien connues A1, sorties en 1922. Au début des années 1920, les chemins de fer européens doivent répondre à une demande de transport croissante, à des exigences de vitesse et de confort de plus en plus draconiennes. Pour sa part, Gresley choisit la disposition d'essieux type Pacific, qui a déjà fait ses preuves en Europe continentale et aux États-Unis. Il rompt courageusement avec la pratique générale anglaise en faveur de la petite locomotive, car il est persuadé qu'une grande locomotive, amplement dimensionnée pour sa tâche et puissante, se révélera plus économique à l'usage qu'une petite locomotive, toujours très sollicitée et sans cesse à la limite de ses forces.

C – Collection C. Lamming

▲ *Sir Nigel Gresley (1876-1941).*

LES DÉFAUTS DE L'A1

Grand visionnaire comme tout ingénieur de talent, Gresley voit juste. En outre, il ne néglige pas l'équilibrage des pièces en mouvement sur ses A1, cela pour obtenir une locomotive douce pour la voie et roulant très librement, en souplesse, sans mouvements parasites ni vibrations destructrices.

Toutefois ses A1 sont loin d'être parfaites. Gresley a voulu faire des machines puissantes et simples, mais la locomotive est dotée d'un régulateur de vapeur trop sommaire et dur à manipuler, du type « tout ou rien ». Les mécaniciens ont toutes les peines du monde à en faire un usage en finesse. Ce mauvais régulateur, associé à une conception très rudimentaire du bissel arrière, sans balanciers compensateurs le reliant aux roues motrices, peut entraîner de très violents patinages lors du démarrage d'un train à l'arrêt, à tel point que les mécaniciens déplorent que, là où les A1 démarrent, les rails doivent être changés de semaine en semaine.

Nigel Gresley est nommé « Chief Mechanical Engineer » du LNER. Les locomotives A1 peuvent désormais disposer de l'espace et des lignes correspondant à leurs possibilités, assurant les trains rapides du réseau entre Londres et l'Écosse, dont le fameux Flying Scotsman. Mais c'est le type A4 caréné qui, en 1935, assure la traction du premier train caréné anglais à grande vitesse, le Silver Jubilee, et devient la locomotive la plus rapide du monde en 1938.

L'ÂGE D'OR DU CARÉNAGE

Pendant les années 1930 et 1940, les réseaux européens et américains cherchent une solution pour redorer leur blason, terni par la concurrence de l'avion. Ils la trouvent auprès des grands « designers » de leur époque, qui proposent de caréner les trains pour leur donner la modernité qui leur manque. Valorisant pour le chemin de fer car il ressemble à un avion, le train caréné permet, techniquement, d'économiser jusqu'à 15 % de l'énergie consommée tout en gagnant jusqu'à 10 % sur le plan de la vitesse grâce à ses formes offrant une moindre résistance à la pénétration dans l'air. C'est aux États-Unis et au Royaume-Uni que cette pratique réussit le plus. Pour le reste de l'Europe, le carénage est vite abandonné pour des raisons de difficulté d'accès pour l'entretien.

A – Collection C. Lamming

▲ *Une gouache représentant la Mallard, parue dans* The locomotive magazine, *en 1935.*

DU « 100 À L'HEURE », MAIS EN MILES

En 1935, le roi de Grande-Bretagne, George V, fête son jubilé. Le 28 mars, à cette occasion, le réseau du London & North Eastern Railway frappe un grand coup publicitaire en créant le train Silver Jubilee.

Pour ce train, le réseau place un carénage sur 4 de ses Pacific A1 : elles forment la série A4.

Le type A4, lui, est parfaitement au point et permet au train de rouler entre Londres et Newcastle à 160 km/h, ce qui est l'emblématique vitesse de « 100 miles per hour ». Le LNER construit alors 31 autres A4 entre 1936 et 1938.

Avec ses voitures articulées à bogies d'intercaisse communs (système identique à celui du TGV français actuel) et, surtout, ses locomotives carénées, le tout peint en argent, ce train connaît un succès immense. Dès leur apparition, les A4 sont une arme terrible entre les mains du LNER. Avec une nervosité exceptionnelle au démarrage, elles sont capables de tenir, pendant les 6 h du trajet, des vitesses de l'ordre de 160 ou 170 km/h.

UNE VEDETTE INTERNATIONALE

Avec leur carénage particulièrement réussi, ces locomotives incarnaient un idéal de vitesse et de perfection aux yeux des Anglais. De très nombreuses affiches, cartes postales et illustrations d'ouvrages popularisèrent cette locomotive dans le monde entier.

B – Photothèque Edelweiss

▲ *Une « A4 » en tête du train* Tees-Tyne *Pullman dans les années d'après-guerre, comme le montre le carénage partiellement démonté.*

1935

L'A4 MALLARD

QUELQUES RECORDS DE VITESSE MONDIAUX EN TRACTION VAPEUR

Vitesse	Année	Machine
56 km/h	1829	Locomotive « la Fusée », de George Stephenson (Royaume-Uni)
100 km/h	1848	Locomotive Antilope, ligne du Boston-Lawrence, Massachusetts (USA)
120 km/h	1853	Vitesse courante des locomotives Crampton (France)
131,6 km/h	1854	Locomotive à voie large du Bristol & Exeter Rly (Royaume-Uni)
144 km/h	1890	Locomotive Crampton réseau Est (France)
165,4 km/h	1893	Train Empire State Express (USA)
154,5 km/h	1907	Locomotive type S2/6, du réseau bavarois (Allemagne)
173,8 km/h	1935	Locomotive Papyrus du réseau LNER (Royaume-Uni)
200,4 km/h	1935	Locomotive carénée BR 05.001 (Allemagne)
202,8 km/h	1938	LNER Mallard (Royaume-Uni)

La Mallard, conçue par sir Nigel Gresley pour le réseau du London & North Eastern Railway, dessert l'Écosse par la ligne rapide de la côte est. Elle devient la locomotive à vapeur la plus rapide du monde, en atteignant 202 km/h le 4 juillet 1938.

B – Collection C. Lamming

▲ *Le Silver Jubilee en pleine vitesse, en 1935. On voit la disposition des bogies d'intercaisse supportant chacun les deux extrémités de deux voitures contiguës, à la manière du TGV actuel.*

CARACTÉRISTIQUES TECHNIQUES

- **Type : A4 n° 4468 (Mallard)**
- **Surface de la grille du foyer : 3,8 m²**
- **Surface de chauffe totale : 240 m²**
- **Diamètre des cylindres : 0,47 m**
- **Course des pistons : 0,66 m**
- **Diamètre des roues motrices : 2,032 m**
- **Diamètre des roues porteuses avant : 0,99 m**
- **Diamètre des roues porteuses arrière : 1,36 m**
- **Vitesse : 160 km/h**
- **Longueur totale : 21,64 m**
- **Longueur de la locomotive : 13,24 m**
- **Longueur du tender : 8,40 m**
- **Masse totale : 170 t**
- **Masse de la locomotive : 102 t**
- **Masse du tender : 68 t**
- **Contenance du tender en charbon : 8 t**
- **Contenance du tender en eau : 23 t**

A – Photothèque Edelweiss

La A4 n° 4498 porte le nom de son créateur, sir Nigel Gresley. Le panneau de boîte à fumée s'ouvre à l'aide d'une manivelle.

Le tender est équipé d'un soufflet permettant à une équipe de conduite de rechange, postée dans le premier compartiment de la première voiture du train, de venir relayer, à mi-course, l'équipe qui conduit depuis le départ. Le LNER a même recours à deux tenders par locomotive pour augmenter encore l'autonomie de marche et offrir un service direct, sans arrêt, sur les 600 km du parcours : un record mondial de marche sans arrêt en traction vapeur !

LA MALLARD N° 4468

Comme toutes les locomotives anglaises, les A4 ont chacune un nom. La Mallard fera parler d'elle en roulant, en tête d'un train, à 202 km/h en 1938 dans la pente à 5 ‰ de Stoke Bank, près de Peterborough, sous la conduite du mécanicien Duddington et du chauffeur Bray, du dépôt de Doncaster.
Cette vitesse restera inégalée dans l'histoire de la traction vapeur sur rail et fera du numéro 4468 un véritable mythe pour les amateurs de chemins de fer anglais.

Malheureusement, c'est le chant du cygne de la locomotive à vapeur. La traction électrique a déjà été plus rapide et la menace qu'elle représente est ancienne : déjà, en 1903, un record à plus de 210 km/h avait été battu en Allemagne, et la locomotive électrique n'a cessé de progresser. Le record de la Mallard marque la fin de la vapeur. Les A4, pourtant, ne s'endorment pas sur leurs lauriers : elles resteront en service jusqu'en 1966, appréciées et excellentes. La Mallard a été, heureusement, préservée et elle est encore en état de marche.

C – Collection C. Lamming

À l'époque des British Railways, les A4 sont toujours en service en tête des trains les plus prestigieux sur la côte est, comme ici un train Pullman.

1936
États-Unis

La Challenger, du chaud au froid

Le réseau Union Pacific, qui dessert l'Ouest et le centre des États-Unis, est réputé pour avoir mis en service d'énormes locomotives à vapeur aptes à s'adapter aux très lourdes charges à remorquer et surtout au climat des étendues désertiques du Nevada, torride en été et glacial en hiver. Elles devaient être très puissantes, rapides et consommer peu tout en assurant de très longs parcours. Avec les Big Boy, les Challenger sont, à coup sûr, les locomotives à vapeur les plus fameuses de cette étonnante machinerie ferroviaire.

Aux États-Unis, vers le milieu des années 1920, le trafic marchandises est devenu plus rémunérateur que celui des voyageurs pour une grande majorité de compagnies de chemins de fer. Aussi, les locomotives pour trains de marchandises sont-elles l'objet d'attentions spéciales de la part des concepteurs. En particulier, dans un contexte de concurrence forte face aux premiers poids lourds, la demande va vers des machines puissantes mais rapides, capables de très longs parcours sans ravitaillement, tout en étant à même d'affronter des rampes difficiles. Pour résumer, une machine à marchandises qui a aussi les qualités des machines à voyageurs : on recherche une locomotive universelle, en quelque sorte.

A – Photo Millbrock House – Collection P. Descroix

▲ *Cette vue dévoile dans toute sa puissance l'impressionnant monstre que représente la locomotive à vapeur type Challenger de l'Union Pacific.*

B – Collection Brian Lockett – DR

▲ *Les Challenger ont été étudiées pour remorquer des trains rapides.*

De 1926 à 1929, l'Union Pacific met en service 62 locomotives 261 à 3 cylindres, spécialement étudiées pour la remorque de trains de marchandises rapides. Elles figurent alors parmi les plus puissantes locomotives à vapeur non articulées jamais construites, développant plus de 4 700 ch. Bientôt, on songe à renforcer le parc des 261, mais comme les frais d'entretien sont deux fois plus élevés que pour les machines semi-articulées système Mallet, pour l'étude de la nouvelle machine, la faveur revient à cette dernière. Construites à partir de 1936 et jusqu'en 1944 à 105 exemplaires, les nouvelles locomotives, du type semi-articulée Mallet et de disposition d'essieux 230 + 032, répondent parfaitement aux espoirs mis en elles. Grâce à leur grande puissance, avec leurs roues motrices de 1,75 m, elles peuvent rouler à 110 km/h tout en remorquant des trains dont le poids varie entre 7 000 t et 8 000 t, et ce dans des conditions de stabilité irréprochables. Elles sont également à l'aise en tête des trains de voyageurs. Les machines des derniers lots possèdent des bielles tandem, un échappement double et des écrans pare-fumée leur donnant un air quelque peu européen. Elles resteront les plus puissantes et les plus grosses machines pouvant remorquer des trains de voyageurs.

QU'EST CE QU'UNE MALLET ?

Ingénieur d'origine suisse, Anatole Mallet comprit, dès les années 1880, que les chemins de fer avaient besoin d'une locomotive de grande puissance qui puisse s'inscrire dans les courbes de faible rayon et circuler sans endommager les voies. Il estima que les locomotives à empattement rigide et à simple expansion, dans lesquelles la vapeur se dirige vers les cylindres directement de la chaudière et de là s'échappe dans la cheminée, avaient atteint leur perfectionnement ultime. Pour obtenir plus de puissance, on fit appel à des locomotives compound, dont Mallet est également à l'origine, dans lesquelles la vapeur des cylindres à haute pression travaille ensuite dans les cylindres basse pression, la même vapeur étant utilisée deux fois. Mais si on construisait une machine aussi puissante, les rails ne résisteraient pas à son poids et si on augmentait sa longueur pour mieux répartir le poids, l'engin ne pourrait s'inscrire dans les courbes. Grâce à un système d'articulation, la locomotive pourrait passer sur la majorité des courbes, résolvant ainsi le problème de l'augmentation de puissance. En associant articulation et compoundage, Mallet dota la locomotive d'un perfectionnement appelé à faire date. En réalité, dans la « Mallet », seul l'avant-train avant est articulé et mobile et les 4 cylindres sont positionnés à l'extérieur, chacun actionnant un groupe moteur. Mais, alors que la vraie Mallet doit être compound, les Américains ne tardèrent pas à revenir à des machines à simple expansion, à cause de la difficulté rencontrée à loger dans le gabarit des

LES NUMÉROS DE SÉRIE

Les numéros de série des Challenger courent de 3800 à 3839, de 3950 à 3969, de 3975 à 3999 et de 3930 à 3949. Par la suite, les 40 premières ont également été classées dans la série 3900. La machine n° 3977 a été sauvegardée.

C – Collection Brian Lockett – DR

▲ *Gros plan sur le tender à 7 essieux d'une Challenger.*

A – Collection Brian Lockett – DR

▲ *La Challenger entre en gare de Victorville, en tête d'un train spécial. Les Mallet étaient spécialement étudiées pour s'inscrire dans les courbes de faible rayon.*

cylindres basse pression de plus en plus gros.
Dans son numéro d'avril 1947, la revue américaine *Trains* a publié le captivant récit du journaliste Tom Baxter, intitulé *Fast Freight on the UP* (Train de marchandises rapide sur l'Union Pacific). Baxter a accompagné successivement deux Challenger (n° 3800 et 3837) en tête d'un « léger » train de fruits de 1 850 t, baptisé « Colton fruits », vers la côte Est. En 25 h 40, ces trains auront couvert les 460 miles (740 km) séparant Los Angeles et Caliente, à travers le désert du Nevada.
D'abord, l'état de propreté impeccable de la Challenger le frappe beaucoup. Ensuite, Baxter décrit l'aisance avec laquelle la locomotive articulée négocie les courbes. On s'en doute, le plus dur est à venir, avec l'approche du désert. À Colton, on ajoute 10 wagons vides, ce qui porte le tonnage à 2 215 t. Cela reste un jeu d'enfant pour une Challenger.

B – Collection Brian Lockett – DR

▲ *Dans les étendues désertiques et montagneuses de Cajon Grade, les Challenger s'illustrèrent au quotidien pendant plusieurs années.*

1936

LA CHALLENGER

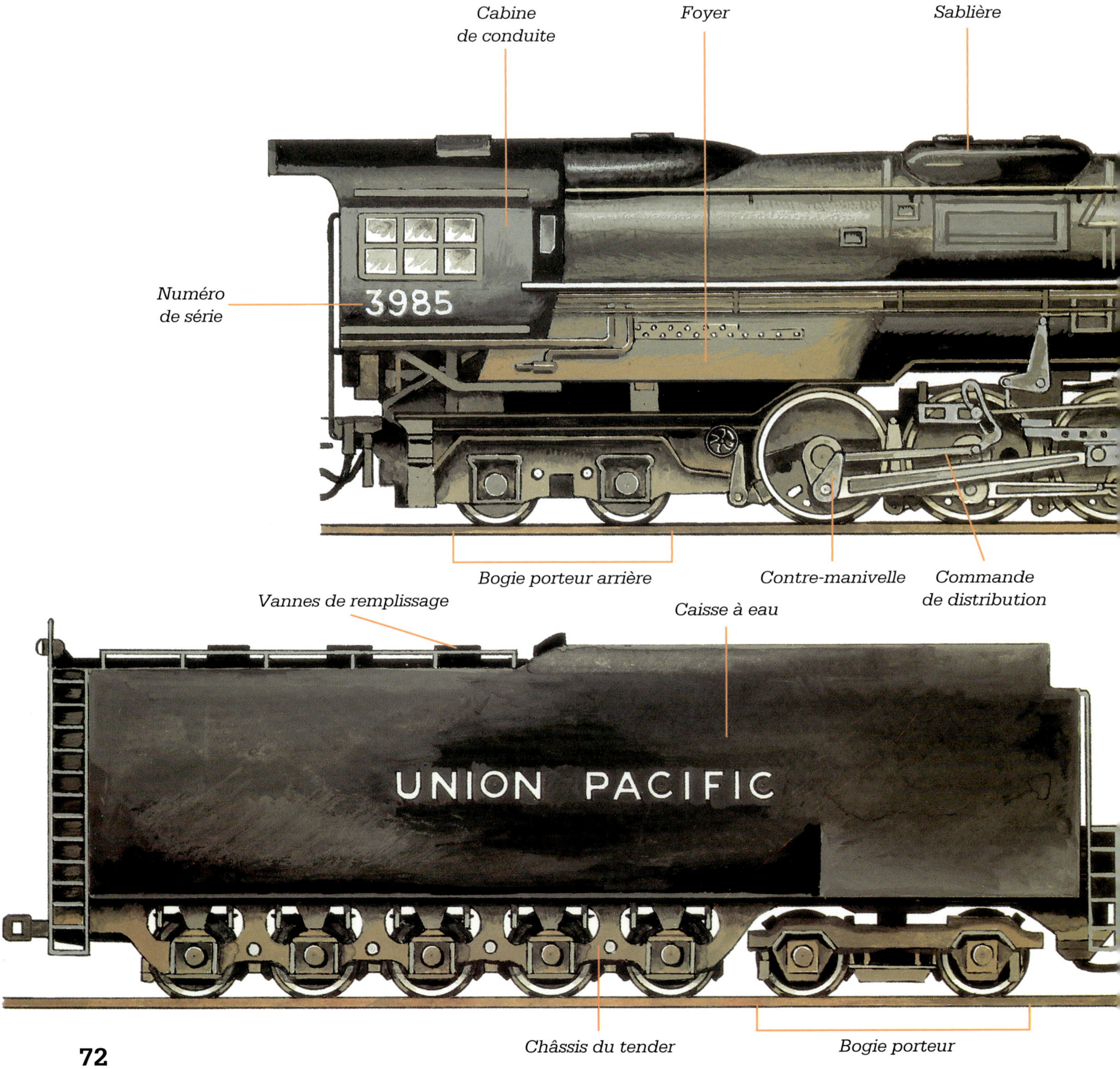

Énorme, conformément à la tradition américaine, et capable de transporter des charges qui dépassent l'entendement, la Challenger de l'Union Pacific saura remplir sa mission à travers l'Ouest américain et notamment les vastes étendues désertiques du Nevada.

CARACTÉRISTIQUES TECHNIQUES

- Surface de grille : 10,08 m^2
- Pression de la chaudière : 17,8 kg/cm^2
- Diamètre des cylindres : 0,560 m
- Diamètre des roues motrices : 1,75 m
- Poids total en ordre de marche : 257 t

Caractéristiques du tender (pour les 7 dernières de la série) :

- Configuration : 7 essieux
- Capacité en eau : 94,7 m^3
- Capacité en fuel : 28,5 t
- Poids total en ordre de marche : 188 t

B – Collection Brian Lockett – DR

▲ *Une Challenger, aujourd'hui préservée, en tête d'un train spécial à Yermo Crossing.*

La machine attaque maintenant les Montagnes Rocheuses vers Cajon Pass, au rythme d'une horloge et sans effort apparent. Le lendemain, à Yermo, changement de locomotive. C'est désormais la 3837, une autre Challenger, qui prend le train en charge.

UN PÉRIPLE DANS LE DÉSERT

Les difficultés commencent vraiment, avec l'attaque de la longue partie qui va mener le convoi de Las Vegas à Caliente, à travers les immenses étendues désertiques du Nevada. La température monte et monte encore à l'intérieur de la cabine de conduite, au point que l'air qui s'échappe du foyer paraît plus frais.

À Las Vegas a lieu un changement d'équipe. Celle-ci va conduire le train dans la fournaise jusqu'à Caliente, où il arrivera dans la soirée. Encore 24 h et les fruits frais seront enfin arrivés à destination sur les marchés de la côte Est.

C – Collection Brian Lockett – DR

▲ *On notera les dimensions importantes de l'engin, lesquelles ne seront dépassées que par les Big Boy du même réseau, mises en service en 1941.*

UNE LOCOMOTIVE CONVOITÉE

Excellentes machines, les Challenger ne manquent pas de faire, assez rapidement, des envieux. Elles sont reproduites par plusieurs réseaux américains. Tout particulièrement, le réseau Rio Grande met en service, en 1940-1941, une série absolument identique aux Challenger. Elles portent les numéros 3800 à 3805. Au sein des réseaux ayant adopté le type 230 + 032, on peut citer le Delaware and Hudson, le Northern Pacific, le Rio Grande pour une autre série, le Western Maryland, le Clinchfield et le Spokane-Portland and Seattle. Toutes ces locomotives ont été mises en service entre 1937 et 1943, ce qui montre bien que la demande pour ce type d'engins était forte.

La série BR 44 et l'effort de guerre

Lorsque la Deutsche Reichsbahn Gesellschaft (DRG) débute officiellement en 1920 à la suite de la nationalisation du réseau ferroviaire, elle constate que le parc moteur est non seulement diversifié mais il est aussi vétuste. Son entretien devient parfois compliqué, faute de pièces de rechange. L'une des priorités de la compagnie étatique est de construire en quantités importantes des locomotives neuves destinées à remplacer celles héritées des anciennes compagnies privées.

A – Photothèque Edelweiss

▲ *Assurant la traction de wagons-trémies destinés au transport du charbon, la 043.085 (une 44 à chauffe au fuel) roule sur la ligne Emden-Rheine.*

Si l'élaboration d'un plan de standardisation du parc moteur a des répercussions évidentes sur le plan économique puisqu'elle apportera une grande quantité de travail aux constructeurs allemands, l'unification est aussi synonyme d'évoution technique. Déjà tentée par la Prusse en 1870, l'unification concerne tout le pays désormais. Bien entendu, il n'est pas du tout envisageable d'éliminer les séries récentes en provenance des anciens réseaux, dont les aptitudes en ligne leur permettront de coexister avec les locomotives unifiées.
L'idée de la normalisation n'est pas une idée neuve car, dès 1918, une convention d'unification pour les locomotives de petites dimensions a été établie, dénommée ELNA (Engere Lokomotiv Normenausschuss). Cette convention va donner naissance à de remarquables petites locomotives-tenders que l'on va retrouver sur de nombreuses lignes secondaires.

B – Photothèque Edelweiss

▲ *Renumérotée 044.652, cette locomotive assure la traction d'un train de marchandises de tonnage moyen.*

En 1922, une association de normalisation du nom de Vereinheitlinchungsbüro voit le jour à Berlin, sous les auspices de la DRG, et le 25 juillet de l'année suivante, une première collection de plans pour d'éventuelles machines est présentée. Chef constructeur de la firme Borsig mais aussi président de l'association de normalisation, August Meister propose sept types, dont deux seront effectivement réalisés. Entre-temps, la firme Maffei a présenté de son côté deux projets de locomotives pour trains rapides.

Il faut attendre 1925 pour qu'il y ait véritablement du neuf dans la réalisation du programme, avec la sortie de la première locomotive type Pacific unifiée série 01.

LE PROGRAMME PREND CORPS

Richard Paul Wagner (1882-1953) met au point le programme d'unification de la DRG. Cet ingénieur de grand talent a été le collaborateur d'August Meister, avant de devenir le responsable du département construction de locomotives à la section centrale de l'entreprise d'État. C'est aussi en 1925 que la DRG passe commande de 10 prototypes type 150 « decapod » de séries 43 à 2 cylindres et 44 à 3 cylindres. Les trois constructeurs Maffei, Henschel et Schwartzkopff sont mis à contribution pour fournir ces 20 machines, qui entrent en service en 1926. En 1933, deux nouveaux prototypes, mais à 4 cylindres et modifiés par rapport aux autres locomotives, sont livrés à la DRG. Bien qu'apparemment supérieurs sur le plan technique, ces deux prototypes ne donnent pas satisfaction. Aussi, en 1937, la série est-elle étoffée par l'arrivée d'une nouvelle variante comprenant 53 unités, numérotées dans la tranche 44.013 à 44.065 et fournies par les firmes Henschel, Krupp et Schwartzkopff. Cette série, qui a profité des améliorations nécessaires rendues possibles grâce aux tests en ligne et service actif réalisés sur les divers prototypes, va autoriser l'élaboration de la version définitive de la série 44.

LA VERSION DÉFINITIVE DES BR 44

À partir de juin 1938, la DRG prend livraison des locomotives série 44 dans leur version définitive. Les différences avec la série intermédiaire (44.013 à 065) sont mineures et peu visibles pour le profane.

POUR DES TRAINS DE MARCHANDISES

La série 44 était composée de locomotives type 150 lourdes (110 t), baptisées « Jumbo » outre-Rhin. Peu rapides, avec une vitesse de pointe de 80 km/h, elles étaient avant tout destinées à la traction des trains de marchandises sur les grandes lignes. Elles allaient partager ce travail avec les séries 50 et 52 produites ultérieurement, en grand nombre également.

D – Photothèque Edelweiss

▲ *Une 52, série proche des 44, sur les voies de la SNCF peu après la Libération. Certaines rouleront dans la série 150 Y SNCF.*

L'importance de la commande donne du travail aux firmes déjà citées, mais aussi à d'autres comme Borsig, Krauss-Maffei, Schichau, Wiener Lokomotiv Fabrik et au constructeur polonais Chrzanow. En 1942, les locomotives produites (44.728 et au-delà) sont simplifiées dans le cadre de l'effort de guerre allemand, avec une réduction des pièces jugées non indispensables et l'emploi de métaux de qualité inférieure. Au cours de cette période troublée, où 568 locomotives sont produites, environ la moitié d'entre elles sortent d'usines françaises réquisitionnées pour la production de cette série. La production de la série 44 est interrompue en 1944. Outre les 10 prototypes de base, la série comprend 1 743 unités livrées, avec comme ultime machine la 44.1858, certaines unités n'ayant pas été achevées.

A – Photothèque Edelweiss

▲ *La locomotive 44.1665 a été photographiée avant la réorganisation de la numérotation du parc moteur de la Deutsche Bundesbahn, intervenue en 1968. Elle est équipée de petits pare-fumée.*

LA CONSTRUCTION REPREND

La SNCF reçoit un lot de 226 locomotives, dont certaines étaient en cours de construction sur le sol national. En 1955, la société nationale se sépare d'un groupe de 48 unités, qui forment la série 56 des chemins de fer turcs (TCDD). Si quelques unités sont utilisées sporadiquement par la SNCF, la plupart des unités livrées est envoyée à la casse. Des chaudières non employées et réalisées au Danemark par la firme Frichs sont récupérées par la République démocratique allemande en 1949. Celle-ci les confie à la Deutsche Reichsbahn (DR), qui fait réaliser par les ateliers du combinat LEW « Hans Beimler » une dizaine de nouvelles locos série 44, numérotées 44.1231 à 1240.

Au début des années 1950, la DB en Allemagne de l'Ouest dispose de 1 246 machines, dont 765 sont en état de marche. La DR à l'Est a un parc de 335 unités, auxquelles il faut ajouter les 10 machines construites après le conflit. Les PKP en Pologne emploient 67 unités formant la série Ty 4. La SNCF fait rouler 15 machines sous la série 150 X et en Autriche se trouvent 16 d'entre elles. Enfin, en Belgique et en Tchécoslovaquie, quelques unités sont garées, hors service.

B – Photothèque Edelweiss

▲ *L'une des ultimes tâches régulières confiée à la série : une 043 à chauffe au fuel tracte un lourd convoi de charbon entre Rheine et Emden.*

AVEC OU SANS PARE-FUMÉE

La série 44 produite par la DRG fut munie d'origine de grands pare-fumée. L'intensification de l'effort de guerre militaire conduisit à des aménagements, dont la réduction de la taille du pare-fumée. Par la suite, les locomotives produites en étaient même dépourvues.

1938

LA SÉRIE BR 44

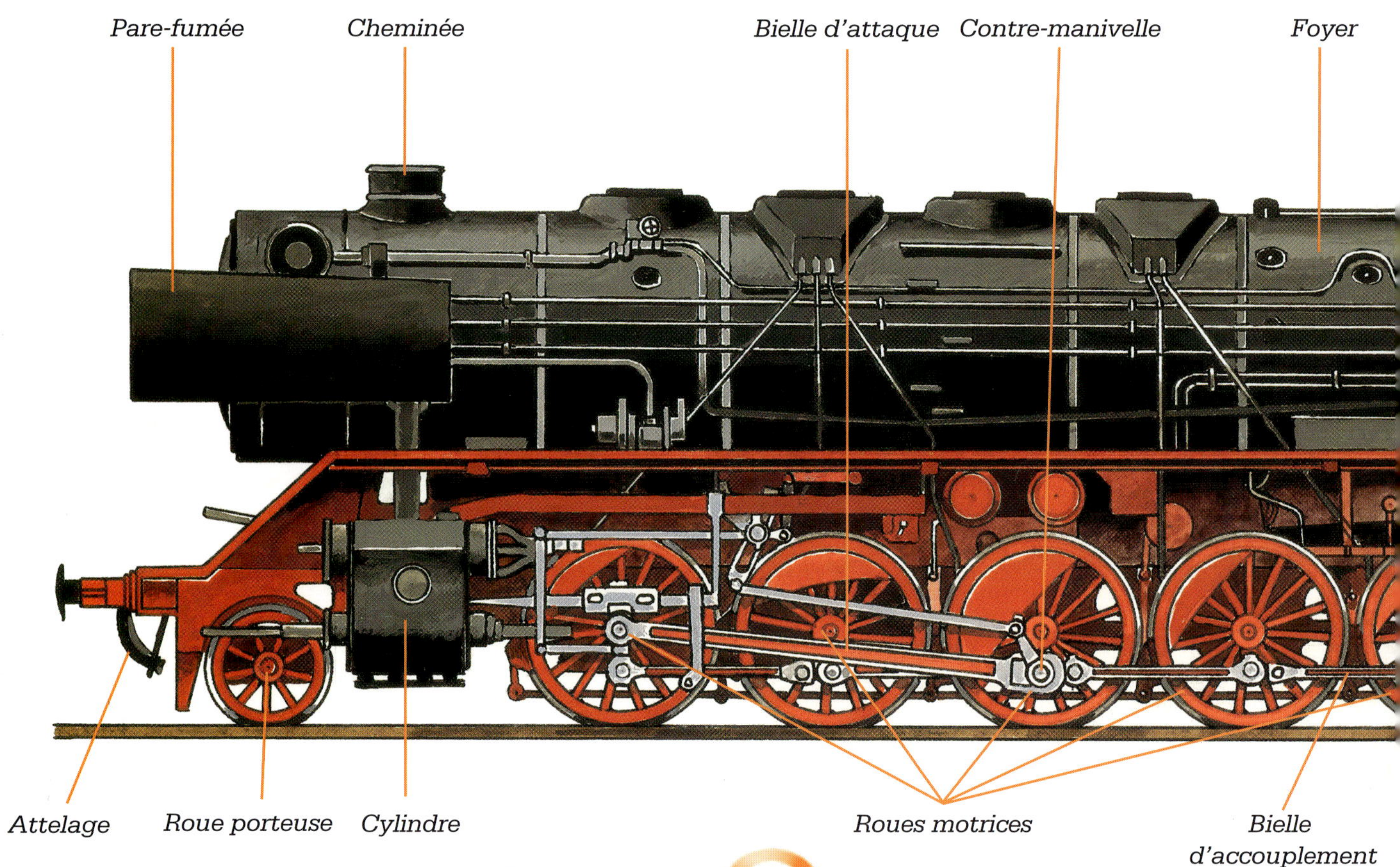

CARACTÉRISTIQUES TECHNIQUES

- **Série :** 44, puis 044 à la **DB**, 44.10 à la **DR**
- **Type :** 150
- **Mise en service :** 1926
- **Moteurs :** 3 cylindres
- **Pression de la chaudière :** 16 bar
- **Diamètre des cylindres haute pression :** 0,55 m
- **Diamètre des cylindres basse pression :** 0,66 m
- **Diamètre des roues motrices :** 0,85 m
- **Longueur totale :** 22,62 m
- **Poids total :** 109,8 t
- **Vitesse maximale :** 80 km/h
- **Puissance :** 1 405 kW

Au début des années 1920, la diversité des types, l'entretien difficile et onéreux et la vétusté de certaines unités conduisent les dirigeants de la DRG à élaborer un plan de standardisation du matériel. Vaste et développé, celui-ci va donner naissance à d'importantes séries de locomotives à vapeur en voie normale ou étroite dont la série 44.

C – Photothèque Edelweiss

▲ *La 56.732 de la compagnie turque TCDD est une ancienne 150 X de la SNCF, elle-même autrefois une 44 de la DRG.*

DES UNITÉS PRÉSERVÉES

Diverses unités ont pu être préservées, dont certaines ont été remises en état de marche au titre de locomotives historiques par des associations allemandes de préservation.

A – Photothèque Edelweiss

▲ *La fin officielle de la traction à vapeur en Allemagne, en 1977, a donné lieu à la circulation de divers trains spéciaux. L'un d'eux a été tracté par la 043.196, une 44 à chauffe au fuel.*

UN SERVICE INTENSIF

En 1968, la renumérotation du parc moteur de la DB modifie le numéro de série, qui devient 044. Les locomotives modifiées pour chauffe au fuel sont affectées à la série 043. En Allemagne de l'Est, où le programme de reconstruction de locomotives bat son plein, certaines unités de la série 44.10 sont munies de chaudières neuves et d'autres bénéficient du stoker, qui améliore l'alimentation en combustible.

Jusqu'à la reprise des électrifications de lignes en Allemagne de l'Ouest, la série 043/044 est employée de manière intensive en tête de nombreux trains de marchandises. La mise en service de locomotives diesels neuves leur ôte progressivement certains trains. Les unités arrivant à limite de parcours et devant passer en révision générale sont mises hors service en grand nombre, la DB ayant affiché ouvertement son intention de se défaire le plus vite possible de la traction à vapeur.

La crise pétrolière en 1973 entraîne un regain d'activité pour la série 44. En Allemagne de l'Est, les 44.10 restent indispensables en service régulier, mais là aussi l'arrivée de locomotives diesels neuves produites en URSS entame le potentiel de ces machines à partir de 1966. Les locomotives non équipées pour circuler au fuel sont également mises à la retraite.

LA FIN DE LA SÉRIE

Les progrès des électrifications, alliés à l'arrivée massive tant à l'Ouest qu'à l'Est de locomotives diesels neuves, ôtent tout espoir de survie à la série 44. En RFA, la DB maintient encore en service ces locos aux dépôts de Rheine et d'Emden, mais seules figurent des unités alimentées au fuel. En RDA, la DR se sépare aussi des unités consommant du charbon et les machines au fuel continuent leur service, basées au dépôt de Saalfeld jusqu'au début des années 1980. Un nombre conséquent de locomotives encore en bon état est réutilisé comme chaudière fixe dans divers dépôts pour le préchauffage des trains de voyageurs.

B – Photothèque Edelweiss

▲ *La 44.404 hors service a été repeinte pour être présentée lors d'une manifestation publique.*

1939
Belgique

Le type 12 belge : à vive allure !

En Belgique, à partir de 1935, un esprit de renouveau souffle sur les chemins de fer. On veut joindre Bruxelles, via Bruges, à Ostende, port d'embarquement pour la Grande-Bretagne, à des vitesses commerciales records dépassant 100 km/h, seules capables de ramener au train une clientèle pressée, déjà séduite par l'automobile. C'est de cette volonté que naît le type 12 belge.

À partir des années trente, le chemin de fer traverse une passe difficile. Concurrence routière et aérienne rognent inexorablement des parts de marché. De plus, la locomotive à vapeur, hier maîtresse sans partage des lieux, voit son existence même contestée par les partisans des « engins nouveaux », les locomotives électriques, les automotrices et les autorails tant diesels qu'à essence. Paradoxalement, c'est au moment où l'on s'apprête à brûler ce qu'on a adoré que la locomotive à vapeur progresse de façon spectaculaire et passe à l'attaque sur plusieurs fronts. Elle ose même affronter sur leur propre terrain les « engins nouveaux », avec pour mot d'ordre : aérodynamisme et grandes vitesses.

A – Photothèque Edelweiss

▲ *C'est à l'occasion des 150 ans du rail en Belgique que la 12.004 a été rénovée par la SNCB.*

DES FORMES ET DES VITESSES SPECTACULAIRES

Si la grande vitesse nécessite la solution d'épineux problèmes techniques, l'aérodynamisme, en revanche, est plus un phénomène de mode auquel il est difficile de se soustraire, au risque de passer pour rétrograde. Tout a commencé aux États-Unis, au début de la décennie, avec Raymond Loewy, Henry Dreyfuss, Norman Bel Geddes, Otto Kühler, Norman Zapf et d'autres encore.

LA 12.004, SAUVEGARDÉE, ROULE TOUJOURS !

La 12.004 n'a pas été détruite. Préservée, elle a été remise en service à l'occasion du 150e anniversaire des chemins de fer belges, en 1985, en présence de feu le roi Baudoin. Cette magnifique locomotive, dont les services préfiguraient ceux du TGV, assure aujourd'hui, à intervalles non réguliers, des trains spéciaux, permettant ainsi aux amateurs de revivre une page glorieuse de l'histoire du chemin de fer au pays de Tintin.

LES DERNIÈRES LOCOMOTIVES CARÉNÉES D'EUROPE

Après la guerre, le temps de la vapeur était passé. Les machines du type 12 dirent adieu à leurs exploits d'avant le conflit pour ne plus assurer désormais que des services express ordinaires, en particulier vers Lille, où elles venaient se reposer au dépôt de Fives, parmi les machines françaises. La dernière, la 12.004, a été retirée du service au mois de juillet 1962. C'était alors la dernière locomotive à vapeur enveloppée d'un carénage aérodynamique à circuler en Europe.

Ils sont les papes du « streamlining », comme on dit là-bas.
En fait, l'aérodynamisme appliqué à tous les domaines de la production industrielle est une réponse directe et positive à la crise de 1929, une marque de confiance dans le progrès et un acte de foi en la puissance américaine. Avec le décalage qui s'impose, la mode gagne l'Europe. Elle sera tyrannique.
L'homme fort de la traction vapeur en Belgique, c'est alors Raoul Notesse, un esprit particulièrement inventif. C'est à lui qu'on doit la Pacific type 1, de 1935, une réussite remarquée dans sa catégorie. Il travaille maintenant à une locomotive aérodynamique légère, apte à remorquer, à très grande vitesse, des rames peu chargées de 250 à 300 t. Il choisit la disposition d'essieux 221, qui correspond au type Atlantic, la machine de rapides typique de l'époque 1900.

LE MASQUE EN FORME DE POIRE

Pour le carénage de son Atlantic, Notesse a fait le choix du déviateur Huet, après avoir été tenté par les carénages américains. Mis au point par le Français André Huet, ce dernier constitue une manière de réponse scientifique au phénomène de mode de l'aérodynamisme. Huet a étudié de près la direction et la vitesse des filets d'air. Il a ainsi pu mettre au point un carénage à l'esthétique discutable, mais plus proche des phénomènes scientifiques relevant de la mécanique des fluides. Plus encore, pour les locomotives ordinaires, Huet a réussi à supprimer les petites vitres de vision frontales et

B – Collection C. Lamming

▲ *Une superbe gouache de Fernand Lebbé montre un train rapide remorqué par une type 12 franchissant le faisceau de voies de Schaerbeek en 1946. Cet artiste était surtout un remarquable spécialiste des chemins de fer belges et son encyclopédie en 26 tomes,* Au fil du rail, *reste une rare pièce de collection.*

à les remplacer par un ensemble de tôles sans que le mécanicien ait la sensation du vent en pleine vitesse ! Dans le carénage Huet, un bouclier fendu masque la boîte à fumée. Il capte les filets d'air, les dévie sans remous et les canalise le long de la machine par des écrans, créant autour de l'engin un carénage « fluide ». Il est appliqué en France à trois machines de l'Est, à la 230-800 État, aux 1325 Alsace-Lorraine et 231 H 141 PLM. Cette dernière, connue sous le sobriquet « le masque en forme de poire », est même l'objet d'une petite opérette-conférence publiée dans le Bulletin PLM, en mars 1937. C'est bien du masque en forme de poire dont est revêtue l'Atlantic de Notesse.

A – Photothèque Edelweiss

▲ *Diverses voitures anciennes ont aussi été rénovées pour permettre à la 12.004 de tracter des trains historiques.*

APPLIQUER LES PROGRÈS TECHNIQUES

Faire de la puissance avec une machine 1900, déjà naturellement apte à la vitesse, n'a rien d'impossible, à condition de la doter des derniers perfectionnements de la technique. C'est bien ce qu'a fait Notesse. 6 unités seront construites. Livrées entre le 19 avril et le 15 juillet 1939, elles comportent la surchauffe, 2 cylindres fonctionnant en simple expansion, placés à l'intérieur du châssis. Quatre types différents de distribution de la vapeur sont essayés : tiroirs cylindriques pour les 4 premières machines, distribution par soupapes à cames rotatives Dabeg et Caprotti pour les 2 dernières. Dans les années 1930, les distributions à soupapes semblent la solution aux maux structurels de la locomotive à vapeur. En fait, seuls les systèmes à cames oscillantes permettront des gains réels en rendement et, pour ce qui est du type 12, les 4 premières ne se montreront pas inférieures aux autres, bien au contraire. Il est vrai que les sections de passage de la vapeur ont été particulièrement bien étudiées par Notesse.

B – Photothèque Edelweiss

▲ *Exposée au Musée de Treignes (Belgique), la 12.004 est munie d'un carénage qui laisse accessibles les cylindres et la distribution.*

LA BELGIQUE PREND LE RUBAN BLEU

Construites spécialement pour assurer des services ultrarapides sur Liège-Ostende via Bruxelles, les machines du type 12 ont été spécialisées, dès le 15 juillet 1939, à des relations plus modestes mais spectaculaires, de Bruxelles à Ostende par Gand et Bruges. Il existe alors deux allers-retours par jour.

1939

LE TYPE 12

LA PACIFIC H 141

Opérette-Conférence en 5 tableaux, composée par O. Taurel pour l'inauguration du théâtre Klaxophonique. 4e tableau (dans la remise annulaire du dépôt de Laroche).

QUISAITOU (s'adressant à la Pacific H 141) : Ah ! Vous voilà pincée ! Vous n'irez pas au Carnaval de Nice !

LA PACIFIC H 141 : ……. ?……. .

QUISAITOU : Oui, je sais tout, et en particulier je sais que vous vouliez aller au Carnaval de Nice pour exhiber votre nouveau masque en poire.

LA PACIFIC H 141 : Est-il possible que le rédacteur d'un journal aussi sérieux que « notre » Bulletin PLM ait cru un pareil bobard ?… Au surplus, ce que vous prenez pour un masque en poire est un écran aérodynamique nouveau modèle. Si au lieu de rester figé devant mon crochet de traction, vous me regardiez de côté, vous jugeriez de votre méprise. Vous qui rédigez le bulletin PLM, vous vous abstenez sans doute de le lire, sans quoi vous y auriez vu les performances des petites Atlantic du dépôt de Paris, depuis qu'elles ont endossé leur complet aérodynamique.

Né pour donner aux voyageurs pressés de gagner la station balnéaire d'Ostende, depuis Bruxelles via Bruges, une alternative à l'automobile, le type 12 promena son carénage aérodynamique sur les rails de Belgique peu avant la Seconde Guerre mondiale.

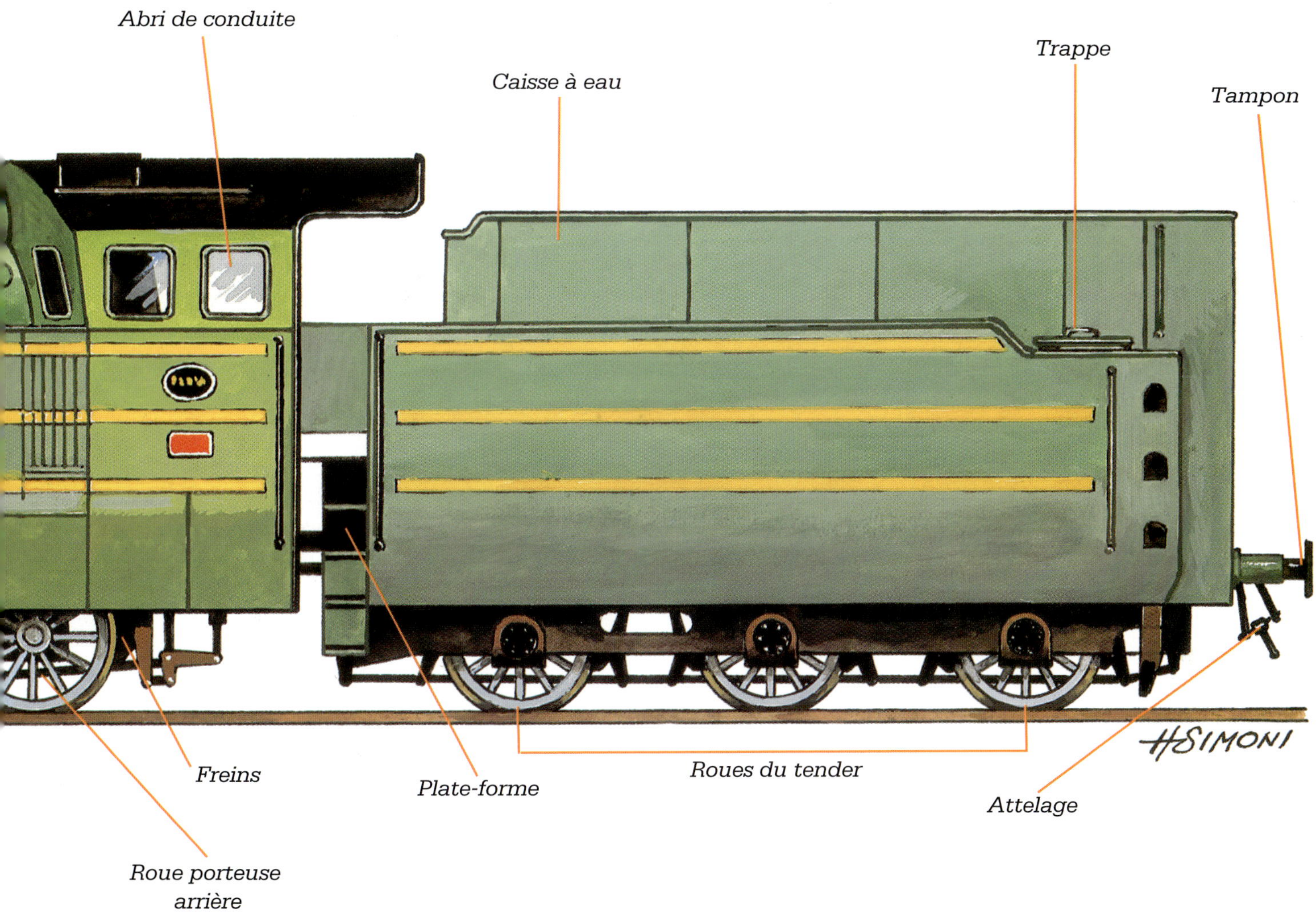

B – Photothèque Edelweiss

▲ *Le fameux « masque en forme de poire » est bien évident sur ce cliché. Peu esthétique, il correspond à une nécessité scientifique et technique indéniable.*

CARACTÉRISTIQUES TECHNIQUES

- **Série 1201 à 1206, puis 12.001 à 12.006 en 1946**
- **Timbre de la chaudière : 18 kg/cm²**
- **Diamètre des roues motrices : 2,10 m**
- **Diamètre des cylindres : 0,48 x 0,72 m**
- **Poids par essieu : 22 t**
- **Puissance : 2 500 ch**
- **Tender caréné de 24 m³, à 3 essieux, provenant de la transformation à l'atelier de Malines de tenders standard**

C – Photothèque Edelweiss

Les 114,3 km séparant la capitale d'Ostende, y compris un arrêt à Bruges, sont parcourus en une heure exactement, ce qui donne une moyenne étonnante de 120,5 km/h, des pointes à 145 km/h étant fréquemment observées.
Ainsi, les chemins de fer belges peuvent-ils ravir, pendant quelques mois, le record mondial du « Hiawatha » américain, l'offensive allemande de mai 1940 brisant ce magnifique élan, alors que déjà une machine 230 identique au type 12, mais plus puissante, est à l'étude. La traction vapeur à grande vitesse a encore de belles années devant elle.

◀ *Diverses marches spéciales assurées par la 12.004 ont permis d'admirer cette belle pièce historique dans divers endroits du pays.*

LE CHOIX DU TYPE 221

Alors que l'époque en était aux 231 et 241, la disposition d'essieux 221 peut apparaître comme une régression. Notesse ne fut pourtant pas le seul à faire ce choix.
En France, le PLM mit en service son fameux train aérodynamique en 1935. Il était lui aussi remorqué par une Atlantic ancienne modifiée.
Aux États-Unis, pays vers lequel tous les regards étaient tournés, Otto Kühler mit en service sur le réseau Chicago-Milwaukee & St-Paul un magnifique train caréné. C'était le « Hiawatha », dénommé ainsi d'après le poème de Longfellow dans lequel il est question d'un Indien qui est si rapide qu'il est capable de rattraper la flèche qu'il vient de décocher. Lui aussi était remorqué par une Atlantic, peinte en gris rehaussé de superbes bandes orangées.

B – Photothèque Edelweiss

▲ *Le travail effectué par le carénage en matière de déviation des fumées est visible sur ce cliché : le panache est bien chassé vers le haut.*

1946
France

La 242 A 1, la métamorphosée

La 242 A 1, unique, solitaire et clandestine, a paradoxalement connu une popularité énorme. C'est qu'elle fut la plus puissante locomotive à vapeur jamais construite en Europe. Due au génie d'André Chapelon, elle marquait, avec sa rivale la 232 U 1, l'apogée de la traction vapeur française et préfigurait ce qu'aurait pu être un parc de machines modernes, puissantes, au rendement élevé, et adaptées aux conditions de la seconde moitié du xxe siècle.

A – Collection J.-M. Combe

▲ *Voici une vue officielle de la 242 A 1, côté chauffeur.*

Par une froide journée de janvier 1933, la presse nationale et parisienne se précipite vers la voie 20 de la gare Saint-Lazare, pour y admirer la 241-101, nouvelle locomotive pour trains rapides lourds des chemins de fer de l'État. Mise en service à grand renfort de publicité, elle est d'une esthétique travaillée et réussie, due à Henri Pacon, architecte que Raoul Dautry, le directeur, a chargé de donner un coup de jeune au réseau de l'État.

LA 241-101 ÉTAT : BEAUCOUP DE BRUIT POUR RIEN

Pourtant, même si la 241-101 intègre des éléments techniques propres à impressionner les journalistes, comme une distribution à soupapes et un chargeur mécanique de charbon, elle est mal étudiée pour une machine à simple expansion à 3 cylindres, type dont l'appétit en combustible est déjà connu. Les sections de passages de la vapeur sont particulièrement déplorables, générant d'importantes pertes en puissance et en rendement.

La puissance de cet engin, dont la surface de grille est de 5 m^2 et dont la chaudière fonctionne avec une pression de 20 kg/cm^2, atteint à peine 2 250 ch aux essais. Le double ne paraîtrait pas déraisonnable ! Bref, beaucoup de bruit pour rien, alors que la 241-101 est censée remorquer les prestigieux trains transatlantiques, chargés de riches touristes américains rejoignant leur paquebot à Cherbourg. Une avarie au bloc cylindre donne enfin l'occasion de la remiser dans un recoin du dépôt du Mans.

LA TRANSFORMATION DE CHAPELON

À la fin des années trente, André Chapelon est au faîte de la gloire. Tout le monde est encore sous le choc de l'extraordinaire transformation des Pacific 3500 du réseau d'Orléans, qui a permis de doubler leur puissance et de diminuer leur consommation de 50 % tout en conservant les dimensions de la machine primitive.

B – Collection J.-M. Combe

L'équipe des essais de 1946 posent devant la 242 A 1. Les rumeurs de résultats extraordinaires vont rapidement se propager.

Par ailleurs, courant 1938, il publie un ouvrage sur la locomotive à vapeur, qui va constituer une somme d'informations inégalée et inégalable sur le sujet. C'est à ce moment là que Chapelon propose de transformer la 241-101 en compound à 3 cylindres.
Dans son esprit, il ne s'agit pas de valider un nouveau système technique dont il est déjà convaincu du bien-fondé, mais plutôt de faire de la nouvelle machine le prototype d'une flotte future de locomotives à vapeur modernes, ergonomiques, très puissantes, toutes compound à 3 cylindres. En fait, la proposition prend corps au début de la guerre et la 241-101 est dirigée sur les ateliers de Sotteville-lès-Rouen pour y être transformée. La période est toutefois peu favorable et le violent bombardement du 20 mars 1943 interrompt les travaux. Il faut attendre la fin du conflit pour achever la transformation, qui sera prise en charge par l'industrie privée, en l'occurrence les Forges de la Marine et d'Homécourt à Saint-Chamond.

UN TRAITEMENT MIRACULEUX

Quel traitement a-t-il été appliqué à la 241-101 pour qu'elle soit ainsi métamorphosée ? Tout d'abord, de considérables renforcements du châssis ont conduit à remplacer l'essieu arrière de la machine par un bogie, en faisant ainsi une 242. Ensuite – et c'est l'essentiel –, le choix du moteur compound à 3 cylindres, avec un cylindre à haute pression et deux cylindres à basse pression extérieurs autorisant de grandes détentes, s'est avéré déterminant. Par rapport au moteur primitif à simple expansion et à distribution par soupapes, il permet une puissance accrue, jointe à une diminution de la consommation, en même temps qu'une remarquable aptitude à la grande vitesse. Ainsi, en essais, le 160 km/h sera facilement et régulièrement atteint.

C – Collection J.-M. Combe

Carte postale publicitaire éditée par les cirages du Lion Noir, en 1933, représentant la 241-101 État. Un texte figurant au verso précise que cette locomotive constitue non seulement un progrès technique mais aussi un progrès moral, dans la mesure où le chargeur mécanique de charbon (stoker) dont elle est équipée supprime la fatigue physique du chauffeur.

A – Collection P. Descroix

▲ *La locomotive 242 A 1 est présentée ici avant son premier train d'essais, le 20 juin 1946.*

Mise en service le 25 avril 1946, la nouvelle machine, qui est numérotée 242 A 1, est achevée le 18 mai de la même année.

Sans que la presse s'en mêle, les rumeurs de résultats extraordinaires vont se faire de plus en plus insistantes. Sur la région Sud-Est tout d'abord, en 1946 puis en 1948, sur celle de l'Ouest au printemps 1947, sur le Nord en 1949-1950 et enfin au banc d'essais de Vitry-sur-Seine, en région parisienne. En 1947 et 1950, la 242 A 1 va enchaîner performances sur performances.

Régulièrement, les voitures laboratoires enregistrent des puissances dépassant 5 000 ch, facilement atteintes, qui vont faire de la 242 A 1 non seulement la plus puissante de toutes les locomotives européennes mais aussi la rivale de bien des « géantes » américaines, atteignant leur puissance avec des dimensions réduites. Parmi ces exploits, citons le Dijon-Paris (315 km) en 3 h 03 en remorquant un train de 845 t, ou encore le Paris-Le Mans (211 km), à l'issue duquel la 242 A 1 aura gagné 6 min sur l'horaire des trains électriques en remorquant 810 t au lieu des 640 t habituelles et tout en ayant perdu 10 min à Chartres pour prise d'eau. Ce parcours aura donc été effectué à 116 km/h de vitesse moyenne.

B – Collection J.-M. Combe

▲ *La 242 A 1 circule en pleine vitesse, en tête d'un train rapide, vers Villeneuve-sur-Yonne, sur la ligne Paris-Lyon, en 1948.*

1946

LA 242 A 1

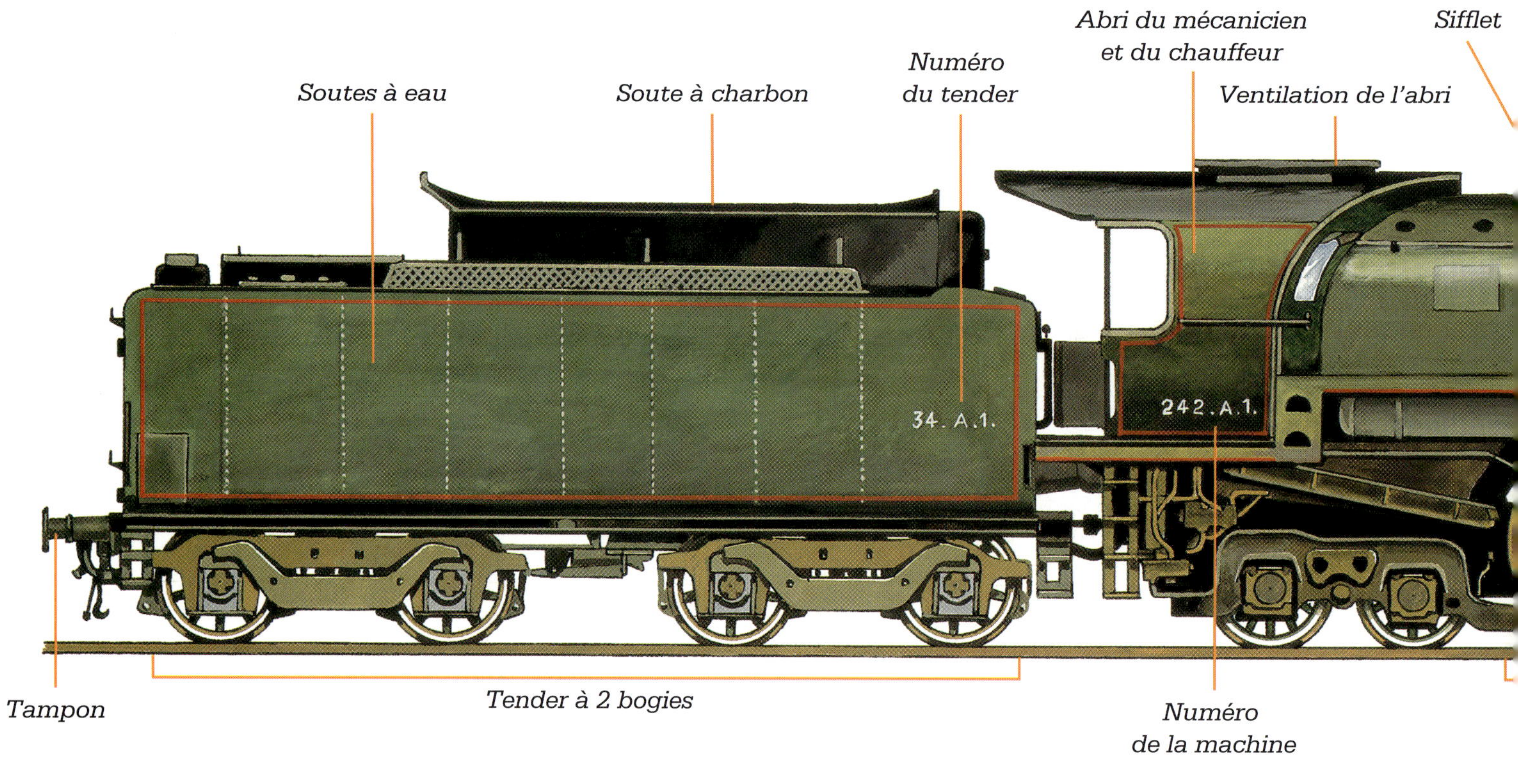

L'ÉCHAPPEMENT KYLCHAP

L'échappement Kylchap fixe, l'un des titres de gloire de Chapelon, est ici triple, compte tenu des quantités importantes de mélange vapeur-gaz chauds à évacuer. Il comporte trois batteries de colonnes d'échappement positionnées côte à côte. Par ailleurs, en dépit de la longueur de la machine, l'inscription dans les courbes n'a jamais posé de problèmes particuliers.

B – Photothèque Edelweiss

◀ *Voici une vue de la face avant de la 242 A 1. Notez les énormes tampons, les écrans pare-fumée ainsi que le logo rond de la SNCF, qui a bien changé depuis.*

Plus puissante locomotive à vapeur jamais construite en Europe, capable d'établir des temps records et d'atteindre les 160 km/h, la 242 A 1 n'empêchera pas la suprématie de la traction électrique et connaîtra finalement un sort peu enviable, malgré l'estime que continuent à lui porter les amateurs de machines belles et performantes.

CARACTÉRISTIQUES TECHNIQUES

- Surface de la grille : 5 m²
- Surface de chauffe totale : 252,70 m²
- Surface de surchauffe : 120,22 m²
- Timbre de la chaudière : 20 kg/cm²
- Diamètre du cylindre à haute pression : 0,60 m
- Diamètre des cylindres à basse pression : 0,68 m
- Diamètre des roues motrices : 1,95 m
- Diamètre des roues du bogie avant : 0,97 m
- Diamètre des roues du bogie arrière : 0, 97 m et 1,10 m
- Longueur totale de la machine : 17,76 m
- Poids en ordre de marche : 148 t
- Capacité du tender à 2 bogies 34 A 1 : 34 m³ d'eau et 11,4 t de charbon

C – Collection J.-M. Combe

▲ *Provenant de la transformation de la machine « Mountain » 241-101 de l'ex-réseau de l'État, la 242 A 1 effectue ses essais, en 1946, avant son achèvement définitif.*

Cette performance va même influencer, dit-on, l'étude des locomotives électriques pour Paris-Lyon, dont on va revoir la puissance à la hausse.

UN DESTIN IMPLACABLE

Les performances de la 242 A 1 justifient pleinement le programme de locomotives à vapeur modernes de 6 000 ch élaboré par André Chapelon. Mais, conséquence du climat politico-économique de l'après-guerre, ce programme est annulé, rendant sans objet les brillants résultats de la 242 A 1, la direction de la SNCF ayant décidé d'orienter sa politique de traction vers l'électricité et ensuite le diesel.

Seule une locomotive 152 reçoit un début d'exécution, mais sa commande est finalement annulée. Par un étrange retour du destin, à l'image de la 241-101, la 242 A 1 réintègre le dépôt du Mans, après avoir participé à plusieurs expositions ainsi qu'au congrès d'esthéti-que industrielle de septembre 1953. Elle assure peu de service au Mans et va progressivement s'y faire oublier.

UN SUCCÈS POSTHUME

Cette extraordinaire locomotive fut finalement découpée à Saint-Brieuc, le 28 février 1961, dans l'indifférence générale. Son souvenir est toutefois resté vivace et tous les amateurs de locomotives, d'où qu'ils soient sur la planète, la connaissent bien. Elle est régulièrement l'objet d'études dans les publications spécialisées.

A – Photothèque Edelweiss

▲ *Au printemps 1946, symboles de la Libération, des drapeaux tricolores flottent encore un peu partout, et notamment sur le tender de cette 242 A 1.*

La C-62 japonaise

1949
Japon

Le type 232, évoquant les locomotives prestigieuses et rapides américaines, est rarement associé avec la voie étroite, et pourtant c'est le cas au Japon où cette disposition d'essieux fut appliquée à la voie de 1 067 mm, et avec succès. La C-62 est une copie, en format réduit, des Hudson américaines et montre le savoir-faire japonais en matière d'imitation. Le réseau sur lequel elle roule, celui du Japon au lendemain de la Seconde Guerre mondiale, est tout aussi intéressant.

A – Collection C. Lamming

▲ *Une 141 à tender séparé japonaise, de la série D-52. Cette série donnera, par transformation et reconstruction, les C-62.*

Les chemins de fer japonais constituent un réseau cohérent sur les quatre grandes îles de l'archipel : Kiou-Siou, Sikok, Hondo et Hokkaïdo. Le premier train a circulé entre Tokyo et Yokohama en 1872, mais c'est seulement à la fin du XIXe siècle que se créent de nombreuses compagnies privées et les principales grandes lignes.

Cependant, les réseaux privés ne construisent pas ou peu de lignes secondaires dont la rentabilité leur paraît incertaine. En 1906, les chemins de fer sont placés sous le contrôle gouvernemental. Cette première forme de nationalisation devait permettre une meilleure exploitation des grandes lignes existantes et la construction de voies ferrées dans les régions particulièrement accidentées comme, dans l'île de Hondo, la ligne reliant le district de Kanto à Niigata, grâce à deux tunnels hélicoïdaux encadrant un grand tunnel de 9 km, ligne commencée en 1922 et livrée à l'exploitation en 1931. Citons encore la ligne des tunnels de Kammon reliant, sous la mer, Kiou-Siou à Hondo, commencée en 1936 et terminée en 1944. En 1941, le réseau japonais s'étend sur 18 500 km. Mais ce réseau est l'un des plus accidentés du monde et comme la voie étroite est toujours plus économique en région montagneuse, l'écartement des voies n'est que de 1 067 mm. Les ouvrages d'art abondent avec quelque 2 600 tunnels, plus de 39 000 ponts ou viaducs, dont une dizaine atteignent ou dépassent le kilomètre.

LE RÉSEAU ET LE PROBLÈME DES ÎLES

La fragmentation du Japon en îles amène l'existence d'importants services de ferries 70 navires des servent un ensemble de lignes totalisant 284 miles nautiques, soit plus de 525 km, joignant Hondo à Hokkaïdo, à Sikok, à Kiou-Siou, à la petite île de Itsukushima à celle d'Oshima et à la Corée. Certaines de ces lignes sont très longues, comme celle qui relie Hondo et Hokkaïdo (61 miles nautiques entre Aomori et Hakodate, soit plus de 112 km).

B – Collection C. Lamming

▲ *Une des premières Pacific japonaises, la série C-59 datant de 1910. Noter le tamponnement central avec attelage automatique.*

La voie étroite permet l'utilisation de courbes de rayons réduits et 17,8 % du réseau japonais est en courbe dont le rayon est inférieur à 500 m. Enfin, les fortes pentes sont nombreuses : 23 % du réseau est en pente de 10 à 25 mm par mètre. Tout ceci réduit fortement la vitesse commerciale des trains, tandis que l'écartement impose des locomotives moins puissantes que celles à voie normale.

LA FIN D'UN ÂGE D'OR

La concentration du trafic ferroviaire est très forte sur les côtes du Japon. Les gros centres industriels se sont créés dans les ports qui sont de plus reliés entre eux par un cabotage actif. Les sections intérieures n'ayant aucun fret intéressant, le chemin de fer tire le meilleur de son trafic de relations déjà esquissées par la navigation côtière. Sur ces grandes artères, comme d'ailleurs sur les lignes à exploitation difficile de l'intérieur, le chemin de fer reste à peu près maître du trafic terrestre jusqu'à la Seconde Guerre mondiale : le Japon a peu de bonnes routes jusque pendant les années 1940. L'ensemble du réseau est exploité par un nombreux personnel : les petits emplois sont un exutoire commode pour la surabondante main-d'œuvre du Japon.

UN CLIMAT QUI NE FAVORISE PAS LES TRAINS

Chaque année le réseau japonais affronte les calamités naturelles : plus de 30 % du réseau doit être défendu contre les chutes de neige, tandis que les tremblements de terre et les typhons causent des destructions entraînant des interruptions de trafic et de gros frais.

C – Collection de l'Association française des amis des chemins de fer

▶ *Une estampe japonaise datant du début du siècle.*

A – Collection C. Lamming

▲ *Une Pacific japonaise série C-51.*

Ce phénomène ne va pas diminuer, bien au contraire, puisqu'avec l'extension du réseau, ce personnel augmente sans cesse. L'effectif passe de 227 000 en 1937 à 364 000 en 1941, rangeant le chemin de fer japonais parmi les réseaux employant le plus nombreux personnel au monde par rapport à son kilométrage.
L'entrée du Japon dans la Seconde Guerre mondiale donne à toutes les entreprises japonaises une activité économique considérable, et la production industrielle est une fois et demie en 1944 ce qu'elle est en 1937. Le chemin de fer participe, bien entendu, à cette ascension. La construction des lignes en cours, l'électrification sont activement poussées. Fin 1944, le réseau atteint 20 000 km de lignes principales et 500 nouveaux kilomètres sont électrifiés (lignes de banlieue et tronçons de montagne particulièrement difficiles). En dépit des destructions, le réseau japonais reste ainsi en 1945, grâce à l'intense développement de la période de guerre, à un niveau sensiblement égal à celui de 1941.

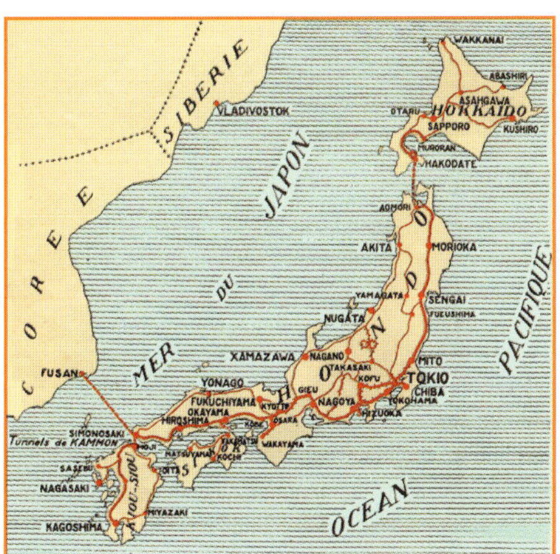

B – Dessin Collection C. Lamming

◀ *Le réseau japonais au lendemain de la Seconde Guerre mondiale. La forme du pays, notamment sa découpe en plusieurs îles et un centre montagneux, ne facilitent pas la construction du réseau. Les grandes lignes suivent les côtes.*

Les chemins de fer japonais vivent, cependant, une période difficile après la défaite japonaise avec la chute verticale de la production et un mouvement de marchandises restreint. Mais ce faible trafic reste dévolu au rail puisque la flotte marchande de cabotage détruite ne peut plus assurer l'importante partie du trafic qui était autrefois la sienne. Pour les voyageurs, les mouvements de population consécutifs à la fin de la guerre saturent les lignes de chemin de fer.

LA RECONSTRUCTION LENTE

Le nombre de cheminots dépasse 610 000, en 1947, soit plus que le réseau de la SNCF. Le chemin de fer japonais peut recruter de la main-d'œuvre, alors que le Japon a plus de quatre millions de chômeurs et doit donner un emploi aux anciens mobilisés, au personnel des industries de guerre, aux travailleurs que la défaite a fait revenir des possessions japonaises perdues.

1949

LA C-62

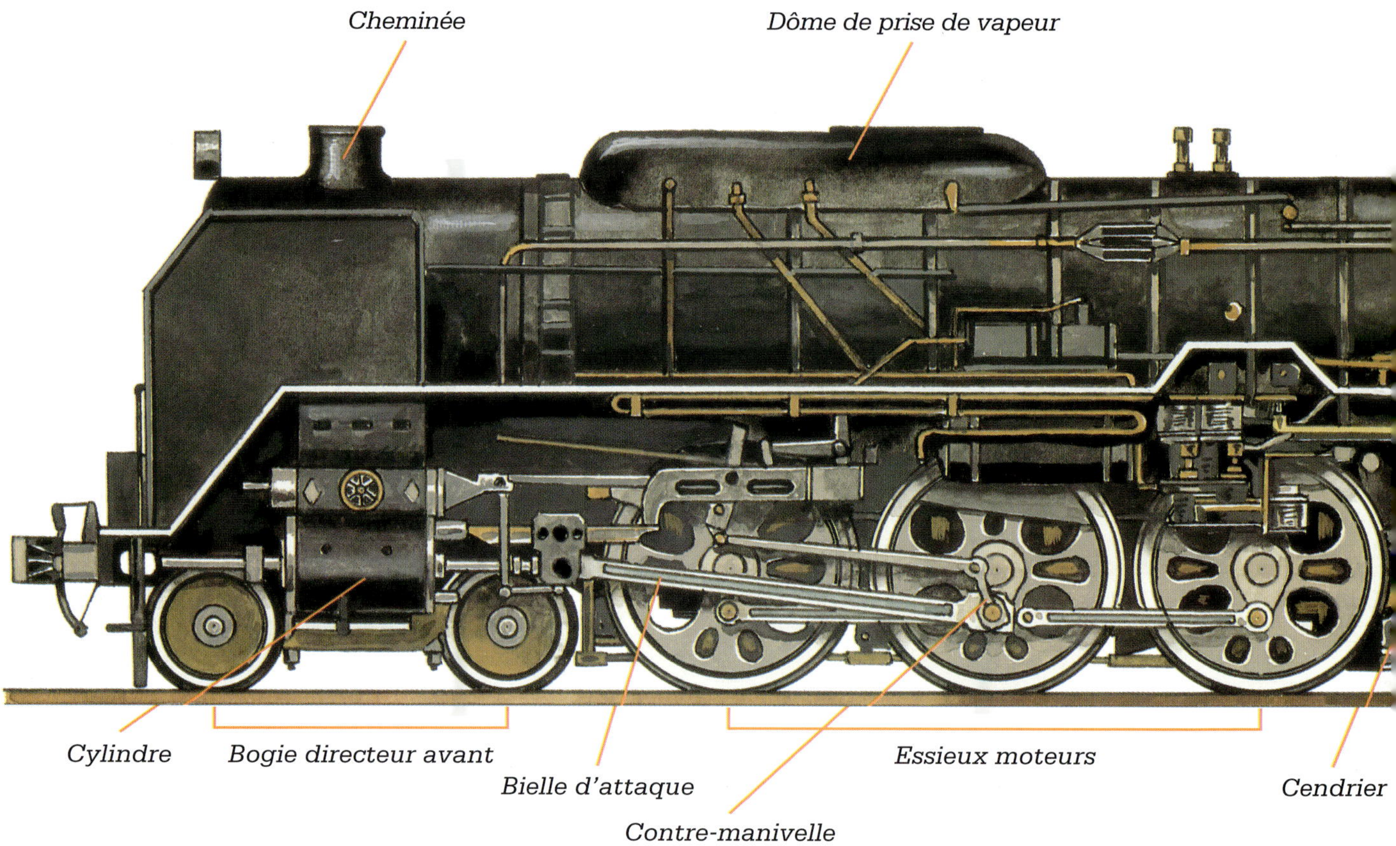

UNE CERTAINE INFLUENCE AMÉRICAINE

Malgré la terrible guerre qui a opposé les États-Unis et le Japon, l'empire du Soleil Levant n'a jamais cessé d'admirer et d'imiter la technologie américaine et d'avoir des relations économiques nombreuses avec ce pays. Sur le plan ferroviaire, même si des ingénieurs anglais construisent le premier chemin de fer japonais en 1870, c'est l'industrie américaine qui, dès 1897 fournit des locomotives à disposition d'essieux type 141. Ces locomotives, d'ailleurs, donneront le nom de type Mikado à cette disposition, en hommage à l'empereur du Japon.
L'influence américaine sera très forte dans les pays neufs de l'Est asiatique, Russie y compris, et l'on retrouvera sur beaucoup de locomotives de ces pays les caractéristiques principales des locomotives « made in USA » comme des châssis moulés, des roues moulées dites « Boxpox », des cabines très larges et confortables, la simple expansion, etc.

La C-62 est, par excellence, la locomotive japonaise performante des années 1950, quand ce pays se reconstruit au lendemain de la tourmente. Réunissant tous les perfectionnements connus, elle n'a rien à envier aux plus grands géants américains, bien qu'elle soit très petite et en voie métrique : un écartement de tortillard !

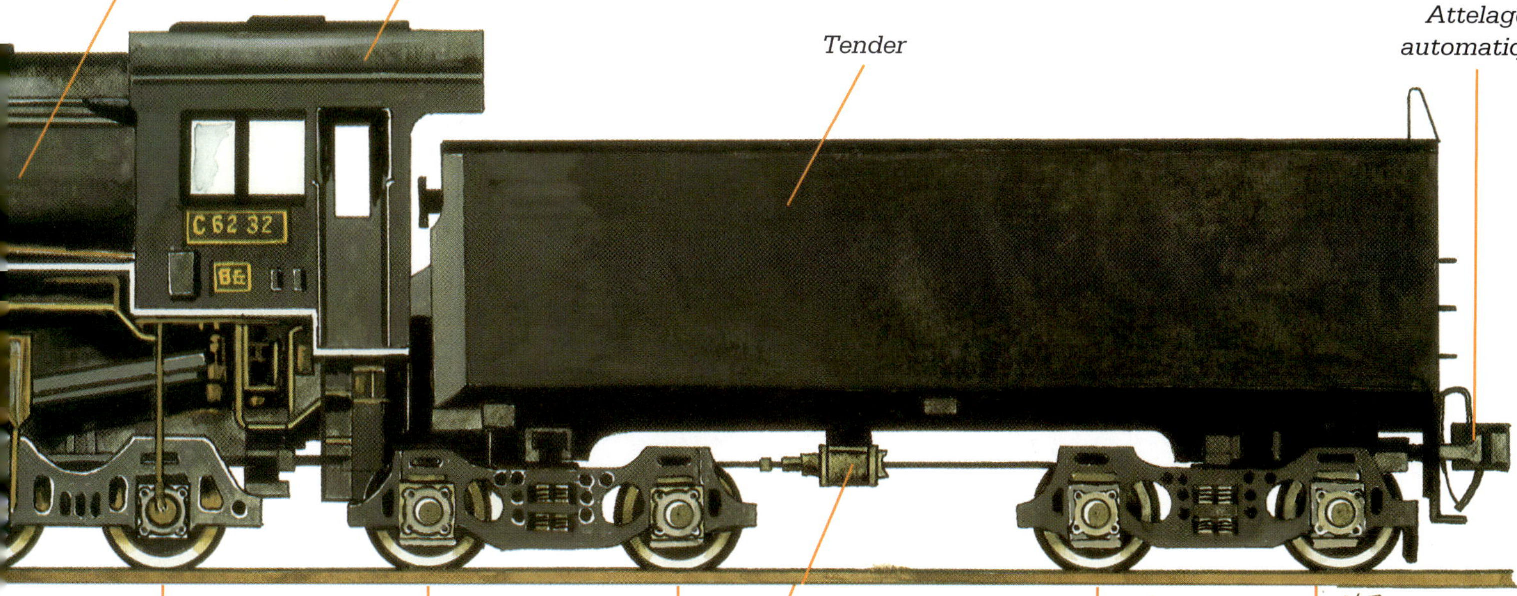

▲ *Une locomotive japonaise du type Pacific construite en 1933 par les chemins de fer impériaux, série C-54, n° 9. Ce sont de petites Pacific pour lignes secondaires, ne pesant que 61 t, soit la moitié environ d'une Pacific européenne pour voie normale.*

CARACTÉRISTIQUES TECHNIQUES

- Type : 232
- Moteur : 2 cylindres à simple expansion
- Cylindres : 0,52 × 0,66 m
- Diamètre des roues motrices : 1,75 m
- Surface de la grille du foyer : 3,85 m
- Pression de la chaudière: 16 kg/cm²
- Contenance du tender en eau : 22 t
- Contenance du tender en charbon : 10 t
- Masse totale : 101 t
- Longueur totale : 21,47 m

B – Collection C. Lamming

▲ *Une locomotive type 220, d'inspiration très américaine, sur le réseau du Kansei, au début du siècle. Noter la très curieuse disposition du tender sur un essieu et un bogie !*

Malgré ce nombreux personnel, l'effort de reconstruction est d'abord assez lent. Il s'accélère à partir de 1949, en relation avec la nouvelle politique d'aide américaine au Japon. Le début de l'application du plan quinquennal Ashida en 1949, destiné à faciliter le relèvement économique du Japon, se traduit sur le plan ferroviaire par la création, en juin 1949, des Japanese National Railways (ou JNR), mieux organisés que les anciens chemins de fer gouvernementaux.

À la fin de 1950, toutes les installations de voies sont réparées, et 85 % des bâtiments détruits sont restaurés. Dans bien des cas, les destructions ont permis de remplacer des installations périmées par des ensembles nouvellement conçus, inspirés des derniers perfectionnements techniques des chemins de fer américains.

LA TRACTION À VAPEUR JAPONAISE À L'ÉPOQUE DE LA C-62

En 1949, le gouvernement japonais fixe aux JNR un plan de modernisation intense comprenant une électrification à grande échelle et une diésélisation des lignes moins importantes. De nombreuses ressources hydrauliques, au Japon, garantissaient la rentabilité de l'opération tandis que le prix du pétrole importé (le Japon n'en a pas dans son sol) était extrêmement bas, et, pensait-on, le resterait.

Encore très active, la construction de locomotives à vapeur neuves est pratiquement stoppée. Mais il reste encore en service 5 958 locomotives à vapeur formant un parc très hétérogène de 147 séries différentes. En 1960, il en reste encore 4 321 réparties en 28 séries. La disparition totale est donc lente à venir, mais ce sera chose faite à la fin des années 1970.

LA C-62 : UNE LOCOMOTIVE TRÈS MODERNE

Formant une petite série de 49 machines, la C-62 est le résultat d'une reconstruction d'anciennes 141 de la série D-52 transformés en type 232. Cette politique de la reconstruction et de la transformation de séries anciennes est très en vigueur au Japon pendant la Seconde Guerre mondiale, pour d'évidentes raisons de manque de matières premières, et elle est poursuivie au lendemain du conflit toujours pour les mêmes raisons ou pour des raisons purement économiques. Entreprise par les firmes Hitachi, Kawasaki et Kisha Seizo Kaisha, cette transformation donne un type de locomotives techniquement très actuel pour l'époque, et comportant, par exemple, le réchauffage de l'eau, des roues en métal moulé avec des jours d'allègement, l'éclairage électrique, etc. Elles remorquent les meilleurs trains rapides du réseau en voie de1 067 mm jusqu'à ce que l'arrivée du Shinkansen les éclipse avec ses 210 km/h et son service cadencé sur un réseau nouveau en voie normale. Deux C-62 sont toujours préservées, l'une au musée de Kyoto, l'autre sur une ligne touristique de l'île de Hokkaido.

C – Collection C. Lamming

▲ *Une locomotive japonaise de 60 t type 140, pour trains de marchandises, construite entre les deux guerres par Kawasaki, dans les usines de Kiobo, à Kobe.*

1953
Russie

La 242 P 36 : la très mystérieuse beauté slave

Durement surmené par les plans quinquennaux soviétiques et terriblement meurtri pendant la Seconde Guerre mondiale, le réseau ferré russe, faible, peu fiable et construit à l'écartement large de 1,524 m, accordait par tradition la priorité absolue au transport des marchandises. Les choses commencèrent à changer, à partir de 1953, avec la mise en service de la P 36, magnifique locomotive aux dimensions généreuses et très inspirées de la technique américaine des années 1940.

Après la révolution de 1917, le gouvernement soviétique décida de poursuivre la construction des locomotives à vapeur 131 série S, de 1910, dont il avait hérité neuf cents exemplaires de l'ancien régime. Comparable à la P8 prussienne et bonne à tout faire, la S faisait merveille en tête des trains de voyageurs très lents du réseau russe d'alors. La production, arrêtée depuis la révolution, redémarra en 1925 et elle ne s'arrêta qu'en 1951, après que 3 750 nouvelles unités aient été construites !

A – Collection J.-M. Combe

▲ *Une 242 série P 36, photographiée flambant neuve à sa sortie des ateliers de Kolomna.*

▲ *Un rare document en couleurs montrant cette locomotive telle qu'elle était au lendemain de la Seconde Guerre mondiale. On note sa livrée verte et rouge qui est typiquement russe.*

Dans l'intervalle, toujours pour les trains de voyageurs, à partir de 1932, avait été mise en service une série de 142 modernes, très américaines d'aspect et appelées « JS », initiales de Joseph Staline. Construites jusqu'en 1941, elles furent produites en six cent cinquante exemplaires. Ce fut tout jusqu'aux années 1950 ! Les machines à marchandises étaient autrement plus variées et plus nombreuses. À l'évidence, le trafic voyageurs n'avait pas la priorité aux yeux du gouvernement soviétique face à celui des marchandises.

1953, L'ANNÉE DU CHANGEMENT DE CAP

Les choses commencèrent à changer avec la mort de Staline. Un assouplissement certain du régime et une attention plus grande portée à la vie quotidienne firent que les voyages, bien que restreints, se développèrent. Les ingénieurs n'avaient, du reste, pas attendu ce cours nouveau pour se préoccuper de la question des locomotives pour trains de voyageurs et c'est ainsi qu'en mars 1950, une 242 nouvelle, dite P 36, numéro du projet, sortait des ateliers de Kolomna.

▲ *Une P 36 au départ. Il s'agit de la 33e de cette importante série composée de 249 machines.*

Cette machine, dont la charge par essieu était de 18 t, avait vu le jour parce que préférée à une 232 chargée à 23 t à l'essieu qui fut abandonnée. Elle aurait en effet nécessité des renforcements de voie trop importants. La P 36 0001 était à l'évidence un prototype dont les formes n'étaient pas encore tout à fait celles de la P 36 définitive. Elle portait, comme il se devait alors, un énorme portrait de Staline sur sa boîte à fumée.

Plus intéressant, l'époque était aussi à la recherche de solutions à des alternatives et améliorations à la traction vapeur. Il y eut ainsi plusieurs réalisations de machines avec des pistons opposés utilisant des cycles mixtes vapeur/diesel.

Ce ne fut pas le cas pour la P 36 0001, mais on lui appliqua un tirage artificiel mû par une turbine à vapeur, exactement comme sur une locomotive à condensation, ce qu'elle n'était évidemment pas. La décision de démarrer la production en série des P 36 intervint, on le sait, après le changement politique de 1953. La première de la série, numérotée P 36 002 sortit elle aussi, comme toutes ses sœurs, des ateliers de Kolomna, courant 1954. La parenté de lignes avec le prototype était évidente.

A – Photothèque Edelweiss

▲ *Une très belle composition vue sur le réseau soviétique des années 1960 : la rame est parfaitement assortie à la locomotive, avec les nervures longitudinales caractéristiques du matériel russe.*

L'échappement à turbine était abandonné et, signe des temps, le grand portrait de Staline remplacé par un médaillon plus discret sur lequel figurent à la fois les portraits de Lénine et Staline. Pour le reste, la conception de la P 36 reste somme toute classique. Il s'agit d'une machine puissante aux dimensions imposantes, permises à la fois par la voie large et un gabarit généreux, à deux cylindres et surchauffe, dont les composants sont calqués sur la pratique américaine : chargeur mécanique de charbon, boîtes à rouleaux sur tous les essieux, roues à rais élargis façon « Boxpok » etc…
Le choix même de la disposition d'essieux 242 correspond à celui fait aux États-Unis, du milieu des années 1930 à celui des années 1940, pour les meilleures machines pour trains rapides. Bien que la P 36 soit plus puissante et consomme moins que la JS de 1932, il est clair qu'on avait privilégié les facilités d'entretien au détriment du rendement thermodynamique. L'esthétique était particulièrement soignée. La machine était semi-carénée, à l'image de nombre de ses équivalentes américaines, avec cabine ergonomique totalement fermée, rigueur des hivers russes oblige. Son train de roues et ses cylindres seuls étaient dégagés pour faciliter l'accès au personnel de conduite. Elle possédait des écrans pare-fumée et la partie supérieure de la chaudière, de l'abri à la boîte à fumée, était masquée par des tôles ; le sigle des ateliers de Kolomna figurait de manière très visible à hauteur de la cheminée. Quelques unités seulement furent peintes en bleu, la majorité ayant reçu une livrée vert clair avec filets violets du plus bel effet. Les roues étaient également peintes en violet.

B – Photo C. Lamming

▶ *Des locomotives de la série « L » contemporaines, fabriquées aux usines Kouôbychev, près de Moscou. Il s'agit de puissantes 150, proches, techniquement de la P 36.*

1953

LA 242 P 36

CARACTÉRISTIQUES TECHNIQUES

- **Surface de la grille : 6,75 m²**
- **Pression de la chaudière : 15 kg/cm²**
- **Diamètre des roues motrices : 1,85 m**
- **Diamètre des cylindres : 0,45 m**
- **Course des pistons : 0,63 m**
- **Longueur machine seule : 15,55 m**
- **Hauteur : 5,02 m**
- **Poids locomotive seule : 297,6 t**
- **Puissance : 2 630 ch**
- **Vitesse maximale en service : 125 km/h**
- **Tender à 2 bogies à 3 essieux chacun, emportant 23 t de charbon et 45 m³ d'eau**

Dernière expression de la locomotive à vapeur à grande vitesse en URSS, ces P 36, remarquables à tous les égards, étaient imitées de la technique américaine, avec toutefois certaines particularités esthétiques et techniques typiquement russes.

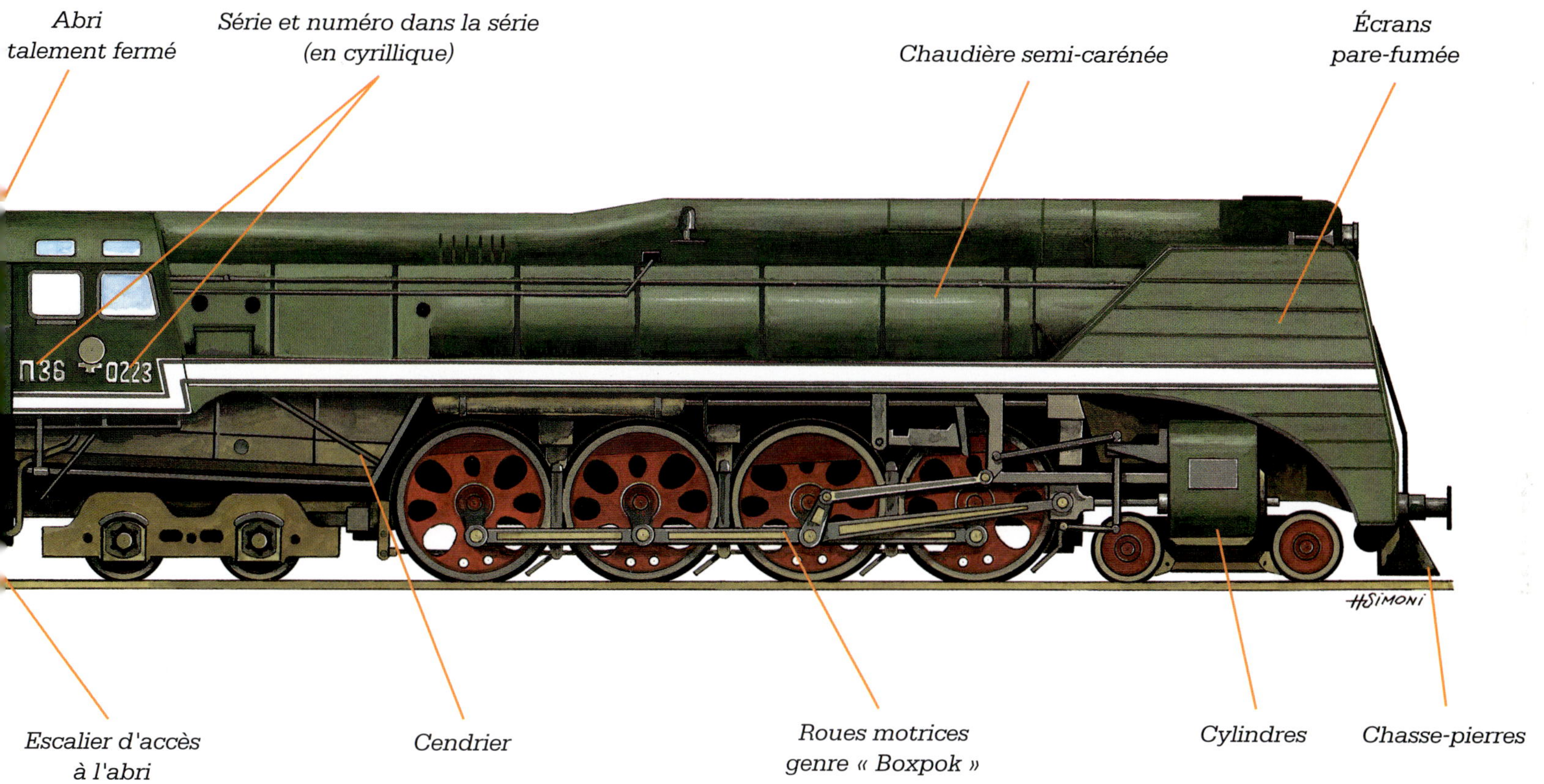

A – Photo C. Lamming

▲ *Une P 36 en tête d'un train typiquement soviétique à la fin des années 1940. Noter, sur ce document ancien en noir et blanc, le style très américain de l'ensemble, locomotive et train.*

Deux cent cinquante 242 P 36 ont été construites au total. La production cessa en 1956. Ce total est très faible, les machines russes ayant souvent été produites à des milliers d'exemplaires. C'est que 1956 ne fut pas seulement l'année de la déstalinisation, ce fut aussi celle de la décision d'abandon de la traction vapeur. Pourtant les machines à vapeur furent bien défendues par Lazar Kaganovitch, le Commissaire du peuple aux transports et à l'industrie lourde.

UN PEUPLE AMOUREUX DES LOCOMOTIVES À VAPEUR

Kaganovitch, figure historique du bolchévisme était un farouche partisan de la locomotive à vapeur. Au moment du troisième plan de cinq ans, en 1956, il n'hésita pas à déclarer : « Je suis pour la locomotive à vapeur et contre ceux qui s'imaginent qu'il n'y en aura plus dans le futur. » Hélas pour Kaganovitch, le plan de cinq ans fut l'occasion pour les dirigeants soviétiques de suivre les exemples américain et ouest-européen et de faire le choix du diesel et de l'électricité. Quelque temps après, Kaganovitch fut contraint de quitter son poste. On lui reprochait d'avoir « insisté de manière têtue sur le développement de la vapeur, alors qu'il est bien connu que la traction vapeur est antiéconomique et démodée » !

VERS UNE UNIFICATION AVORTÉE

À l'image de nombreux pays européens, après la dernière guerre, il semble bien qu'une ultime tentative d'unification rationnelle du parc vapeur en URSS ait eu lieu. Là comme ailleurs, la décision d'abandonner la traction vapeur fit que les programmes ne furent jamais menés à leur terme.

L'esthétique particulière et si réussie de la P 36, qui symbolise la locomotive russe moderne à vapeur se retrouve trait pour trait dans deux machines semi- articulées Mallet, série P 38, construites à Kolomna en janvier 1954 et décembre 1955. Il est permis de penser qu'il s'agit là de l'ébauche d'un programme futur où, en dehors des roues, il aurait été non seulement impossible de distinguer une machine d'une autre mais où elles auraient également comporté des éléments interchangeables d'une série à l'autre.

UNE EXISTENCE QUASI CLANDESTINE

Alors qu'elles furent peu décrites par la presse occidentale au moment de leur construction, il était facile de les voir circuler sur le territoire même de l'URSS. Conscientes de la valorisation de leur image de marque, générée par les P 36, les autorités soviétiques les affectèrent sur les relations autorisées aux touristes, c'est-à-dire essentiellement Moscou-Leningrad et Moscou-Brest-Litovsk, à la frontière polonaise. Le choix de 1956 fit qu'elles commencèrent à être retirées du service dans la seconde moitié des années 1960. Des poches de résistance subsistèrent çà et là, des P 36 ayant assuré du service en Sibérie jusqu'en 1975.

Mais en URSS, abandon de la traction vapeur ne voulait pas dire élimination physique. Au contraire, des centaines de locomotives à vapeur hibernèrent pendant toutes les années 1970 et 1980. Ce fut le cas pour plusieurs P 36 et ceci explique qu'elles assurent encore aujourd'hui des trains spéciaux d'amateurs russes et occidentaux. Elles ont ainsi beaucoup circulé en Crimée, ces dernières années.

231

BB-12087

TRACTION ÉLECTRIQUE

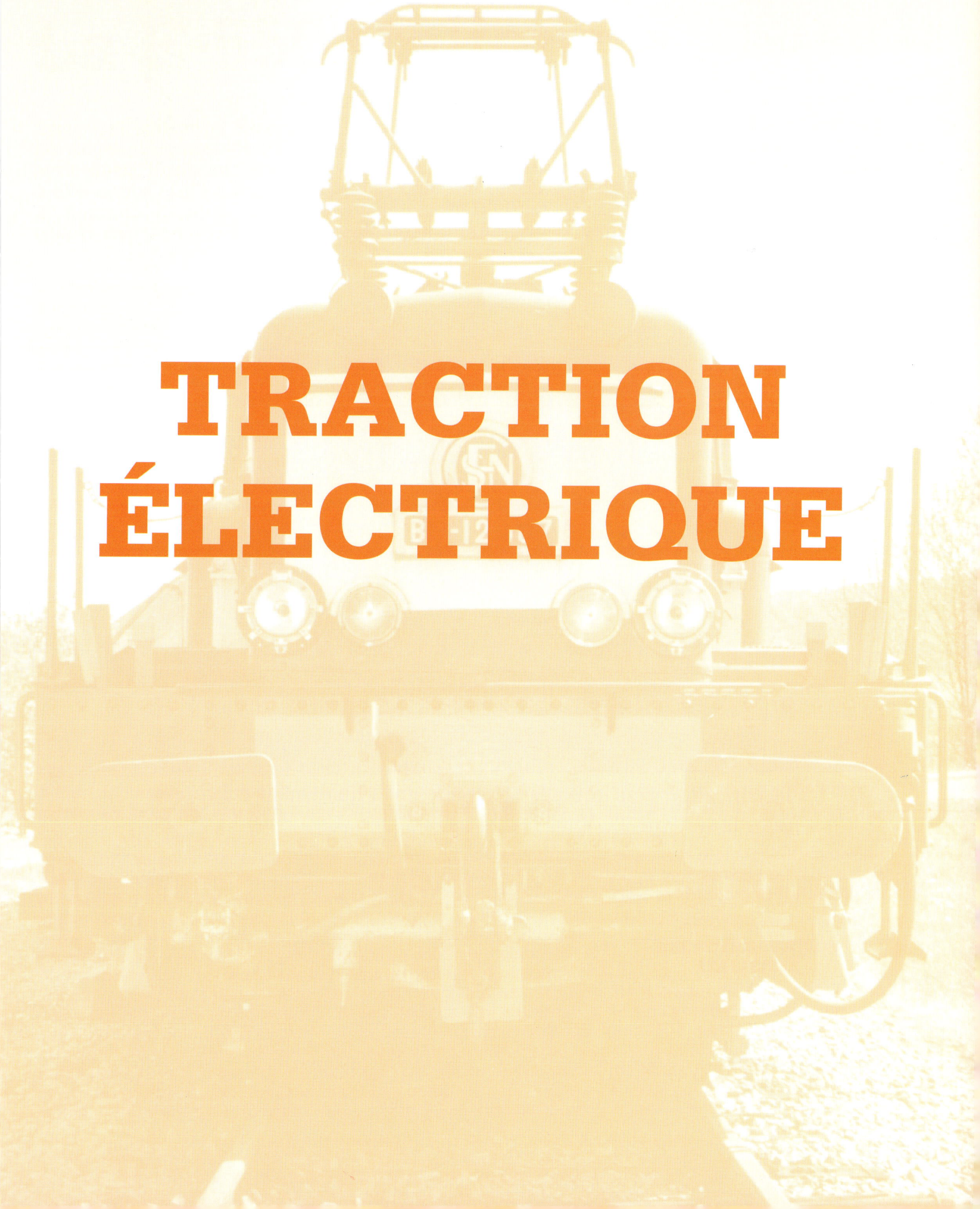

Le succès est tel que la ligne de Lecco à Sondrio par Colico (80 km) est, à son tour, électrifiée.

En 1905, la ligne Gênes-Nuovi (dite « ligne des Giovi ») qui comprend des rampes de 35 ‰ est à son tour électrifiée en courant triphasé mais sous 3 600 V, toujours avec double caténaire aérienne et moteurs sans collecteur. Et c'est sur cette importante ligne que le triphasé fait son entrée en scène d'une manière vraiment spectaculaire.

Des couplages de deux locomotives électriques à cinq essieux moteurs enlèvent à 50 km/h et sans difficulté des trains de marchandises pesant 380 t, là où les plus puissantes locomotives à vapeur remorquent difficilement 130 t à 25 km/h. Du triphasé 3 600 V les chemins de fer italiens font leur unique système d'électrification sous la forme d'un réseau de 1 800 km de lignes à la veille de la Seconde Guerre mondiale.

B – Collection C. Lamming

▲ *Une des premières E-550. La photographie a été prise avant l'immatriculation dans la série 550. Noter les pantographes doubles.*

La cause est entendue : l'Italie se lance, dès le début du XXe siècle, dans une grande électrification en courant triphasé dont elle se fera une pionnière mondiale. Les raisons du choix de ce système à la caténaire double très complexe s'expliquent par les difficultés rencontrées en traction électrique à courant continu au début du siècle : ce courant est difficilement transportable à longue distance et ne peut donc guère servir que pour des tramways. Le courant alternatif monophasé est essayé car se transportant très bien à longue distance, mais les moteurs à courant alternatif de l'époque ont des caractéristiques impropres à la traction ferroviaire, notamment par manque total de couple au démarrage. Le moteur à courant triphasé s'impose comme une solution possible, conciliant les avantages des deux choix précédents, et les ingénieurs italiens l'adoptent sans arrière-pensée ni regret, alors que leurs confrères des autres pays européens sont sceptiques.

Mais la complexité du système de caténaires, d'une part, et, d'autre part, les progrès faits en traction électrique à courant continu incitent les ingénieurs italiens des années 1920 à se tourner définitivement vers le 3 000 V continu qui sera désormais la norme en Italie. En 1928, l'électrification de la ligne de Naples à Foggia en courant continu 3 000 V marque un tournant : moins cher en installations fixes avec une caténaire simple, donnant des performances accrues grâce aux progrès des moteurs à collecteurs, ce système éclipse le triphasé. En 1939, les lignes électrifiées totalisent une longueur de 2 960 km en courant continu, et 1 760 km en triphasé pour un réseau total de plus de 17 000 km. Le régime mussolinien compte bien tenter de parvenir à un total de 9 000 km électrifiés à court terme.

C – Collection C. Lamming

▲ *L'électrification italienne en 1939. En rouge, le triphasé et en vert, le 3 000 V continu qui gagne du terrain. En noir, les lignes non électrifiées.*

L'INDÉPENDANCE NATIONALE, D'ABORD

L'Italie n'a pas de charbon : c'est pourquoi ce pays met toute son inventivité et son esprit d'innovation dans des recherches en traction électrique. Lors de la Première Guerre mondiale, ce pays fait en outre l'expérience de sa dépendance énergétique par rapport aux autres pays. En effet l'Italie est tributaire du charbon importé pour faire rouler ses locomotives à vapeur et comme ce pays n'a aucune autre ressource nationale, c'est la catastrophe : la leçon est entendue et, pendant les années 1920, on mise sur l'électrification de l'industrie et des chemins de fer pour préserver l'indépendance nationale.

A – Photo C. Lamming

▲ *La série des E-552 est déviée des E-550, et se reconnaît à sa cabine rejetée à une extrémité du châssis. Chef-d'œuvre de la Società Italiana Nicola Romeo et Cie de Milan, elle pèse 75 t et développe plus de 3 000 ch.*

La traction vapeur montre ses limites sur la ligne des Giovi et, même en mettant deux ou trois locomotives en tête des trains, les performances restent très médiocres. Il faut songer à autre chose : soit renoncer aux trains lourds et les fractionner en d'innombrables trains courts qui engorgeront la ligne, soit essayer autre chose. La traction électrique, au début du XXe siècle, ne demande qu'à relever le défi, mais les ingénieurs des chemins de fer la considèrent comme étant juste bonne pour les métros et les tramways, et pour relayer les locomotives à vapeur sur les lignes urbaines en tunnel, servant à la pénétration des grandes lignes jusqu'au cœur des métropoles. L'expérience de la ligne des Giovi sert, dirait-on aujourd'hui, de « vitrine technologique » pour la traction électrique. D'autres grands pays se laissent convaincre, comme les États-Unis ou l'Allemagne qui, à l'époque, investissent eux aussi dans le courant triphasé. Notons que c'est avec du triphasé que l'Allemagne battra le record de vitesse sur rails à 210 km/h dès 1903 avec une motrice AEG roulant entre Marienfelde et Zossen, dans la banlieue de Berlin.

UNE LOCOMOTIVE QUI PRODUIT DU COURANT

Un des grands avantages du système triphasé est que quand elles descendent les pentes, elles produisent du courant et l'envoient dans la caténaire. Alors que nos camions et nos automobiles actuelles se contentent, dans une descente, d'user leurs freins et de produire une chaleur inutile (le moteur continuant à tourner et à polluer), la locomotive E-550, descendant une pente en retenant un train lourd derrière elle, restitue jusqu'à 62 % de l'énergie nécessaire pour un autre train venant à sa rencontre, en sens inverse, sur la voie montante.

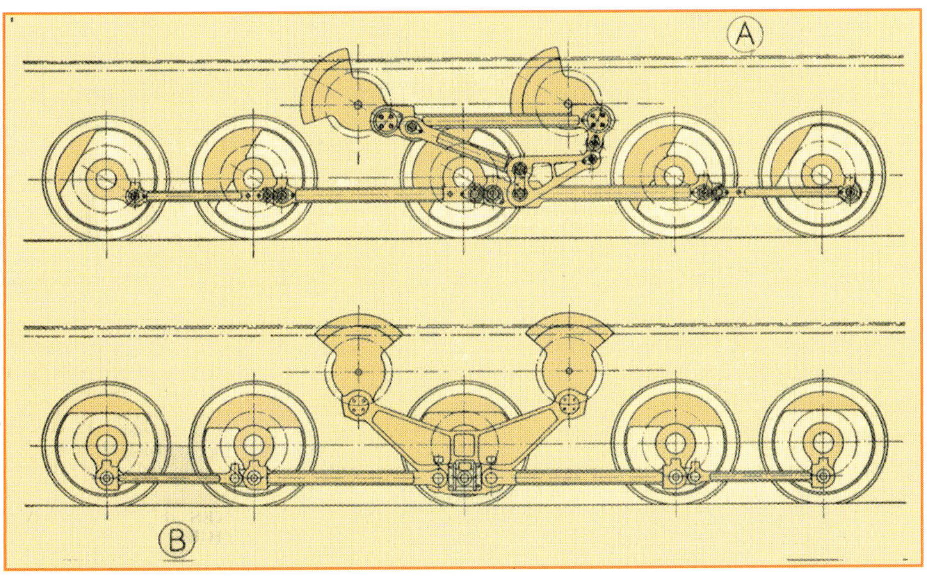

B – Photo C. Lamming

▲ *Deux systèmes de transmission par bielles sont utilisés sur les locomotives à 5 essieux moteurs italiennes. En « B », le système classique accordant un débattement de suspension aux 4 essieux extrêmes, et, en « A », le système permettant un débattement vertical aussi pour l'essieu moteur central.*

▼ *Un aspect de la ligne des Giovi, qui relie Gênes à Giovi, avec des rampes de 35 ‰, en 1905 ou 1906. Noter la complexité de la caténaire double, notamment sur les appareils de voie.*

C – Photo C. Lamming

1908

La E-550

UNE CLÉ BIEN GARDÉE

La haute tension de 3 000 V présente dans la caténaire inquiète les ingénieurs qui se soucient du grand danger que cela représente pour les hommes à bord des locomotives. Tout l'équipement électrique est enfermé dans des armoires métalliques isolées qui empêchent tout contact manuel direct avec les appareillages sous tension. Pour ouvrir ces armoires, il faut une clé qui est celle de la commande de l'abaissement des pantographes : on ne peut retirer cette clé de commande du tableau de bord que dans la position « pantographes baissés », c'est-à-dire avec une locomotive complètement hors tension. La clé ne peut être remise sur le tableau de bord pour relever les pantographes qu'une fois l'ensemble des armoires fermées.

Avec ses pantographes doubles et ses dix roues motrices, elle a tout pour plaire, cette fougueuse italienne. Et sa couleur marron enveloppant ses formes complexes lui donne un charme suranné certain. Voici la reine de la ligne des Giovi et, peut-être aussi, de tout le chemin de fer italien de la Belle Époque.

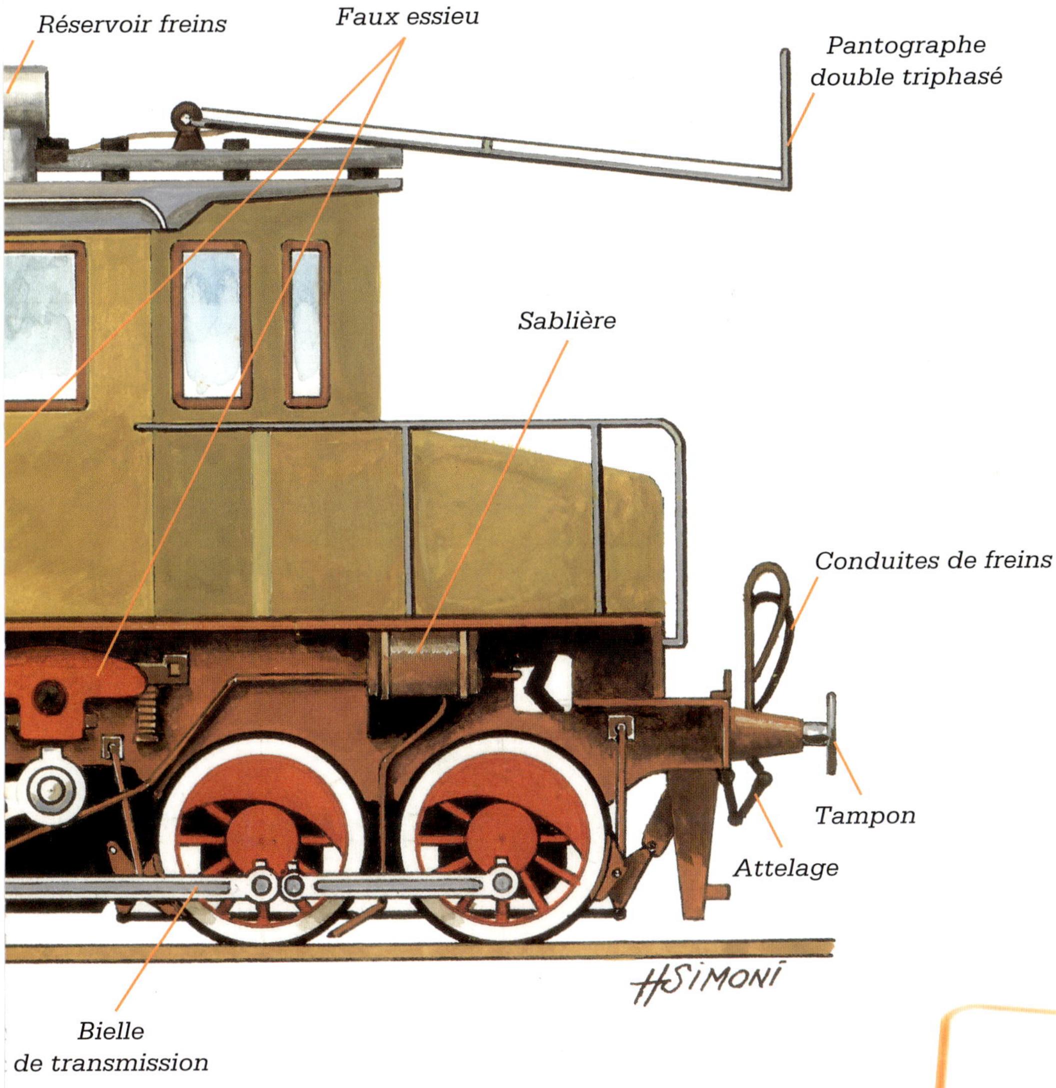

CARACTÉRISTIQUES TECHNIQUES

- **Type :** E
- **Courant traction :** triphasé 3 400 V 15 Hz
- **Puissance :** 1 500 kW
- **Moteurs :** 2 × 750 kW
- **Masse :** 63 t
- **Longueur :** 9,5 m
- **Vitesse :** 50 km/h
- **Date de construction :** 1908

1918

LA BIPOLAR

POURQUOI LE NOM « BIPOLAR » ?

Ce nom vient du fait que les moteurs de cette gigantesque locomotive ont seulement deux pôles. Digne d'un train-jouet, cette disposition très simpliste est dictée par le fait que la locomotive n'a pas d'engrenages : les rotors des moteurs sont directement calés sur les essieux. Or ceux-ci doivent pouvoir jouer librement dans le plan vertical, pour permettre les débattements de la suspension. Si l'on dispose des pôles tout autour du rotor, celui-ci risque d'aller coller contre le pôle supérieur ou inférieur, en fonction des inégalités de la voie. C'est pourquoi les ingénieurs ne mettent que deux pôles dans le moteur, disposés à l'horizontale, de part et d'autre du rotor. Mais cette disposition limite la puissance du moteur, d'où leur multiplication sous la locomotive.

Avec 240 t et 28 roues, on n'a jamais vu aussi énorme en matière de locomotives électriques dans l'histoire mondiale du chemin de fer. Fierté du « Milwaukee », ce monstre fait sensation en 1918 et montre que la page de la vapeur va bientôt être tournée.

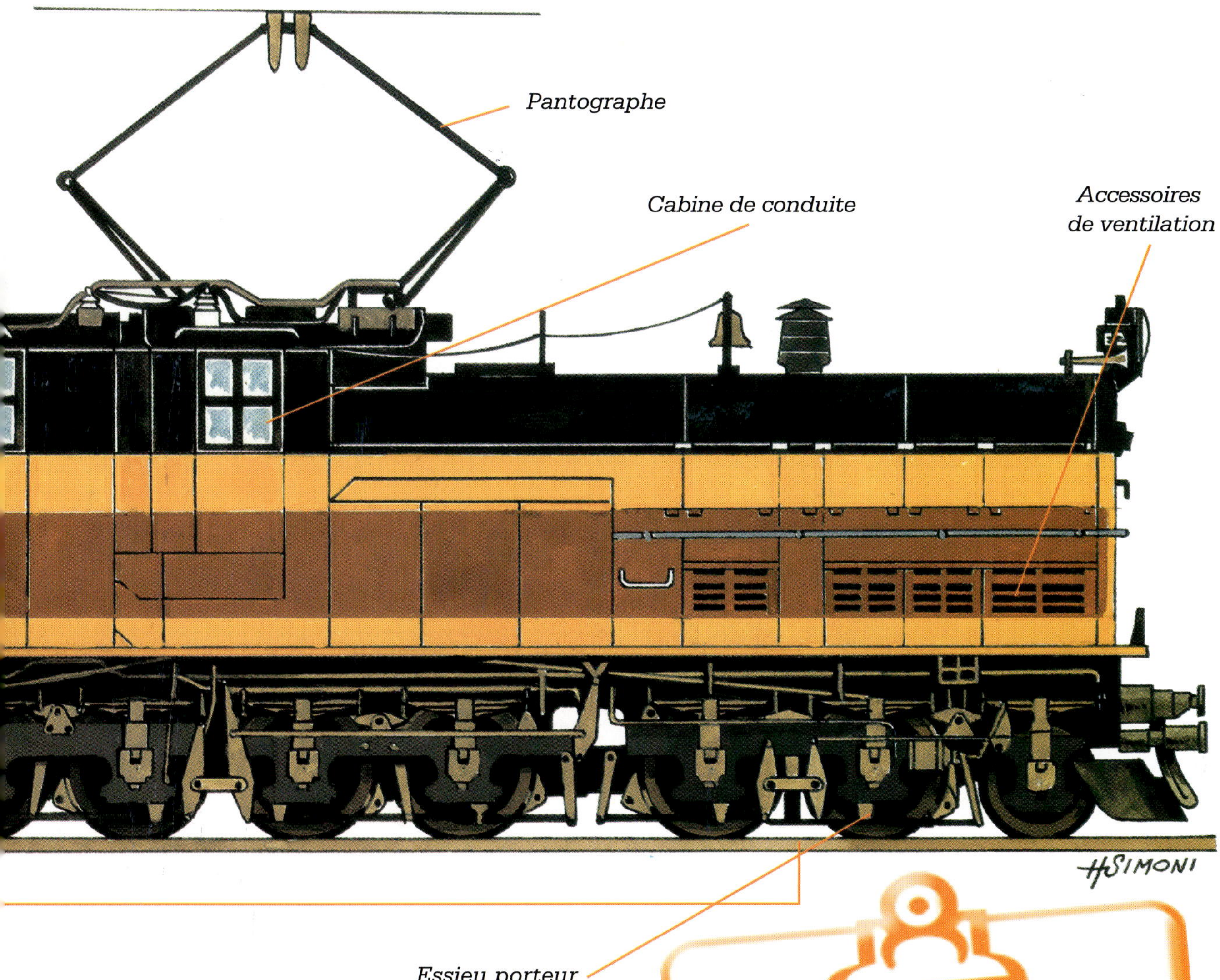

CARACTÉRISTIQUES TECHNIQUES

- Type : 1BD-DB1
- Date de construction : 1918
- Courant : 3 000 V continu
- Puissance totale : 3 300 kW
- Moteurs de traction : 12 × 275 kW
- Effort de traction maximal à la jante : 41,5 t
- Diamètre des roues motrices : 1,118 m
- Diamètre des roues porteuses : 0,914 m
- Masse : 240 t
- Charge par essieu : 17,3 t
- Poids de la partie électrique : 106 t
- Poids de la partie mécanique : 134 t
- Longueur : 23,16 m
- Vitesse maximale : 110 km/h
- Vitesse normale en service : 42 km/h

Cette solution offre l'avantage de la robustesse et de la simplicité, mais pose des problèmes de suspension dont il faut limiter le débattement, tandis que les masses non suspendues, importantes, donnent une tenue de voie médiocre. Ces locomotives firent toutefois un excellent service jusqu'aux années 1970, remorquant les trains de voyageurs rapides à travers les Rocheuses comme le fameux « The Olympian », fierté du Milwaukee. Sur les cinq locomotives, quatre ont été ferraillées et l'une d'elles, donc, a été heureusement conservée et peut être vue aujourd'hui au musée de Saint Louis, dans le Missouri.

A – Photo C. Lamming

▲ *Sur la ligne du Milwaukee dans la traversée des Rocheuses, vers 1920. Un train de marchandises de 55 wagons, pesant 1 450 t, est remorqué par une locomotive double type 2BB + BB2 donnant 2 230 kW et pesant 260 t.*

LES TECHNIQUES DU *GEARLESS*

La locomotive Bipolar est une *gearless*, c'est-à-dire « sans engrenages ». Cette technique, rarement utilisée en traction électrique, vise à éviter les complications et la fragilité des transmissions par engrenages qui « encaissent » mal les grands efforts de traction que le chemin de fer impose, et qui s'accommodent très mal des débattements nécessaires pour les essieux qui doivent pouvoir jouer librement en hauteur sur quelques centimètres pour la suspension. La réponse est de se passer purement et simplement d'engrenages, en construisant directement le moteur autour de l'essieu moteur des roues motrices. L'axe du rotor du moteur est, géométriquement et mécaniquement, le même que celui des roues motrices. Le moteur tourne donc à la même vitesse que les roues. Le système est bon, mais il reste le problème du jeu vertical réclamé par la suspension.
Or une partie du moteur, le rotor (ou induit), est solidaire de l'essieu, et l'autre, le stator (ou inducteur), est solidaire du châssis de la locomotive. Le solution est donc de faire un moteur ouvert vers le haut et le bas, ne comportant que deux pôles situés à l'horizontale de l'essieu et l'encadrant, ce qui permet le jeu vertical du rotor.
D'autres locomotives ont comporté un système d'arbre creux solidaire du rotor, entourant l'essieu des roues, et relié à ce dernier par une articulation à cardan. Mais, déjà, c'est introduire la complexité et la fragilité.

B – Photo C. Lamming

▲ *Le train « The Olympian » (Chicago-Tacoma) remorqué par une Bipolar pendant les années 1940.*

UNE BIPOLAR EN FRANCE

Un réseau français, le PO, s'est intéressé aux locomotives *gearless*. Étudiée par la General Electric (États-Unis), cette locomotive est formée de 2 demi-locomotives à 3 essieux moteurs et un bogie porteur, donnant une disposition de type 2CC2 pour l'ensemble. Les 6 moteurs sont bipolaires et leurs inducteurs sont fixés au châssis.
Les moteurs tournent à très faible vitesse, puisque tournant avec les roues, et à 100 km/h leur vitesse n'est que de 450 tours/minute. La commande des moteurs se fait par une commande électropneumatique à contacteurs.
La mauvaise stabilité de cette locomotive lui vaut une profonde modification dès 1929, avec changement de l'attelage entre les 2 demi-machines, et la reconstruction intégrale des 2 caisses refondues en une seule caisse de style européen et coiffant les 2 châssis. La locomotive offre de bonnes accélérations, mais tient mal la voie. Elle aurait roulé, lors d'essais, à 150 km/h mais cette vitesse n'a pu être longtemps soutenue du fait du manque de stabilité. La locomotive poursuit sa carrière, peu brillamment, intégrée dans le roulement des 2D2 classiques contemporaines, et restera seule de son espèce.

1920
Suisse

La « Crocodile » du Saint-Gothard

Les locomotives électriques, avant de prendre leur air sage d'aujourd'hui, ont pu être aussi fantastiques que les locomotives à vapeur. La Ae 6/8 suisse, surnommée « Crocodile », est l'une des plus puissantes locomotives électriques de son temps. Elle a pour mission la traction des trains de marchandises lourds sur la dure rampe du Saint-Gothard, sur l'un des plus importants axes ferroviaires européens.

A – Photothèque Edelweiss

▲ *Une « Crocodile » verte en tête d'un train spécial. À noter, son entraînement à un seul faux essieu par demi-châssis.*

Dès les débuts de l'aventure ferroviaire européenne, la Suisse se dote d'un réseau qui est à la fois au cœur d'un grand réseau européen et, en même temps, un simple réseau national reliant les villes suisses. Les grands cols alpins sont ouverts au chemin de fer dès la fin du XIXe siècle ou au début du XXe. En 1882, le col du Saint-Gothard devient une véritable porte ferroviaire donnant sur le sud de l'Europe et utilisée par tous les pays du centre et du nord de notre continent.

LES LIGNES DE MONTAGNES « CASSENT » LES VITESSES MOYENNES

Mais il ne suffit pas d'ouvrir des lignes, même dans les montagnes. Un autre problème se pose rapidement : celui du maintien de la vitesse des trains, qui seul permet de préserver le débit et la capacité de transport des lignes. En particulier, pour des raisons cette fois commerciales, le maintien de la vitesse des trains rapides et express sur les parties montagneuses des trajets est à l'ordre du jour. Or, pour que les trains de voyageurs aillent vite, il faut que les trains de marchandises en fassent autant pour maintenir la ligne dégagée et éviter un bouchon. La Suisse, pays de montagnes, est particulièrement confrontée au problème, notamment pour les grands trains internationaux traversant son territoire : les vitesses moyennes élevées, aisément tenues dans les plaines de France ou d'Allemagne, sont subitement « cassées » sur le long parcours des rampes suisses, et particulièrement celles de l'importante ligne du Saint-Gothard. Pour éviter que cette grande artère ne se transforme en goulot d'étranglement, il faut des locomotives puissantes. L'accroissement du poids des trains de marchandises, d'année en année, ne fait que rendre le problème encore plus aigu.

B – Illustration C. Lamming

▲ *Un schéma couleur d'une « Crocodile » avec entraînement par deux faux essieux sur chaque demi-châssis.*

C – Photothèque Edelweiss

▲ *La locomotive « Crocodile » du Musée suisse des Transports à Lucerne.*

LE RÉSEAU SUISSE : DES DÉBUTS DIFFICILES

Construire un réseau ferré dans un pays aussi accidenté demandait, dès le début, des moyens techniques et financiers considérables. Cette situation ne semblait guère donner sa chance au train, mais le désir d'expansion économique suisse a été le plus fort. La première ligne est inaugurée entre Zurich et Baden en 1847. De grands projets sont lancés, comme les percées alpines de la fin du XIXe siècle : la ligne du Saint-Gothard est inaugurée en 1882. Le réseau est nationalisé dès 1898 sous le nom de Chemins de fer fédéraux. Le Saint-Gothard est nationalisé en 1909, mais il subsiste aujourd'hui plus de 50 lignes privées, comme le Berne-Lötschberg-Simplon, totalisant près de 40 % du réseau national.

Les meilleures locomotives à vapeur de l'époque ont une puissance d'environ 800 à 1 000 ch, ce qui leur permet de remorquer 140 à 150 t sur les rampes difficiles.

LA VAPEUR À BOUT DE SOUFFLE

C'est insuffisant et elles doivent pratiquer la double traction, c'est-à-dire circuler à deux locomotives en tête du même train quand celui-ci dépasse 140 à 150 t. Et encore cette solution, au début du XXe siècle, ne permet guère de remorquer que des charges de 280 à 300 t à 40 km/h sur les rampes à 26 ou 27 ‰ du Saint-Gothard. Et, au-delà de 300 t, il faut ajouter une troisième machine en pousse, attelée en queue du train. La solution est complexe à mettre en œuvre, car, entre autres sujétions, elle implique de nombreuses manœuvres de mise en tête des locomotives et beaucoup de retours à vide en sens inverse. L'idéal serait une locomotive unique sur chaque train, et donc deux à trois fois plus puissante.

C'est la course à la puissance avec des locomotives à vapeur comportant quatre voire cinq essieux moteurs. Mais il faut rapidement se rendre à l'évidence : le rendement des chaudières a atteint ses limites et la puissance est insuffisante. Il est nécessaire de se tourner vers la traction électrique qui semble pouvoir, au début des années 1920, offrir l'espoir de puissances plus grandes avec 2 000 à 3 000 ch. C'est ce que confirmera la célèbre « Crocodile » sur les difficiles rampes du Saint-Gothard.

UNE ÉLECTRIFICATION EXEMPLAIRE

L'électrification de la ligne est étudiée dès 1912, mais elle n'est entreprise qu'en 1916, pour être totalement achevée en 1922. Elle marque la première étape de la grande électrification du réseau suisse. En 1928, ce réseau est électrifié à 55 %, le plus fort pourcentage mondial à l'époque : ne produisant pas de charbon, les Suisses ont retenu la leçon des pénuries de combustible survenues pendant la Première Guerre mondiale. La caténaire transporte un courant monophasé de 15 000 V, à la fréquence spéciale de 16 ⅔ Hz, selon une technique d'époque qui sera utilisée ensuite dans les pays du centre et du nord de l'Europe.

A – Photothèque Edelweiss

▲ *La « Crocodile 14270 », en livrée verte, en stationnement sur la ligne du Saint-Gothard.*

L'électrification est menée sur les 224 km de la ligne, entre Lucerne et Chiasso. Deux grandes centrales sont construites, l'une à Amsteg, près de la sortie nord du tunnel, alimentée par la rivière Reuss, et l'autre à Piotta, près de la sortie sud, alimentée par le lac Ritom et la chute de Fossbach.

Les deux usines sont reliées par une ligne à haute tension de 66 000 V 16 2/3 Hz. Cette solution simple et peu coûteuse sera employée par l'ensemble des réseaux de chemin de fer jusqu'à l'apparition d'importants réseaux électriques à haute tension capables de transporter l'énergie électrique à grande distance.

LA « CROCODILE » ENTRE EN SCÈNE

Livrées à partir de 1920 par les firmes suisses Oerlikon et SLM, les « Crocodile » sont engagées sur la ligne. Ces impressionnantes machines se montrent capables de développer 1 650 kW (soit environ 2 200 ch) à une vitesse de 65 km/h : nous sommes loin des performances de la locomotive à vapeur. Et certaines machines seront remotorisées en 1943 pour offrir 2 670 kW !

La locomotive se présente sous la forme de deux demi-châssis ayant chacun leurs moteurs et leurs roues, et surmontés de très longs capots dégageant bien la vue pour le conducteur. Celui-ci est installé dans une cabine centrale reposant sur une plate-forme reliant les deux demi-châssis et permettant l'articulation de l'ensemble. Sur un trajet sinueux, les demi-châssis pivotent et s'inscrivent en courbe comme des bogies.

L'HÉRITAGE DE LA VAPEUR

Les moteurs de la « Crocodile » entraînent les roues par un faux essieu (ou deux faux essieux sur certains modèles) et une transmission par bielles pour chaque demi-châssis, ou, pour certaines, par deux faux essieux et transmission par bielles, toujours pour chaque demi-châssis. Cette technique montre la prépondérance, chez les ingénieurs des années 1920, des solutions issues directement de la locomotive à vapeur.

B – Photothèque Edelweiss

◀ *Lors d'une journée spéciale pour amateurs, une « Crocodile » en livrée marron, assistée, pour le spectacle, d'une « Be 4/6 » de la même couleur, affronte les rampes du Saint-Gothard.*

1920

LA « CROCODILE »

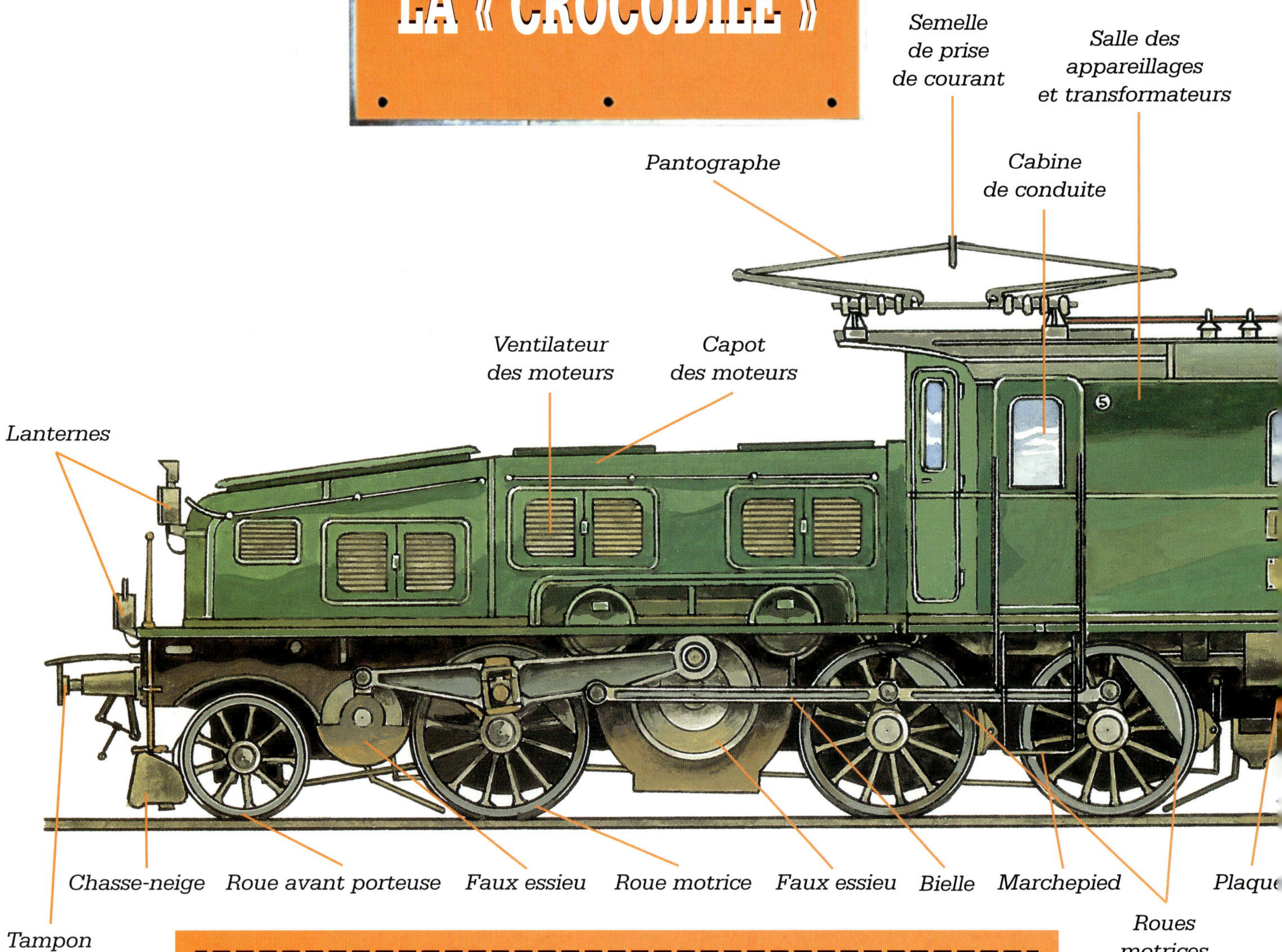

LE COURANT 16 ⅔ Hz : POURQUOI CETTE FRÉQUENCE SPÉCIALE ?

Les pays du centre de l'Europe, comme l'Allemagne et la Suisse, ont des réseaux de chemins de fer utilisant du courant monophasé, mais à fréquence spéciale 16 ⅔ Hz, divisant par trois les 50 Hz de la fréquence industrielle normale. Les avantages du monophasé sont la légèreté et la simplicité des installations fixes, qui représentent, en matière d'électrification, le poste budgétaire de loin le plus important, ce qui permet une diminution très sensible des prix de revient d'une électrification et son application à des lignes à faible trafic. Mais l'inconvénient du système est que le moteur à courant monophasé, utilisant directement ce type de courant, convient peu à la traction ferroviaire. En revanche, le moteur à courant continu est idéal, mais ce type de courant se transporte mal à grande distance et demande des installations lourdes et coûteuses.
La fréquence de 16 ⅔ Hz, en quelque sorte, « rapproche » le courant monophasé du courant continu et tente ainsi de jouer sur les deux tableaux avec une solution de compromis.

Voici l'incontournable « Crocodile », la locomotive électrique la plus célèbre du monde. C'est elle qui détrône la vapeur sur les lignes suisses de l'entre-deux-guerres, notamment pour la traction de trains de marchandises sur la difficile rampe du Saint-Gothard.

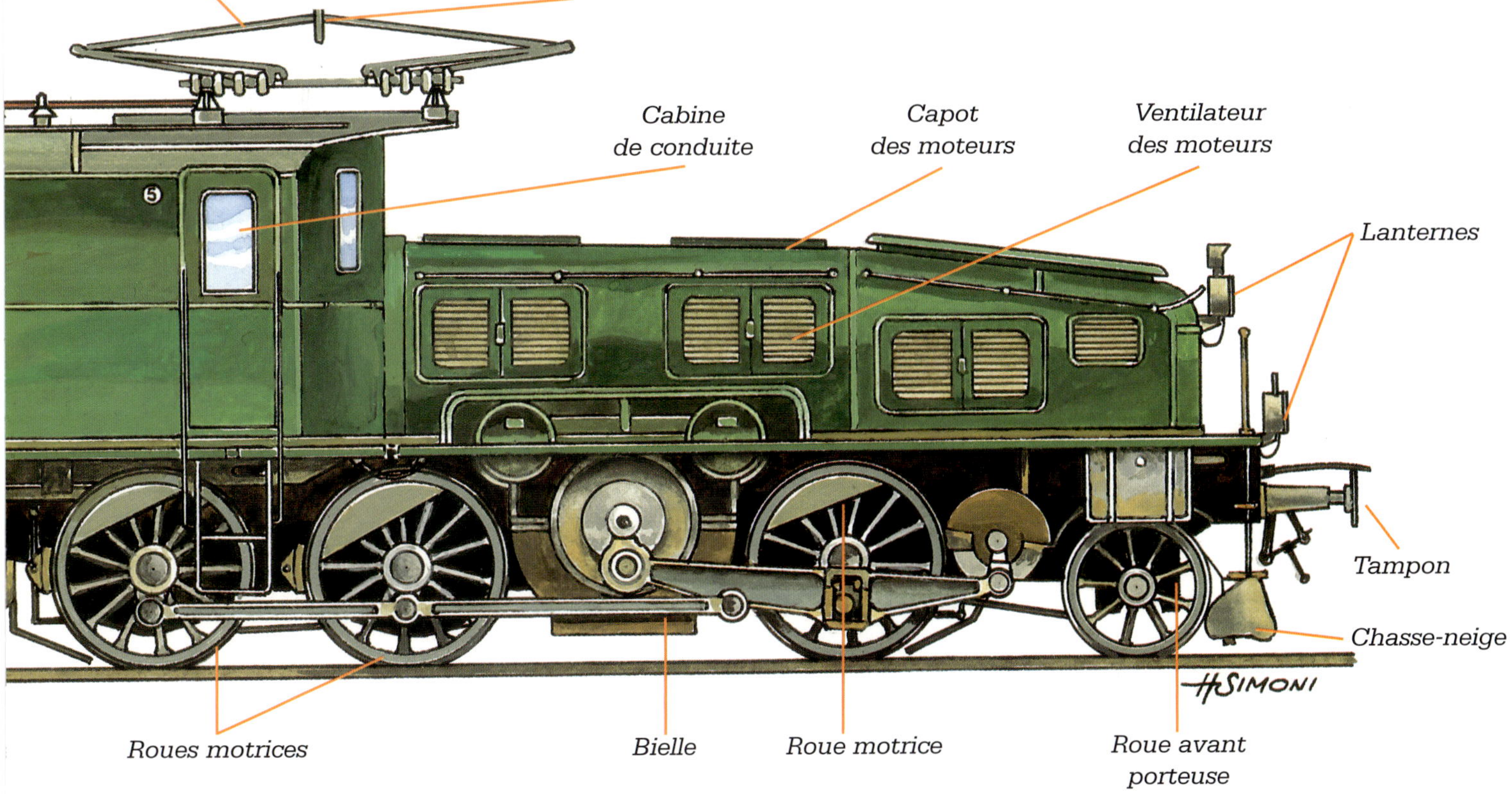

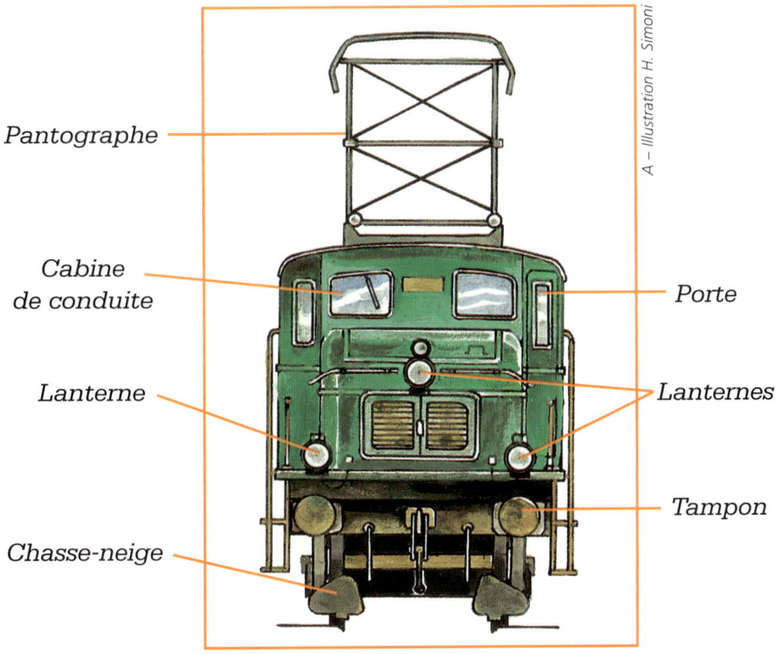

CARACTÉRISTIQUES TECHNIQUES

- Type : 1CC1
- Courant : monophasé 15 000 V
- Fréquence : 16 $^2/_3$ Hz
- Puissance à l'origine : 1 650 kW
- Puissance à partir de 1943 : 2 670 kW
- Vitesse maximale : 65 km/h
- Longueur : 20,14 m
- Poids : 128 t

1924

LA 1BB1

PROBLÈMES DE COMMUNICATION

La présence de 2 triplettes de 3 locomotives dans un même train, une en tête et une en queue, pose des problèmes de communication entre les équipes de conduite. Le Virginian inaugure une technique jusque-là inconnue dans le monde des chemins de fer : une liaison par signaux hertziens de type radio. Cette liaison utilise des sirènes dans les cabines émettant des signaux codés. Ces sirènes sont nécessaires à cause du niveau de bruit très élevé dans les cabines : on plaint les équipes de conduite !

Cette locomotive 1BB1 du Virginian symbolise la naissance des monstres en traction électrique, et elle devient célèbre sous la forme de ces fameuses et redoutables « triplettes » pesant 582 t et donnant 6 150 kW : de tels poids et de telles puissances laissent loin derrière elles les plus grandes locomotives à vapeur de l'époque.

A – Collection C. Lamming

Une des fameuses triplettes du Virginian, d'après une photographie 'époque prise par le fabricant. Les bielles et les roues à rayons évoquent s puissantes locomotives à vapeur.

CARACTÉRISTIQUES TECHNIQUES

- Type : 3 × 1BB1
- Courant traction : monophasé 11 000 V 25 Hz
- Moteurs de traction : 4 × 3 = 12
- Transmission : faux axe et bielles
- Puissance totale : 6 150 kW
- Masse totale : 582 t
- Longueur totale : 48 m
- Vitesse : 22,5 et 45 km/h

B – Collection C. Lamming

▲ *Une triplette de locomotives Y-1 sur le Great Northern de 1927 : cette fois on atteint, pour les 3 locomotives, 705 t et une puissance de 7 350 kW. Il s'agit de locomotives du type 1CC1.*

Et même, individuellement, chaque locomotive de la triplette a déjà une puissance qui dépasse celle de bien des locomotives à vapeur, même parmi les plus puissantes. L'effort de traction maximal, au démarrage, est de 120 t, soit plusieurs fois ce que peuvent fournir les locomotives européennes actuelles. Si l'on met deux triplettes, soit trois locomotives en tête et trois en queue, on peut remorquer sans problème des trains longs de 1 500 à 1 800 m, et pesant jusqu'à 11 000 t, ceci jusqu'à 23 km/h.
Absorbé par le Norfolk & Western en 1959, le Virginian abandonne la traction électrique en 1962, après avoir acheté de nouvelles locomotives en 1948 et en 1956. En 1962, ce sont désormais des locomotives diesel que l'on trouve en tête des trains : les performances seront moindres, mais le coût aussi, puisque c'est l'époque du pétrole abondant et à prix dérisoire.

▼ *Un très beau document datant des années 1920, montrant la fierté des mineurs et des cheminots du Virginian, posant sur le toit d'une triplette.*

C – Collection C. Lamming

CHOIX ET ENJEUX EN MATIÈRE DE TRACTION ÉLECTRIQUE

Dès les débuts de l'application de la traction électrique aux chemins de fer, 3 solutions s'offrent aux ingénieurs et ne varieront plus guère.
– le courant continu basse tension : c'est la solution des tramways et métros, avec une tension d'environ 500 à 750 V ;
– le courant continu 1 500 à 3 000 V : c'est la solution des lignes de chemin de fer, et ses qualités résident dans celles des moteurs à courant continu, robustes, simples, capables d'affronter les importants efforts de démarrage. Mais ce courant se transporte mal à grande distance ;
– le courant alternatif monophasé à fréquence spéciale : c'est un courant qui se transporte facilement et loin, et qui ne demande que des installations légères et moins chères. Il s'obtient facilement à partir du courant industriel. Mais les moteurs sont moins adaptés aux efforts de traction et se montrent fragiles ;
– le courant alternatif triphasé : c'est presque la solution idéale, combinant les avantages du côté du moteur qui est très simple, et du côté de la distribution du courant facilement transportable, mais elle demande une caténaire double au-dessus des voies (solution essayée en Italie pendant les premières décennies du xxe siècle) ;
– le courant alternatif de fréquence industrielle : c'est l'utilisation directe du courant industriel, la solution la plus simple et la plus performante. Mais ceci n'a été possible que grâce aux progrès de l'électronique à partir des années 1960, notamment en France.

La locomotive 1C1 de la série D

Cette très importante série de locomotives suédoises du type 1C1 eut un certain nombre d'exemplaires dits « en bois ». Une locomotive en bois ? Oui, du moins pour le revêtement de la caisse, car tout le reste est bien en bon acier suédois. L'emploi massif du bois dans la construction ferroviaire suédoise n'est pas étonnant quand on sait que ce matériau ne manque pas en Suède. Avant que les caisses en bois ne disparaissent pour d'évidentes raisons de sécurité, ce type de montage donne la locomotive électrique la plus élégante et la plus attachante qui ait jamais existé, construite en 1925.

B – Collection C. Lamming

▲ *La carte du réseau de la Suède. Au nord, la ligne du cercle polaire rejoignant Lulea à Narvik, en Norvège, et sur laquelle excellent les « Dm3 ».*

A – Collection C. Lamming

▲ *Les 1C1 suédoises traditionnelles, de la série D, ont une caisse métallique. Ici la n° 797.*

La construction de ces quatre cent dix-sept locomotives ne dure pas moins de vingt-sept années, de 1925 à 1952, et elle est une des plus importantes séries européennes par son nombre. Disposant d'une puissance totale de 1 860 kW grâce à deux moteurs de 930 kW, la locomotive est capable de tirer un train de voyageurs pesant 560 t à 90 km/h ou un train de marchandises pesant 915 t à 70 km/h. En effet, la série D est une locomotive électrique mixte tous usages, voyageurs ou marchandises, pesant seulement 75 t, longue de 13 m, et limitée en service à 100 km/h. La série initiale est de deux cent trente exemplaires, mais elle est continuellement augmentée par tranches successives jusqu'à quatre cent dix-sept exemplaires, affectée à chaque fois de nombreuses modifications donnant des sous-séries allant de D à Du.

C – Collection C. Lamming

▲ *Un très rare cliché représentant, sans doute, la première Dg avec sa caisse en bois, pris en 1925.*

La série Dg est la plus connue parmi toutes celles de la série D, car c'est celle qui a une caisse recouverte de bois. Les autres séries ont une caisse métallique traditionnelle. Les raisons techniques de ce choix du bois sont nombreuses. Au premier chef, celle de l'imputrescibilité : il suffit d'utiliser le bois de teck déjà employé en marine pour espérer, sous le rude climat suédois, un entretien moindre que celui du métal peint. En outre, le bois permet un substantiel gain de poids par rapport à la caisse tout acier. Mais le bois, cela brûle, et, dans une locomotive électrique, les étincelles, arcs, échauffements sont monnaie courante : on comprend que les ingénieurs n'aient fait qu'essayer cette solution de la caisse en bois, sans l'adopter définitivement. À cette crainte s'ajoute la grande fragilité du bois par rapport au métal : en cas de collision, il ne reste rien d'une caisse en bois, et le personnel de conduite se sentait, à très juste titre, plus en sécurité dans une locomotive entièrement métallique – même si, sous le rude climat suédois, la caisse en bois offre un isolement et une température bien plus agréables.

LE DÉFI DU CERCLE POLAIRE ET LES DM

Si la Suède dispose de très importantes mines de fer dans le nord du pays, le problème a toujours été d'en acheminer le minerai vers un port qui ne soit pas bloqué par les glaces à longueur d'année, ce qui n'est guère le cas des ports suédois donnant sur la mer Baltique comme celui de Lulea. En revanche, la façade atlantique de la Norvège est baignée par le Gulf Stream qui augmente suffisamment la température de l'eau pour libérer les ports norvégiens des glaces, ce qui est le cas du grand port de Narvik situé pourtant très près du pôle Nord.

LA SUÈDE ADOPTE LA TRACTION ÉLECTRIQUE

Dès que la mise au point technique de la traction électrique sur de grandes distances est faite à la veille de la Première Guerre mondiale, la Suède se montre très intéressée. Le manque de charbon et l'abondance de ressources hydrauliques plaident pour ce mode de traction. La Suède ne perd pas de temps, au lendemain de la Seconde Guerre mondiale, pour s'engager dans un vaste programme d'électrification de son réseau ferré. Le pays choisit une électrification en courant monophasé 15 000 V à fréquence spéciale 16 $^{2}/_{3}$ Hz, selon un type déjà adopté par la Suisse et l'Allemagne. En 1925, quand apparaissent les premières locomotives de la série D qui nous intéressent ici, le réseau électrifié suédois comprend déjà environ 1 500 km, et en 1936, il s'étend sur plus de 2 700 km.

A – Collection C. Lamming

▲ *Il n'y eut pas que les Dg pour avoir des caisses en bois. Ici une intéressante locomotive à 4 essieux sur châssis rigide, avec faux-essieu central, construite par ASEA pour la traction de lourds trains de marchandises à 30 km/h sur ligne du Riksgränsen en 1923.*

Il était donc naturel, pour le réseau ferré suédois, d'entreprendre la construction d'une ligne reliant directement les mines de fer de Kiruna à ce port, même situé dans un autre pays. C'est ce qui a donné naissance à la ligne dite du cercle polaire, reliant Lulea à Narvik par Kiruna sur une distance de 473 km. Construite à partir de 1883, cette ligne, étant donné l'importance de son trafic, a été électrifiée à partir de 1915, formant ainsi une des premières grandes électrifications européennes. Le système adopté fut le monophasé 15 000 V à fréquence spéciale 16 ⅔ Hz développé principalement par les réseaux suisses et allemands. La demande d'acier n'a jamais cessé et a toujours augmenté (surtout pendant les guerres mondiales valant à une Suède très neutre d'être sollicitée par une clientèle aussi diverse qu'importante) et les quantités de minerai à transporter ont toujours atteint des valeurs plaçant la ligne du cercle polaire en tête des lignes européennes. Des trains de 5 000 à 6 000 t sont très courants, ceci sur des rampes atteignant 10 ‰, et sous un climat extrêmement rigoureux et enneigé.

LA DM : LA D MULTIPLIÉE PAR TROIS ?

L'origine de des locomotives 1D + D + D1 utilisées sur la ligne de Laponie est notre 1C1, connue en Suède sous le nom de série D.

Elle donna naissance, en 1940, à une locomotive type 1D par remplacement d'un bissel par un essieu moteur supplémentaire et suppression de l'une des cabines de conduite.

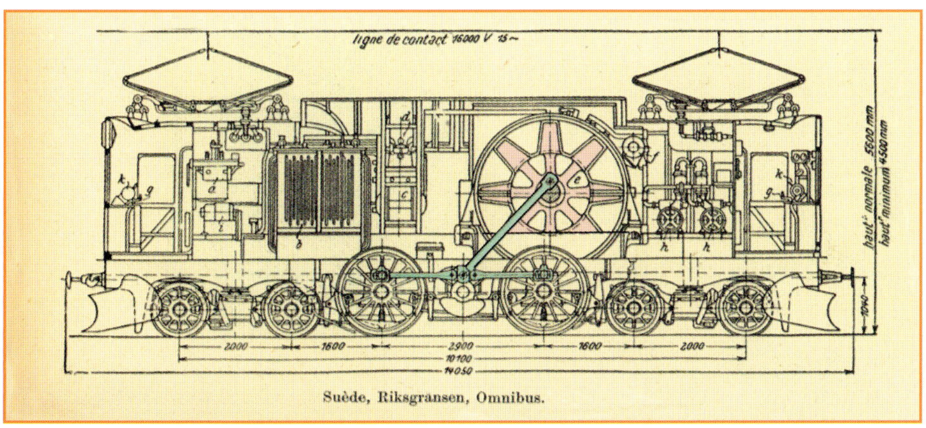

B – Collection C. Lamming

▲ *Un exemple des premières locomotives à transmission uniquement par bielles, y compris depuis le moteur, qui se trouve ainsi en prise directe avec les roues, tournant à la même vitesse qu'elles. La conséquence technique est le très grand diamètre du moteur pour obtenir un couple maximal au démarrage, les aimants étant rejetés le plus loin possible de l'arbre.*

L'ÉLECTRIFICATION DE LA LIGNE DE LAPONIE

Après des essais sur la ligne Tomteboda-Vatan, puis Stockholm-Varna vers 1909-1910, la Suède et la Norvège, dont les intérêts sont unis par la ligne de Laponie, optent pour un courant monophasé à fréquence spéciale 15 Hz sur la difficile section Kiruna-Riksgränsen de cette ligne. Les 129 km en question sont électrifiés par la firme allemande Siemens en 1910, et la ligne est alimentée par une centrale électrique souterraine fournissant le courant industriel triphasé 50 Hz au réseau général et le courant monophasé 15 Hz pour la ligne. L'industrie suédoise étudie des prototypes, notamment une curieuse locomotive à un bogie moteur type B2 avec bielles, ou diverses 2B2, puis, en 1921, on passe enfin aux choses sérieuses avec des locomotives lourdes et puissantes du type 1C + C1, puis 1D + D + D1.

LA 1C1

D – Collection C. Lamming

L'inauguration de l'électrification de la ligne de Stockholm à Göteborg, en gare de Laxa, pendant les années 1930. Une Dg à caisse en bois est à l'honneur.

Construite pendant plus de 25 ans, l'immense série de locomotives suédoises série D comprend 417 exemplaires. Mais certaines de ces machines ont reçu une caisse en bois : un paradoxe ? Non, dans un pays où ce matériau abonde...

CARACTÉRISTIQUES TECHNIQUES

- **Type : 1C1**
- **Courant traction : monophasé 15 000 V 16 2/3 Hz**
- **Moteurs de traction : 2 × 930 kW**
- **Puissance : 1 860 kW**
- **Masse : 75 t**
- **Longueur : 13 m**
- **Vitesse : 100 km/h**

B – Photo C. Lamming

▲ *La 2BB2 du PLM : une ligne et une conception plus que classiques, et, tout compte fait, une bonne locomotive sans histoire, mais dont le seul défaut fut un manque de puissance.*

D'emblée les « belles Hongroises », comme on les surnomme rapidement, se montrent très puissantes. Leurs quatre moteurs à huit pôles peuvent donner 1 000 ch chacun sous 1 500 V, ce qui fait un total de 4 000 ch, une puissance double, pour ne pas dire triple, de celle des meilleures locomotives à vapeur de l'époque, et une puissance que l'on ne trouvera que sur les locomotives des années 1950-1960.

PUISSANTES, LES BELLES HONGROISES...

Cette puissance exceptionnelle permet la remorque de trains rapides très lourds, pesant plus de 630 t, à une vitesse moyenne de l'ordre de 100 km/h – des performances de très loin supérieures à ce dont rêveraient les ingénieurs les plus blasés. Le réglage des moteurs se fait par couplages : série (les quatre moteurs étant en série, la tension étant donc divisée par quatre), série-parallèle (deux moteurs en série et deux autres en parallèle, la tension étant divisée par deux), parallèle (les quatre moteurs étant en parallèle, donc tous alimentés à pleine tension), ces couplages étant combinés avec une variation du champ inducteur sur trois crans pour la E-401 et sur cinq crans sur la E-402 : la première locomotive dispose ainsi de neuf régi-mes de marche, et la deuxième de treize régimes.

Mais, malheureusement, ces splendides locomotives se font rapidement détester des ingénieurs de traction comme des équipes de conduite. Les incidents se multiplient en service, et atteignent le chiffre effarant de un à deux pour 100 km, alors que la traction vapeur connaît huit incidents (ou demandes de réserve) pour un million de km ! Tout y passe : moteurs, équipement de commande, transmission, partie mécanique surtout.

... MAIS TROP PROBLÉMATIQUES, CEPENDANT

Alors, dès que le parc de 2D2 classiques est suffisant, au début des années 1930, pour assurer la traction des trains rapides, ces deux locomotives se retrouvent tristement reléguées au service marchandises du dépôt de Limoges où elles seront tenues à vue ! Leur très grande puissance de traction leur permet d'enlever des trains de plus de 700 t en rampe de 10 ‰, mais à une sage et prudente vitesse de 30 à 50 km/h. Triste fin pour ces loco-motives qui devaient être le chef-d'œuvre de leur temps.

LE PLM ESSAYE AUSSI LES 2BB2

Lorsque le réseau du PLM français se décide enfin, en 1923, à se lancer dans la traction électrique, il choisit, entre autres locomotives d'essai, le curieux type 2BB2, c'est-à-dire à 4 bogies, 2 porteurs et 2 moteurs, pour sa ligne de montagne de la Maurienne. Le choix n'était peut-être pas des meilleurs, et pourtant il avait déjà été testé en 1910 pour des raisons d'environnement et pour éviter d'enfumer les résidences bourgeoises et princières de la Côte d'Azur. Une locomotive 2BB2, alimentée en 12 kV 25 Hz, est essayée entre Cannes et Mouans-Sartoux, sur la ligne de Grasse en 1910. La locomotive peut fournir 1 200 kW pour un poids de 116 t, ce qui reste modeste, et ne place pas la traction électrique en position favorable, à l'époque, par rapport aux locomotives à vapeur. Le PLM, précurseur, en reste là en matière de traction électrique. La très importante ligne de la Maurienne, reliant la France à l'Italie, est d'une exploitation difficile : le PLM envisage son électrification par un 3e rail latéral et un courant continu à 1 500 V. Quatre locomotives prototypes sont commandées, dont 2 sont du type 2BB2 à caisse unique, 1 du type 2BB2 à 2 caisses et transmission par bielles, et une dernière du type 1AB + BA1 pour trains de marchandises. Les 2 locomotives type 2BB2 à caisse unique sont pourtant satisfaisantes en service – ne parlons pas de la locomotive à bielles qui ne put jamais fonctionner correctement.

1927
Suisse

L'Ae 4/7 du réseau suisse

On l'a vue en tête des plus prestigieux trains circulant sur le réseau suisse, comme le Simplon Orient Express, et aujourd'hui encore, avec un peu de chance, on peut voir une de ces très belles locomotives assurer, sans faille, un service de qualité. Les Ae 4/7 représentent l'apogée de la traction électrique suisse classique et leur renom va très loin au-delà des frontières helvétiques.

A – Photo C. Lamming

▲ *Lors d'une présentation de matériel roulant organisée à Pontarlier en juin 2000, l'Ae 4/7 10976 d'une association suisse est, par son parfait état de restauration, la vedette de la manifestation.*

Dès la création de son réseau ferré, la Suisse voit transiter de lourds trains de voyageurs, et aussi de marchandises, provenant quotidiennement de l'Europe entière. La Suisse tient à jouer son rôle de carrefour central de l'Europe et ne manque pas d'aménager son réseau routier et ferré en ce sens. Elle sait que ce trafic européen induira pour elle non seulement des revenus, mais aussi une expansion économique. Pendant la Première Guerre mondiale, la Suisse, pourtant neutre, découvre les inconvénients posés par un mode de traction dépendant entièrement d'un charbon importé et soumis aux hasards et aux incertitudes.
En outre, la traction à vapeur est peu rentable, du fait du prix de ce charbon et du profil difficile des lignes. Celles-ci demandent en effet de très fortes puissances, que la locomotive à vapeur ne peut plus fournir en face de l'accroissement du poids des trains et de la demande de performances. C'est pourquoi la Suisse, qui a entrepris dès le début du siècle une électrification de son réseau, la poursuit encore avec l'électrification de l'ensemble de ses grandes lignes dans l'entre-deux-guerres.

À la veille de la Seconde Guerre mondiale, la quasi-totalité du réseau suisse est électrifié, et l'indépendance énergétique est donc acquise, le courant (alternatif 15 000 V à la fréquence de 16 ⅔ Hz) étant produit en Suisse.

B – Collection C. Lamming

▲ *Une Ae 4/7 en gare de Bâle, manœuvrant une « tranche » de deux voitures et un fourgon pour un grand train international, pendant les années 1950. La locomotive se présente du côté opposé aux transmissions Büchli.*

UNE GRANDE TRADITION

L'Ae 4/7 s'inscrit directement dans la grande tradition de la traction électrique suisse. Elle prend la relève de la locomotive Ae 3/6, qui est une 2C1 conçue en 1921 et qui fut construite à 114 exemplaires jusqu'en 1926 pour la traction des trains de voyageurs rapides sur le réseau suisse. Son objectif est de répondre à l'accroissement du trafic et du poids des trains, et donc à la demande de performances plus élevées, qui oblige les ingénieurs à prévoir des locomotives encore et toujours plus puissantes.

Si, dans le monde de la traction vapeur, il est d'usage de résoudre le problème en ajoutant un essieu moteur de plus, passant, par exemple, de la 221 à la 231, puis à la 241 au fur et à mesure que la demande de transport l'exige, les ingénieurs des CFF imaginent simplement ajouter un essieu supplémentaire à cette excellente Ae 3/6 pour en faire une Ae 4/7, c'est-à-dire, en langage conventionnel, passer du type 2C1 au type 2D1.

Toutefois on songe, en 1919, à faire non pas une 4/7 mais une 4/8, ou, pour être plus clair, non pas une 2D1 mais une 2D2. C'est bien ce qui se fera en France, sous l'influence des ingénieurs et des firmes suisses qui dessinent les premières 2D2 françaises du réseau du PO.

Mais, pour leur propre réseau, les ingénieurs suisses ne préfèrent pas accumuler les difficultés en construisant des locomotives lourdes et complexes, et ils choisissent de progresser à pas comptés. Ils se contentent d'ajouter aux trois « modules » existant déjà un « module » formé d'un essieu moteur et de son moteur.

La nouvelle locomotive ressemble donc très exactement à l'ancienne, sauf en ce qui concerne la longueur et le nombre d'essieux moteurs. Une série de 127 locomotives type Ae 4/7 est construite et elle assure, jusqu'à aujourd'hui encore, un excellent service en tête des trains rapides lourds des CFF.

LA CLASSIFICATION DES LOCOMOTIVES SUISSES

Les locomotives suisses sont classées en trois grandes catégories selon leur usage : « A » pour les trains voyageurs rapides roulant à 90 km/h au maximum, « B » pour les trains voyageurs moins rapides et les trains de messageries ou de marchandises accélérés roulant à 75 km/h au maximum et « C » pour les trains de marchandises lourds roulant à 65 km/h au maximum. Les locomotives à vapeur gardent la lettre seule, tandis que pour les locomotives électriques, on y ajoute un « e » minuscule. La présence d'essieux moteurs est indiquée par une fraction (le nombre d'essieux moteurs sur le nombre total d'essieux). L'Ae 4/7 est donc une locomotive pour trains rapide à 7 essieux, dont 4 sont moteurs.

C – Collection C. Lamming

▲ *Une Ae 4/7 montre ses aptitudes à la vitesse et à la conduite des trains internationaux encore pendant les années 1960 ou 1970 sur les grandes lignes intérieures suisses.*

A – Photothèque Edelweiss

▲ *À Martigny, dans la haute vallée du Rhône, une 2D1 en route pour Brigue.*

Les courbes suivies de contre-courbes sont très abondantes sur le réseau suisse, un relief très montagneux ayant dicté sa loi.
Ainsi, quand les ingénieurs proposent aux dirigeants des CFF cette nouvelle formule d'une locomotive allongée par adjonction d'un essieu moteur, des craintes sont exprimées au sujet de l'inscription en courbe d'une locomotive à 4 essieux parallèles faisant partie intégrante d'un châssis rigide.

DES CRAINTES INJUSTIFIÉES

Une fois encore, les ingénieurs électriciens se tournent vers l'héritage de la traction vapeur et équipent le 4e essieu d'un bogie-bissel type Zara, dans la plus pure tradition des 140 et 141 à vapeur italiennes.
Ce bogie-bissel comporte un essieu directeur avant conjugué avec le premier essieu moteur et, dans les courbes, il imprime à cet essieu moteur un léger déplacement latéral facilitant l'inscription en courbe. Mais, à l'usage, ces craintes se révèlent injustifiées et les locomotives reçoivent alors un bissel classique. On notera que l'autre extrémité de la locomotive comporte un bogie à deux essieux, nécessaire pour répartir le poids d'un transformateur particulièrement lourd.
On a donc bien une locomotive asymétrique, avec un bissel à une extrémité et un bogie à l'autre, correspondant à ce que l'on appellerait en France une 2D1.
L'Ae 4/7 est une locomotive utilisant le système d'alimentation en courant alternatif monophasé, mais à la fréquence spéciale du 16 ⅔ Hz.

LES RAISONS D'UN CHOIX

Choisi par l'ensemble des pays d'Europe centrale vers 1910, ce type de courant essaie de conjuguer les avantages du courant monophasé (transport facile à longue distance, installations fixes légères) et ceux du courant continu (moteurs parfaitement adaptés à la traction ferroviaire). Les inconvénients du courant monophasé se situent dans les problèmes rencontrés par les moteurs, tandis que ceux du continu sont dans la lourdeur, la complexité et le coût des installations fixes (sous-stations, caténaires, etc.).

1927

L'Ae 4/7

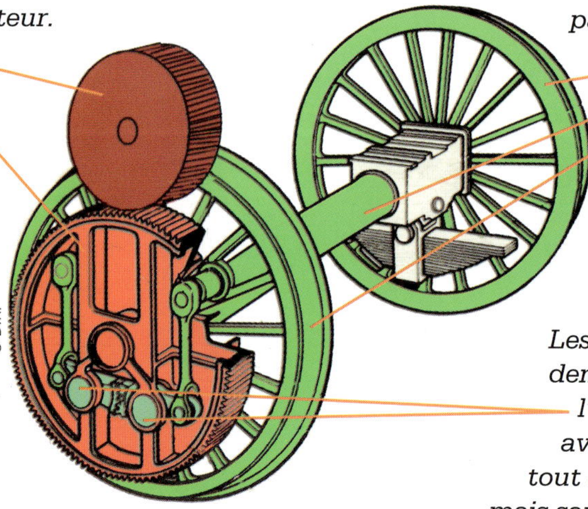

▲ Le principe de la transmission Büchli.

Fidèle au courant alternatif monophasé 16 2/3 Hz, la Suisse construit dès les années 1920 des locomotives électriques qui s'avèrent être parmi les meilleures du monde. L'Ae 4/7, bien sûr, en fait partie. Elle passe pour avoir été, pendant 30 ans, la solution de base du parc de traction helvétique.

B – Collection C. Lamming

▲ *Aptes à tout faire, les Ae 4/7 se retrouvent aussi en tête de trains de marchandises lourds. La locomotive est vue du côté des transmissions Büchli.*

CARACTÉRISTIQUES TECHNIQUES

- Type : 2D1.
- Courant traction : 15 000 V 16 2/3 Hz.
- Moteurs de traction : 4 x 574 kW.
- Puissance totale : 2 296 kW.
- Transmission : mécanique articulée système Büchli.
- Vitesse maximale en service : 100 km/h.
- Longueur : 16,76 m.
- Masse : 118 t.

1931

L'Ae 8/14

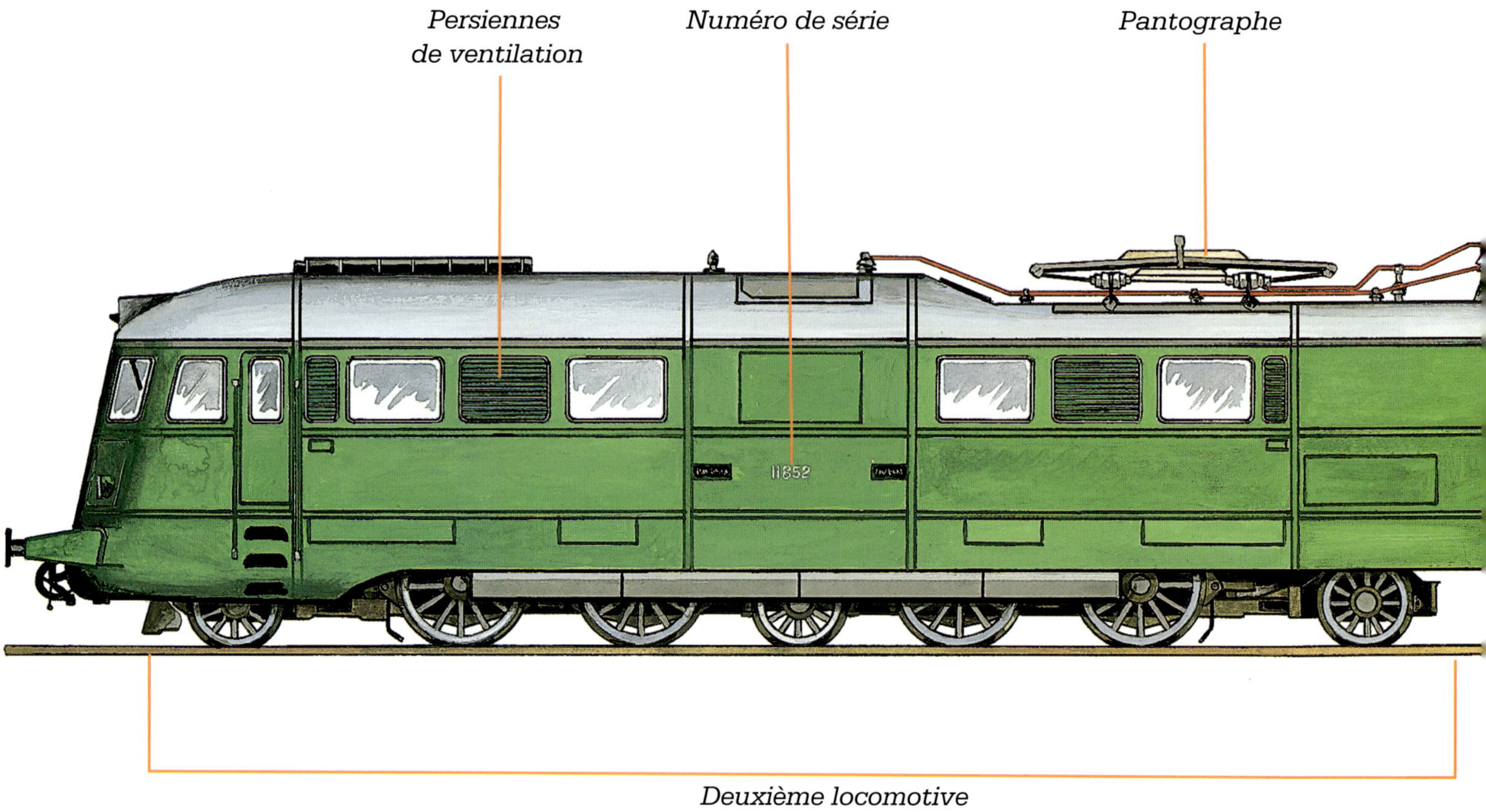

RAMPES ET TRACÉS EN MONTAGNE

Jadis, au temps où l'on creusait à la main et sans connaissances précises en matière de géologie, on évitait les longs tunnels. On montait sur les montagnes, en suivant les vallées, et, près du sommet d'un col, on creusait alors un tunnel de faîte permettant de gagner l'autre flanc du massif montagneux. C'est la technique utilisée, par exemple, sur le Saint-Gothard. Mais il fallait alors ménager des rampes les plus douces possibles, en suivant les courbes de niveau, en enjambant les vallées sur d'immenses viaducs, en coupant les pans de montagne par des tunnels. Pour gagner de la hauteur en suivant une vallée, on va même jusqu'à emprunter une vallée confluente pour y loger une grande boucle (avec ou sans tunnel sous la montagne) et ainsi se retrouver au même point en revenant dans la vallée principale, mais à quelques dizaines de mètres plus haut !

La plus puissante et la plus grosse locomotive du monde, voilà ce que l'on disait de l'Ae 8/14. Impressionnante avec ses 34 m et ses 235 t, cette locomotive est, dans les faits, formée de deux locomotives. Quand les 16 moteurs de cet ensemble donnent leur maximum, on dispose d'une puissance inégalée dans le monde.

D – Collection C. Lamming

Le prototype construit par Oerlikon en 1931 : l'Ae 8/14 n° 11851.

CARACTÉRISTIQUES TECHNIQUES

- **Type : Locomotive électrique 1B1B1+1B1B1**
- **Année de construction : 1939**
- **Moteur de traction : 8 ou 16**
- **Courant : monophasé 15 000 V**
- **Fréquence : 16 2/3 Hz**
- **Puissance : 8 400 kW (12 000 ch)**
- **Vitesse maximale : 110 km/h**
- **Longueur totale : 34,01 m**
- **Poids total : 235,7 t**

B – Photo P. Descroix

▲ *La locomotive électrique du Saint-Gothard Ae 8/14 n° 11801 stationne au milieu du paysage montagneux.*

Lors des essais, tout se passe bien, et la mise en service définitive donne des locomotives tout à fait fiables.

CONDAMNÉES PAR LE COUPLAGE

Mais il se pose rapidement un problème d'exploitation, qui s'est bien gardé d'apparaître sur le « papier » des bureaux d'études. Sur le terrain, en effet, on s'aperçoit peu à peu qu'il est plus souple de disposer de deux ou trois locomotives individuelles, que l'on peut coupler en fonction des besoins, que d'une seule locomotive dont la puissance, parfois, est sous-utilisée. C'est pourquoi ces monstres du Saint-Gothard restent sans descendance.

Les ingénieurs se tournent à nouveau vers la locomotive classique simple. Mais la leçon a porté ses fruits. La traction électrique permet que l'on équipe les nouvelles locomotives de systèmes autorisant la double ou la triple traction avec deux ou trois locomotives en tête d'un train selon la demande, ces locomotives étant alors conduites par une seule équipe placée dans la locomotive de tête. C'est ce que l'on appelle, en France, le « couplage », par opposition au « jumelage », où chaque engin conserve son conducteur.

C – Photo BBC – DR

◀ *La 11801 de la firme BBC (Brown-Boveri). Notez les transmissions Büchli classiques. Les moteurs sont ceux des fameuses 2D1 de la firme : bref, des solutions éprouvées.*

1934
États-Unis

La grosse GG1 aux vingt roues

Fantastique ! Un « look d'enfer » ! Les qualificatifs les plus élogieux n'ont jamais manqué pour cette locomotive électrique complètement mythique et adorée dans le monde entier. La GG1 est une locomotive qui a ses fanatiques, ses inconditionnels, ceci dans le monde entier. Ils ne jurent que par elle et estiment que rien d'autre n'a jamais roulé sur une voie de chemin de fer.... ou si peu, si inintéressant, si négligeable. La GG1, c'est autre chose, et ces 216 tonnes de métal aux formes tourmentées fascinent toujours, même si le sol de la Pennsylvanie ne tremble plus sous leurs 20 roues.

A – Collection C. Lamming

▲ *Une très ancienne photographie parue dans la presse américaine d'avant-guerre, et montrant la mise en service des GG1. Ici la 4804 lors d'essais à Altoona, site des grands ateliers du réseau.*

Le Pennsylvania Railroad est l'une des plus puissantes et dynamiques compagnies de chemin de fer des États-Unis, et son âge d'or est l'entre-deux-guerres. À la fin des années 1920, le « Pennsy » se lance dans l'électrification de quelque 1 200 km de ses grandes lignes, parcourues par un trafic qui est l'un des plus denses au monde, avec plus de huit cents trains de voyageurs quotidiens : il faut dire que cette compagnie a la chance de posséder la grande ligne New York-Philadelphie-Washington, celle qui dessert les plus grandes villes américaines formant le célèbre « corridor » très urbanisé, situé le long de la côte Est. Il faut des trains rapides et fréquents entre ces grandes villes, et l'accroissement des performances et des poids des trains met rapidement à bout de souffle les plus puissantes locomotives à vapeur. La traction électrique est donc envisagée et la ligne est entièrement électrifiée en courant alternatif monophasé 11 000 volts 25 Hz dès 1933, avec captage du courant traction par une ligne caténaire aérienne. C'est une solution très évoluée et qui préfigure les électrifications actuelles en monophasé de fréquence industrielle SNCF.

La disposition d'essieux 2C2, 2D2 ou 2CC2 est, à l'époque, ce qui se fait de mieux en matière de locomotives de vitesse. Les ingénieurs européens et américains restent prudemment fidèles aux essieux moteurs solidaires d'un châssis rigide, et aux bogies porteurs extrêmes pour le guidage de la locomotive et son inscription en courbe. Par souci de sécurité et de fiabilité, ils restent dans la grande tradition de la locomotive à vapeur, et font du robuste et du généreusement dimensionné.

B – Collection C. Lamming

Un « nid » de GG1 dans les emprises de l'ancien « Pennsy ». La première locomotive, n° 4835, a été restaurée en présentation d'origine. Les deux suivantes sont sous la livrée Amtrak des années 1980. Au fond, à gauche, d'autres GG1 sont garées.

LA NAISSANCE D'UN MONSTRE

Devant la masse des trains à remorquer et devant le poids des douze moteurs très puissants qu'il faut installer, le Pennsylvania Railroad choisit la formule 2CC2, suivant en cela l'expérience acquise par le réseau du New York, New Haven & Hartford qui l'a utilisée avec succès. La réussite est totale. La locomotive est capable de remorquer à 160 km/h des trains de vingt voi-tures pesant 1 600 t, enlevant le tout avec une aisance surprenante, puisque capable de fournir 3 680 kW en régime normal, mais capable aussi de donner un « coup de collier » de plus de 6 000 kW (soit plus de 8 000 ch !) quand il le faut. La puissance des locomotives à vapeur est dépassée de très loin.

Entre 1935 et 1943, une série de cent trente-neuf locomotives GG1 est construite par les ateliers du réseau situés à Altoona, ou par les firmes Baldwin, et General Electric qui fournit aussi, avec Westinghouse, les équipements électriques pour l'ensemble des fabricants de locomotives.

1928 : LES AMBITIONS DU « PENNSY »

En 1928, le grand réseau américain du Pennsylvania décide d'électrifier sa prestigieuse ligne New York-Washington, longue de 370 km, établie à 4 ou 6 voies. Avec une généralisation de la charge de 34 t par essieu (soit le double de l'Europe à l'époque) et des vitesses de plus de 140 km/h, le « Pennsy » frappe fort ! La ligne demandera l'électrification de 2 444 km de voies, une puissance de 816 millions de kW par an fournie par 7 centrales et 41 sous-stations. Le courant traction sera du monophasé 11 000 volts. On envisage la circulation de 60 trains réguliers pour les marchandises et 130 pour les voyageurs. C'est chose faite lors de l'inauguration en 1933, mais la demande de transport augmente tellement qu'il faut songer à de nouvelles locomotives : ce seront les fameuses GG1, sorties en 1934, qui relèveront le défi en roulant à 160 km/h.

C – Collection C. Lamming

Le dernier aspect des GG1, sous la livrée Amtrak dont elles forment la série 900. À part la couleur argentée, rien de neuf, y compris pour le matériel roulant du train lui aussi hérité de l'ancien « Pennsy » !

A – Collection C. Lamming

▲ *La GG1, telle que la voit le dessinateur anglais pour livres d'enfants Micklewright. Les formes sont bien restituées et la livrée bleue a été portée par ces locomotives, en effet, mais le nom du réseau laisse perplexe…*

Réalisant quotidiennement des exploits en tête de trains très lourds, composés d'une vingtaine de voitures remorquées facilement à 160 km/h comme prévu, les GG1 savent se rendre indispensables sur le réseau. Lors des pointes de trafic, notamment celles occasionnées par la Seconde Guerre mondiale, ces locomotives arrivent à déverser jusqu'à 175 000 voyageurs par jour, arrivés de tous les États-Unis, dans la grande gare du Pennsylvania à New York.

L'OMBRE DU DIESEL

L'arrivée de la traction diesel pendant les années 1940 ne leur fait pas d'ombre. Elles passent pour équivaloir jusqu'à quatre locomotives diesels, même des années 1960 ou 1970, en ce qui concerne la puissance de traction brute, et elles montent plus rapidement en vitesse, atteignant facilement 170 km/h en cas de besoin. Ces magnifiques machines restent en service jusque sous le règne d'Amtrak.

JUSTE SOUS LES PIEDS DE ROOSEVELT…

Ces pesantes locomotives, en tête de trains de plusieurs milliers de tonnes, avaient parfois des problèmes de freinage et l'une d'elles traversa les heurtoirs de la gare de Union Station à Washington et finit en tête des quais, au-delà des guichets d'accès, avant de plonger dans le sol, restant en équilibre après avoir crevé le plafond des voies du niveau inférieur… Le problème était que, quelques jours après, Roosevelt devait présider une importante cérémonie dans la gare et faire un discours attendu : les États-Unis étaient en guerre. Aucun moyen de levage ne permettait de sortir en si peu de temps les 216 t de métal encastrées dans le sol, soit en les levant, soit en les descendant par le niveau inférieur de la gare. Les ingénieurs trouvèrent une solution : construire l'estrade présidentielle par dessus la partie de la locomotive dépassant du niveau du sol, et décorer le tout avec un goût voyant et une profusion de tissus tricolores. Ce fut fait en une nuit. Personne, le lendemain, ne put soupçonner ce qui se trouvait sous le Président de la première puissance mondiale. Les jours suivants furent tranquillement mis à profit pour démonter et désincarcérer la locomotive avec discrétion.

1934

LA GG1

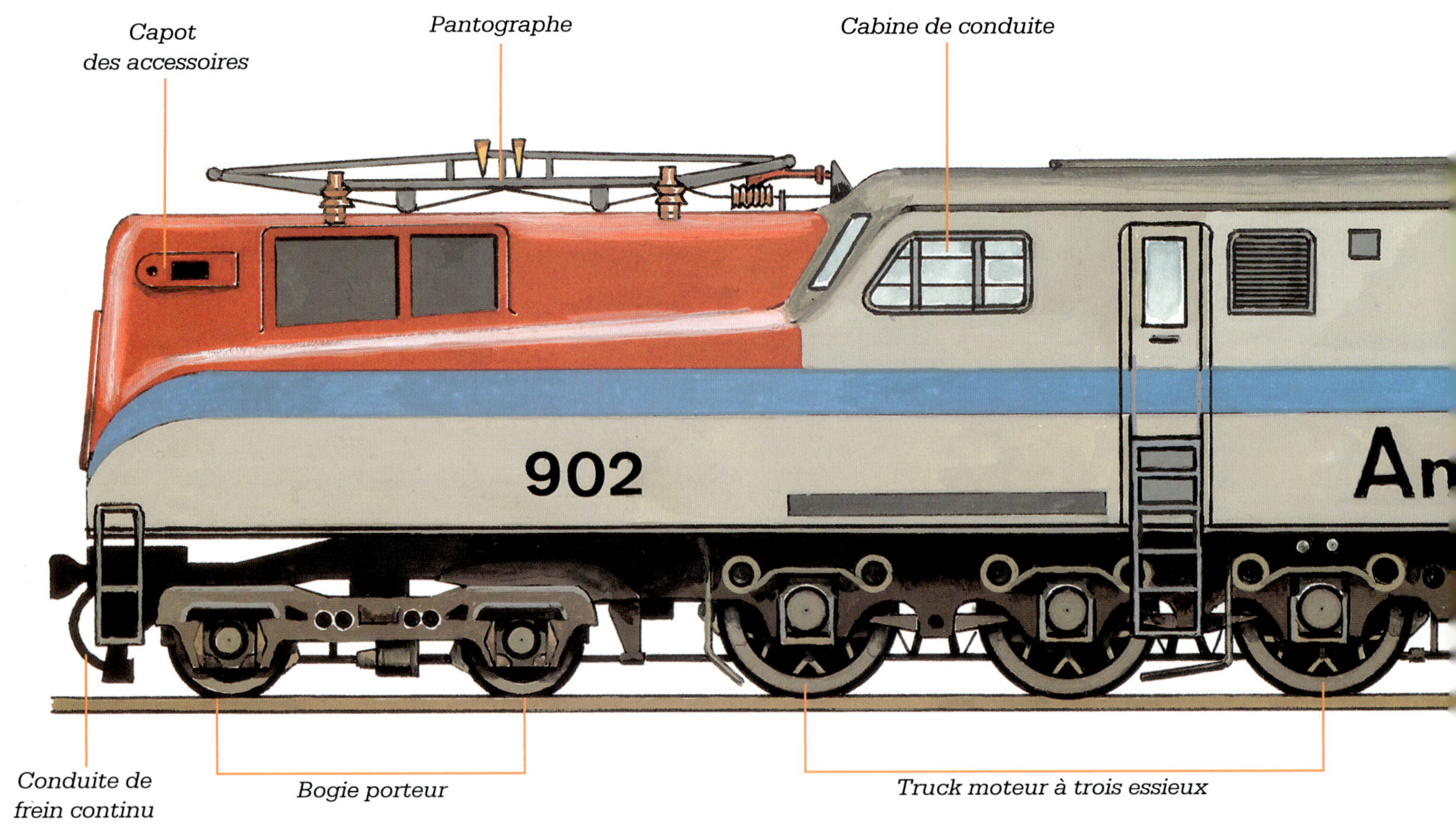

B – Collection C. Lamming

Une des plus belles photographies ferroviaires : la très réussie promotion que le Pennsylvania fait de ses trains rapides, de son électrification exemplaire, et de ses performances. Noter la hauteur impressionnante des supports de caténaires avec le courant 132 000 V à 32 m du sol, alimentant les sous-stations qui le transforment en 11 000 V.

La locomotive électrique la plus fascinante de l'histoire du chemin de fer : la GG1, bien sûr. Lancée à 160 km/h en tête d'un train de 2 000 tonnes, elle faisait trembler le sol de ses 20 roues martelant les rails lourds du Pennsylvania Railroad.

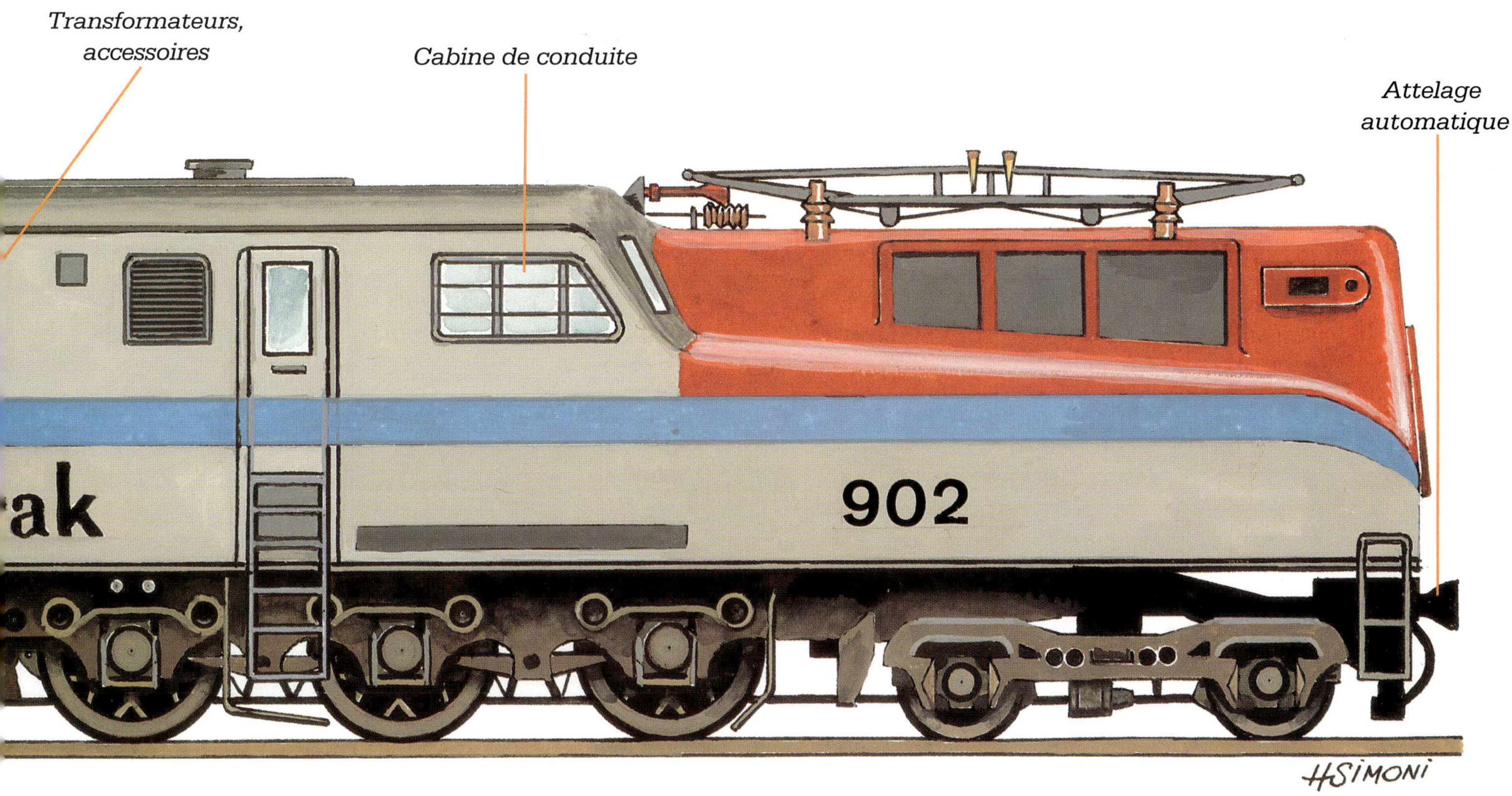

CARACTÉRISTIQUES TECHNIQUES

- Type : 2CC2
- Date de construction : 1934
- Courant traction : monophasé 11 000 V 25 hz
- Puissance : 3 680 kW
- Moteurs : 12 x 305 kW
- Masse : 216 t
- Longueur : 24,30 m
- Vitesse : 160 km/h

A – Collection C. Lamming

▲ *Un très beau cliché des années 1940 avec la n° 4844 en tête d'un train rapide entre New York et Washington.*

Cette société nationalisée reprend l'ensemble du trafic voyageurs des États-Unis en 1970-71, et les dernières GG1 roulent durant les années 1980. Mais pour « venir à bout » des GG1, Amtrak a dû attendre la production de ces locomotives électriques surpuissantes que sont les AEM7. Et encore... ce n'est pas le dernier mot des GG1 : le réseau du New Jersey récupère un maximum de ces locomotives pour la traction de très lourds trains de banlieue dont la remorque excède la puissance des locomotives diesels des années 1980. Quelques exemplaires ont été religieusement préservés, notamment dans les musées d'Altoona (n° 4813) et de Strasburg (n° 4935) qui se trouvent... en Pennsylvanie, bien sûr !

B – Collection C. Lamming

▲ *La France a-t-elle eu ses GG1 ? Oui, dans une certaine mesure avec ces excellentes 2CC2 construites par le PLM (grand admirateur du réseau américain) en 1929 pour la ligne de la Maurienne. Ici nous avons 159 tonnes contre 216, et 23,80 m contre 24,30 m, et surtout 40 km/h de plus pour la GG1 : mais les principes sont les mêmes, donnant des performances et une fiabilité remarquables.*

« LA LAIDEUR SE VEND MAL »

La GG1 est une belle locomotive, ou, disons, qu'elle a une esthétique particulière qui ne laisse pas indifférent : Raymond Loewy est passé par là. Né à Paris en 1893, l'américain Raymond Loewy est le créateur, en 1929, de ce que l'on appelle le « design » industriel et sa théorie est que la beauté d'un objet technique naît de l'amélioration de ses fonctions, et, seule, peut en développer le succès commercial. Des automobiles Studebaker à la bouteille de Coca-Cola, son œuvre est immense, et comprend aussi des locomotives et des trains remarquables.

La Laideur se vend mal **est le titre d'un livre de Raymond Loewy, et il y décrit l'impression inoubliable faite sur lui, enfant, par les locomotives « coupe-vent » du PLM qui, à l'époque, étaient, pour lui, les plus belles du monde. Le jeune Raymond aimera les locomotives toute sa vie.**

La grande aventure ferroviaire de Raymond Loewy commence, très modestement, par une commande de corbeilles à papier destinées à la gare du Pennsylvania RR de New York (maintenant disparue, hélas). Mais Loewy parvient à donner quelques suggestions pour ce qui est de la ligne des locomotives, notamment les GG1. Loewy dessinera intégralement d'autres locomotives comme les K4s et d'autres encore plus surprenantes comme la T1 qui ressemble à une fusée interplanétaire, mais comme on la voyait à l'époque...

La CC 1020, reine de l'Arlberg

Construite pendant la Seconde Guerre mondiale, la locomotive électrique série 1020 des ÖBB est une machine allemande restée sur le sol autrichien, une fois la paix revenue. Appréciée en temps de pénurie, cette lourde locomotive assura un dur labeur sur diverses lignes de montagne du pays et devint surtout au fil des ans la reine incontestée de la ligne de l'Arlberg.

A – Edelweiss-rail.com

▲ *Cette locomotive E 94/194 de la DB photographiée à l'arrêt est une cousine des CC 1020.*

Restées sur le territoire autrichien après la guerre, un lot de quarante-quatre machines série E 94 de la Deutsche Reichsbahn Gesellschaft est en relatif bon état. Intégrée dans le Reich allemand, l'Autriche redevenue libre, l'ex-Ostmark, a besoin de matériels ferroviaires pour relancer l'économie locale et participer à la reconstruction.

DES MACHINES SÉRIE E 94

Si l'effort de guerre allemand a surtout porté sur la construction d'un très grand nombre de locomotives à vapeur, avec plus de dix mille unités, la série E 94 est du type KEL soit *Kriegselektrolokomotiv* (locomotive électrique de guerre) fort utile sur un réseau allemand qui comporte déjà diverses lignes électrifiées. Cousines de la série E 93 mise en service en 1933, les locomotives de la série E 94 sont cependant plus puissantes et plus rapides, même si leur vitesse maximale n'est que de 90 km/h. Cette vitesse est toutefois suffisante pour la traction de lourds convois de marchandises sur les principales lignes du réseau allemand. L'acheminement d'armes, de munitions et de convois militaires leur échoit aussi avec l'éclatement de la « guerre totale ».

La série entre en service à partir de 1940 et l'ensemble, composé de cent quarante-cinq machines, est complet en 1944. Initialement, les E 94 étaient prévues pour être au nombre plus important de deux cent quatre-vingt-cinq.

LA CC 1020

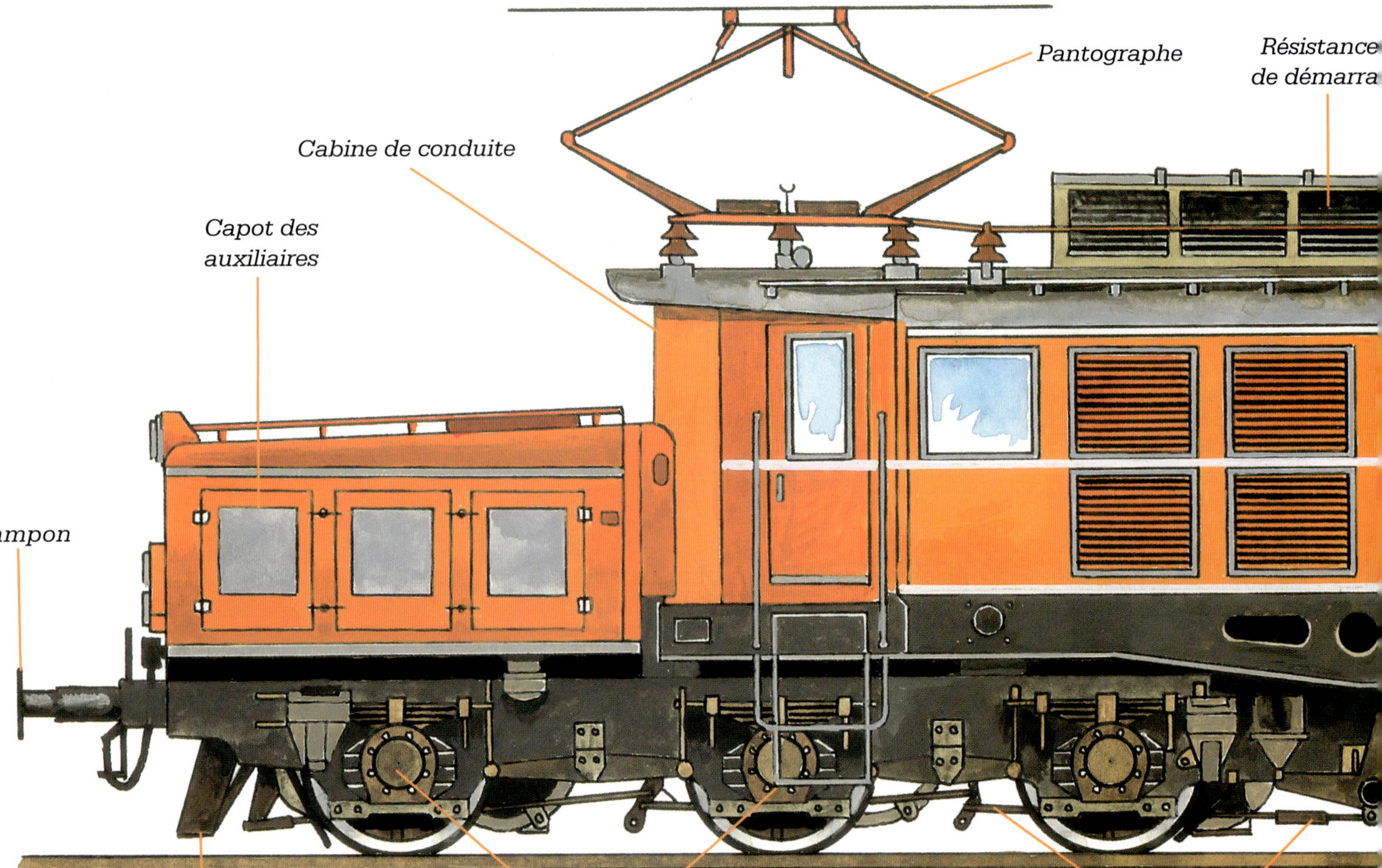

B – Edelweiss-rail.com

Une CC 1020 assure le renfort de traction d'une BB 1044 en tête d'un train express roulant sur la ligne de l'Arlberg.

Née allemande, cette belle locomotive fait la fierté du réseau autrichien au lendemain de la Seconde Guerre mondiale. Prenant un peu rapidement le surnom de « crocodile », cette série se fait remarquer en tête des plus grands trains autrichiens, et sur les lignes les plus difficiles du réseau, comme celle de l'Arlberg.

B – Edelweiss-rail.com

▲ *L'une des tâches principales de la série consistait aussi à la pousse de trains sur la ligne de l'Arlberg.*

CARACTÉRISTIQUES TECHNIQUES

- **Type : CC**
- **Mise en service : 1940**
- **Poids : 121 t**
- **Longueur hors tout : 18,60 m**
- **Nombre de moteurs : 6**
- **Puissance : 3300 kW**
- **Vitesse maximale : 90 km/h**

B – Edelweiss-rail.com

▲ *La 1020.027 repeinte en vert fait partie des unités maintenues en état par le département Nostalgie des ÖBB.*

Devenant de plus en plus difficile, l'entretien des CC 1020 valides entraîne la cannibalisation des unités avariées dont certaines pièces sont prélevées pour permettre à d'autres unités de poursuivre leur carrière. Les radiations de locomotives étant limitées en raison d'un accroissement de la demande, surtout en trafic marchandises, les premiers incidents interviennent avec des locomotives qui tombent en panne en ligne ; ces désagréments font pointer du doigt l'impérieuse nécessité de prévoir à court terme leur remplacement, l'entretien engloutissant des sommes considérables.

PLUS DE 50 ANS DE SERVICE

Leurs indéniables qualités, leur robustesse mais surtout l'augmentation constante du trafic annule à plusieurs reprises leur arrêt. L'arrivée massive d'engins neufs dans le courant des années 1970 laisse envisager une mise à la retraite des vénérables CC 1020 ; il n'en est rien et certaines unités garées hors service sont remises en état de marche pour pallier le manque chronique de locomotives ! La livraison des BB 1042 et des BB 1044 achevée, les heures de gloire des CC 1020 appartiennent au passé et peu à peu la série s'éclaircit. Si en Allemagne de l'Ouest les dernières E 94, devenues en 1968 des 194, ont disparu des voies de la DB dans les années 1980, tout comme en Allemagne de l'Est où les E 94 ont été classifiées dans la série 254 de la DR, les CC 1020 entament les années 1990 avec un nombre de locomotives réduit par les réformes. Les dernières unités restent utiles en service courant ou facultatif et assurent, à la demande, des trains de travaux lors des opérations d'entretien des lignes.

Populaires auprès des amateurs ferroviaires germanophones principalement, ces belles locomotives classifiées dans le type « crocodile » sillonnent les voies ÖBB encore cinq années avec un service réduit au minimum. Elles sont encore au nombre respectable de trente-neuf unités valides en 1993. L'ultime circulation officielle d'une CC 1020 en tête d'un train commercial a lieu en 1995. Elles sont encore une bonne douzaine à figurer sur les listes d'effectif des ÖBB.

Leur carrière s'achève après cinquante-cinq ans de dur labeur dont cinquante sur les voies autrichiennes. Quelques unités sont maintenues en état de marche par le département Nostalgie des ÖBB pour assurer la traction de trains spéciaux ou pour figurer lors de commémorations diverses dans le pays. Des associations autrichiennes et allemandes n'ont pas hésité à en acquérir et, après rénovation complète et agrément des autorités de tutelles, plusieurs locomotives ont repris du service lors de la circulation de trains affrétés par des amateurs passionnés.

DU VERT AU ROUGE ORANGÉ

À l'origine, les CC 1020 sont peintes en vert, plus foncé que celui du temps où elles étaient des E 94. En 1967, à l'occasion de leur passage en grande révision, leur aspect est quelque peu modifié avec deux grandes baies frontales au lieu de trois et la modernisation des cabines de conduite. La modification la plus notable réside dans la modification de la livrée qui passe au rouge orangé avec application de filets blancs. Par la suite, elles reçoivent comme les autres séries le nouveau sigle des ÖBB.

C – Edelweiss-rail.com

▶ *Un train de travaux en gare de St. Anton ; c'est une CC 1020 qui en assure la traction.*

1948
France

La renaissance de la 2D2 : la 2D2 9100

Au lendemain de la Seconde Guerre mondiale, la SNCF a besoin de locomotives neuves pour la ligne Paris-Lyon qui est électrifiée. La seule manière de pouvoir disposer immédiatement de locomotives de vitesse fiables est donc de faire l'économie du temps des études et de partir d'un type déjà existant pour le perfectionner. C'est ainsi que la 2D2 9100 naît en 1948 des anciennes 2D2 du PO dont la conception remonte aux années 1920.

A – Collection C. Lamming

▲ *Un fait rare, et une photographie demandant de bons réflexes : un « train » de 5 locomotives 2D2 9100 acheminées vers le dépôt du Charolais, à Paris, lors de trafics de pointe déséquilibrés.*

La disposition d'essieux type 2D2 comporte un bogie porteur avant, quatre essieux moteurs, et un bogie porteur arrière. Classique pour la locomotive électrique des années de l'entre-deux-guerres, elle est inspirée de la locomotive à vapeur : les ingénieurs préfèrent rester fidèles au bogie porteur qui guide la locomotive et l'inscrit en courbe, même si, contrairement aux locomotives à vapeur, il n'y a pas de mouvements parasites de lacet et de roulis engendré par des pistons et des bielles. Le bogie porteur ne sera abandonné qu'après-guerre avec les nouvelles locomotives de vitesse type CC puis BB, dites encore « à adhérence totale » puisque n'ayant en effet que des roues motrices.

La famille des 2D2 du PO est nombreuse, car l'évolution des types de machines n'a pas cessé de se produire au fur et à mesure des perfectionnements techniques : systèmes de transmission par engrenages, par arbre creux, par biellettes, augmentation de la puissance des quatre moteurs de traction, réglages complexes de la suspension et du rappel des bogies

porteurs qui posait des problèmes de tenue de voie en courbe sur certaines séries, entre autres.
Mais les quarante-neuf locomotives 2D2 du PO et les vingt-trois locomotives 2D2 du réseau de l'État forment un parc homogène et très remarqué, apporté à la SNCF lors de sa création en 1938. Et pour l'électrification de la ligne Paris-Lyon, entreprise durant les années 1950, la SNCF développera encore le type 2D2 avec trente-cinq nouvelles locomotives, série 2D2 9101 à 9135 qui marqueront l'apogée et la fin de ce type de machine.

B – Collection C. Lamming

▲ *La 2D2 9135, sauvée et restaurée grâce au courage d'une association d'amateurs.*

L'ÉLECTRIFICATION PARIS-LYON

C'est une grande affaire nationale, et elle est attendue en vain depuis les années 1930. Mais, à l'époque, le PLM subit la crise économique et ne peut financer cette opération qui correspondrait à dix années de chiffre d'affaires du réseau. Enfin commencés dès 1946 dans le cadre des grands travaux de l'après-guerre, les travaux de l'électrification Paris-Lyon sont menés de façon à ce que la traction électrique soit d'abord opérationnelle sur le difficile tronçon Laroche-Dijon, et cela dès janvier 1950.
L'électrification est totalement achevée en juin 1952, mais d'autres travaux se poursuivent au sud de Lyon pendant deux années pour donner un accès direct à des triages et des bifurcations très importantes, préparant ainsi la poursuite de l'électrification jusqu'à Marseille.
Si le tronçon Laroche-Dijon est électrifié en premier lieu, c'est parce que la longue rampe de 31 km à 8 ‰ du Seuil de Bourgogne, culminant à 405 m d'altitude entre Les Laumes et Blaisy-Bas, a eu raison des possibilités de la vapeur devant l'accroissement du poids des trains.
Car c'est bien là que la traction électrique peut prouver son efficacité, et les nouvelles locomotives 2D2, CC et BB qui s'y trouvent engagées se montrent capables des meilleures performances.

LE DÉCLIN DE LA TRACTION VAPEUR EN FRANCE

Depuis ses débuts, en fait, le chemin de fer a toujours cherché à échapper aux contraintes de la traction vapeur que sont une conduite pénible, de longues heures de préparation pour un faible temps de parcours, un rendement très bas, la fatigue des voies, ceci en dépit de réelles qualités de robustesse et de réelles performances des locomotives. De nombreux essais de traction électrique se font durant le XIXe siècle, mais en vain. C'est au lendemain de la Première Guerre mondiale que se développe, en France, la traction électrique sous courant continu 1500 V et que la compagnie du Midi électrifie ses lignes des Pyrénées, puis ses grandes lignes.
La compagnie du Paris-Orléans, qui dessert surtout les grandes villes du Sud-Ouest comme Bordeaux, Tours, Limoges, électrifie progressivement ses lignes à partir de 1926 et utilise le type suisse 2D2 qu'elle saura faire évoluer techniquement durant les années 1930. Étudiées par les sociétés suisses Brown-Boveri et SLM Winterthur, construites en France, elles circuleront, à partir de 1926, sur les grandes lignes du Sud-Ouest en tête de trains rapides lourds à 140 km/h. Des trains de plus de 400 t, et souvent de 500 ou 600 t, sont remorqués à 120 ou même 140 km/h sur des parcours difficiles, ceci avec facilité, souplesse d'exploitation, disponibilité permanente des locomotives, aisance de conduite. Des pointes de vitesse à 150 km/h étaient possibles.
Les 2D2 9100 mises en service par la SNCF au lendemain de la Seconde Guerre mondiale hériteront des mêmes qualités que celles de ces locomotives dont elles sont directement issues.

A – Collection C. Lamming

▲ *La vie de tous les jours pour une 2D2 : ici la 2D2 9134 en tête d'un train de marchandises, montrant sa souplesse alors que la série est prévue pour la traction de trains de voyageurs lourds.*

« WATERMAN », « FEMME ENCEINTE »… DE CURIEUX SURNOMS

Les 2D2 du PO ont évolué esthétiquement, et pas toujours d'une façon heureuse : les carénages des extrémités des locomotives très anguleuses leur ont valu le surnom de « Waterman », par analogie avec les bouteilles d'encre, tandis que d'autres carénages, très arrondis et proéminents, ont suscité le surnom de « femme enceinte ». Tout compte fait, les premiers modèles classiques à capots et vitrage avant en trois parties étaient, de très loin, les plus réussis sur le plan de ce que l'on n'appelait pas encore le « design ».

Commandée dès 1946, la série des trente-cinq locomotives type 2D2 9100 est construite entre 1949 et 1951. Leur caisse au « design » très années 1950 (bandeaux aluminium, hublots, etc.) laisse voir une conception ancienne avec, notamment, de grosses transmissions Büchli latérales. En cabine, la commande des servo-moteurs électro-pneumatiques à arbres à cames rappelle au conducteur les années 1920. Excellentes au demeurant, ces locomotives font sans défaillir un long service. Le seul reproche à leur faire est leur haut niveau sonore ou leurs vibrations, « qualités » peu appréciées des équipes de conduite qui donneront aux 2D2 9100 le surnom de « batteuses ».

Les 2D2 9100 se comporteront aussi honorablement que les locomotives de type CC les plus récentes qui viendront les côtoyer. Et pourtant elles disposent, théoriquement, de 30 % de puissance continue de plus que les 2D2 anciennes, pour 10 % seulement de poids en plus aux moteurs. Les 9100 assurent en moyenne un service de 200 000 km par an avec un pourcentage d'incidents aussi faible que celui des CC 6500 construites vingt ans plus tard. Ceci donne un kilométrage total moyen de 7 000 000 km par locomotive, fait assez exceptionnel dans l'histoire mondiale des chemins de fer.

Mais ces locomotives n'ont pas une merveilleuse tenue de voie, car elles cumulent quelque 24 t de masse non suspendue, ce qui donne un roulement lourd et agressif pour la voie. En outre, un poids par essieu assez élevé de 23 t limite la vitesse de pointe. Ceci fait que les 2D2 9100 quittent la scène d'une manière relativement rapide après trente-cinq années de service seulement, alors que leur robustesse et leur fiabilité auraient pu leur permettre de dépasser facilement le demi-siècle d'existence.

L'explication se trouve dans l'urgence des besoins en matière de locomotives, d'une part, et, d'autre part, dans le long déroulement allant du projet de locomotive nouvelle à l'appel d'offres, puis à la préparation du marché, aux études, à l'approbation par la SNCF, à la construction, et enfin aux essais et à la mise au point, soit au minimum trois à cinq années.

B – Collection C. Lamming

▲ *La 2D2 9105. Elle a encore ses « moustaches » et ses bandeaux d'aluminium, mais la disparition des feux d'angle supérieurs souligne l'évolution vers le dénuement.*

LA 2D2 9100

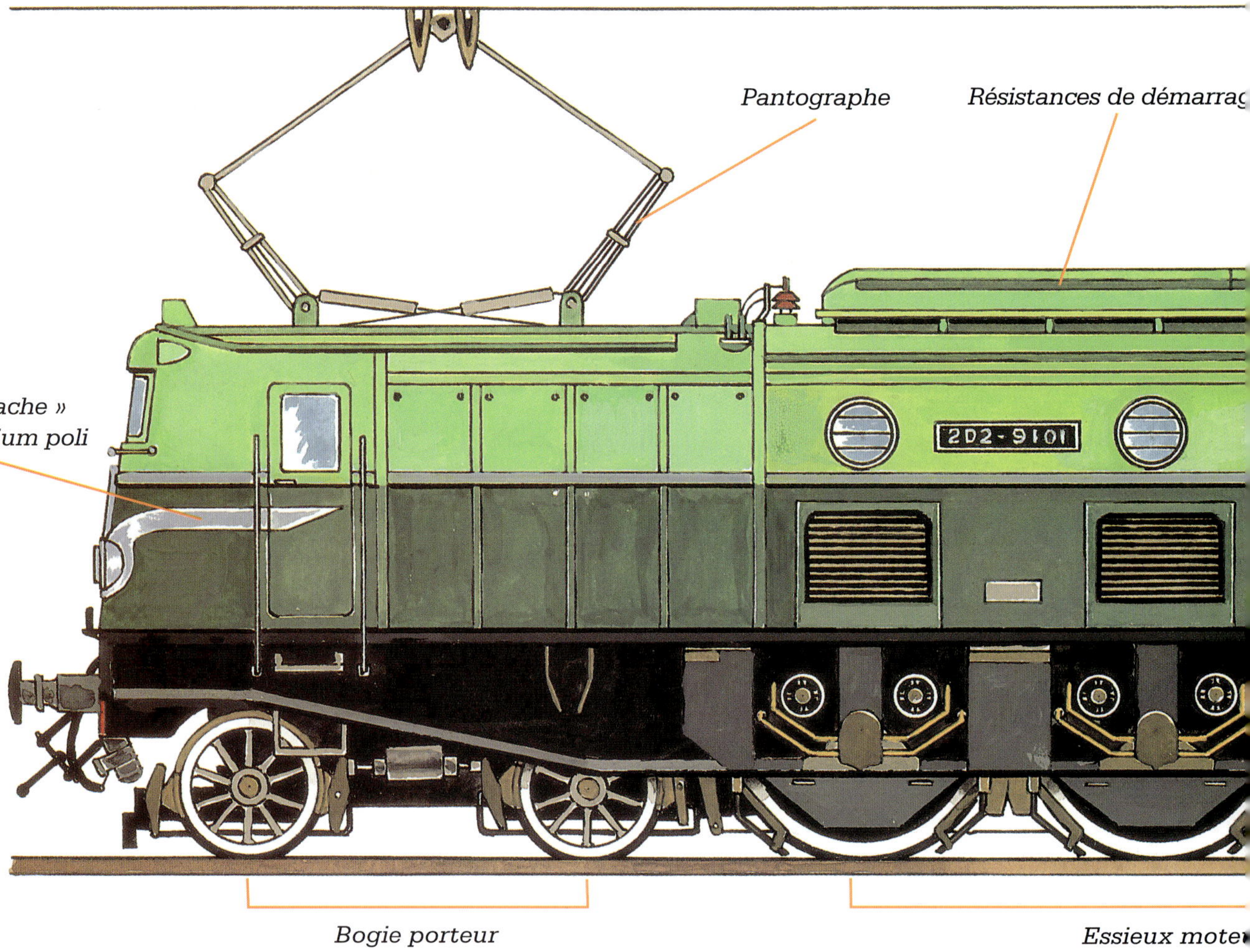

D – Collection C. Lamming

◀ *Une planche didactique parue dans les livres d'enfants des années 1950 : la 2D2 est à l'honneur, et les mystères de la transmission Büchli se veulent dévoilés : mais allez y comprendre quelque chose ! La solution était, à l'époque, d'essayer d'en faire une en Meccano.*

Reine éphémère de la traction électrique française des années 1950, la 2D2 9100 est plus une « fin de race » qu'une innovation. Sûre, solide, fiable, elle utilise des solutions éprouvées qui ne firent pas d'elle une championne du rendement. Mais elle sut assurer la relève après la guerre et préparer le futur.

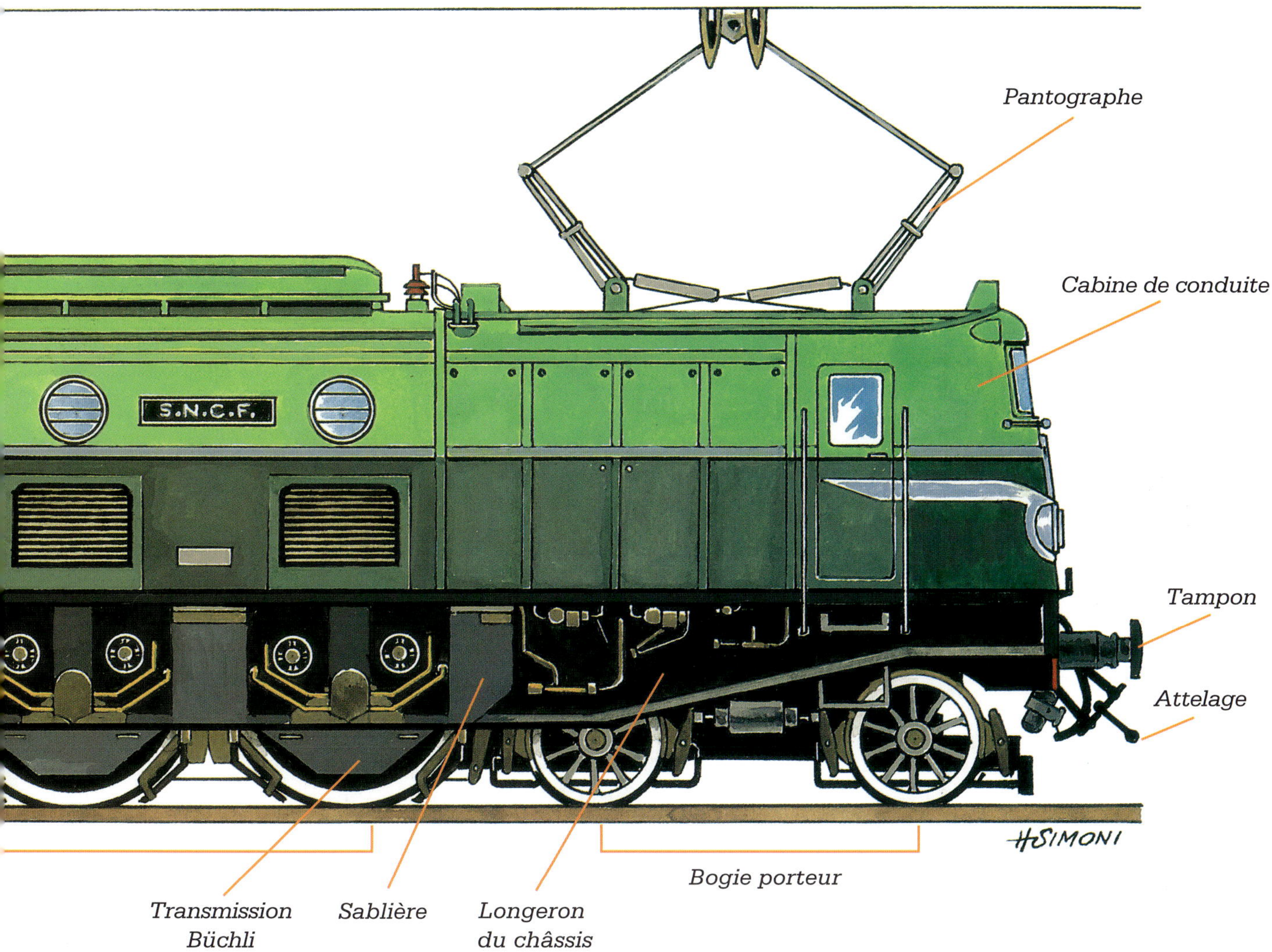

A – Collection C. Lamming

▲ *Une « Waterman » du Sud-Ouest : la modernisation a été moins réussie que celle des 2D2 9100.*

CARACTÉRISTIQUES TECHNIQUES

- **Type : 2D2**
- **Courant traction : 1 500 V continu**
- **Puissance : 3 690 kW**
- **Transmission : Büchli**
- **Masse : 144 t**
- **Longueur : 18,08 m**
- **Vitesse : 140 km/h**

La seule manière de pouvoir disposer de locomotives de vitesse fiables était donc de faire l'économie du temps des études et de partir pour cela d'un type déjà existant pour le perfectionner.
La DETE remet sur les planches à dessin la locomotive type 2D2 500 du PO qui excelle en tête de trains lourds et rapides sur le réseau sud-ouest. Cependant, les trains de la ligne de Paris-Lyon sont d'un tout autre poids avec des charges prévues de 700 à 850 t contre 500 à 600 t avant-guerre.

DES CHEVAUX DANS LA LOCO

Remorquer de telles charges sur la rampe de Blaisy-Bas demande un effort de traction supérieur à ce que fournissent normalement les 2D2 500 sur le Sud-Ouest. Il faut, selon le terme de l'ingénieur Fernand Nouvion à l'époque, « mettre des chevaux dans la locomotive », et, dans la tradition la plus pure du pragmatisme des ingénieurs ferroviaires, on alourdit la machine pour en augmenter le poids adhérent (donc les performances de traction), et on surdimensionne les moteurs et les résistances de démarrage. La série des trente-cinq locomotives type 2D2 9100 est construite en 1950 et 1951 dans les ateliers de Fives-Lille et de la Compagnie électromécanique. Le prix de chaque locomotive est de 18 500 000 F à la livraison, ce qui, pour l'époque encore et en comparaison des prix des locomotives de type CC ou BB qui suivront, reste un prix assez élevé.

PLUSIEURS GÉNÉRATIONS DE LOCOMOTIVES À LA FOIS

Sur Paris-Lyon il y a d'une part des BB et des 2D2 dont la conception remonte à l'époque des électrifications du Midi et du PO des années 1920, et, d'autre part, des CC qui sont des machines de conception réellement nouvelle.
Si la place des BB peut se justifier dans la mesure où cette disposition d'essieux et ce type de locomotive ne variera guère pour ce qui est du trafic marchandises et des trains lents, on peut s'étonner de la présence, en matière de machines de vitesse, de types 2D2 et CC coexistant sur la même ligne, construites en même temps, mais représentant pour les 2D2 un âge nettement dépassé à l'époque.
La locomotive type 2D2 du PO ou de l'État excellait en tête de trains de 500 à 600 t. Mais les futurs trains de la ligne de Paris-Lyon sont d'un tout autre poids avec des charges prévues de 700 à 850 t. La SNCF alourdit la machine pour en augmenter le poids adhérent (donc les performances de traction), et en surdimensionne les moteurs et les résistances de démarrage. Il naît de cela la 2D2 9100 qui pèse 144 t et qui dispose de 3 690 kW, contre 130 t et 2 350 kW pour les 2D2 d'avant-guerre.

B – Collection C. Lamming

▲ *Toujours en service après la Seconde Guerre mondiale, les premières 2D2 du PO rappelaient que, tout compte fait, elles étaient les plus belles.*

C – Collection C. Lamming

▲ *Une « femme enceinte », en service pendant les années 1960. Une esthétique peu réussie, mais améliorant la pénétration dans l'air grâce à ses formes arrondies.*

1954
France

La BB 12000 et l'ère de l'électrique

Construite entre les années 1954 et 1961, cette série de curieuses locomotives illustre, avec leur cabine centrale et leurs deux capots, un premier « design » spécial de la locomotive pour trains de marchandises de la part de la SNCF. Mais aussi, elle ponctue le départ des grandes électrifications en courant monophasé de fréquence industrielle 25 000 V/50 Hz sur la grande ligne Valenciennes-Thionville en 1954, alors qu'elle était prévue initialement pour le 1 500 V continu en 1951-1952.

A – Collection C. Lamming

▲ *La BB 12002, une des toutes premières de la grande série, a fait partie des 5 locomotives-test commandées à une époque où l'électronique de puissance et les redresseurs n'avaient pas encore fait leurs preuves et pas encore gagné la confiance des ingénieurs de la SNCF.*

Électrifiée en 1954, la ligne Valenciennes-Thionville démontrera la réalité de ce nouveau système d'électrification ferroviaire qu'est le monophasé à fréquence industrielle 50 Hz, ses performances, sa validité, son avenir. Louis Armand, directeur de la SNCF, joue tous ses atouts dans cette électrification, après les essais menés en Savoie à la fin des années 1940. C'est son affaire personnelle. Il obtient difficilement l'accord du Conseil d'Administration de la SNCF. Il ne lui reste plus qu'à se tourner vers les fidèles ingénieurs Garreau et Nouvion pour leur demander de lui trouver quoi mettre sous la nouvelle caténaire. Effectivement les locomotives restent à créer. Mais ce pari-là sera aussi tenu et gagné. Cependant, rien n'est encore joué en 1951 : la SNCF adopte une solution originale avec la commande de locomotives de divers types qui sont autant de prototypes construits en petites séries, solution permettant de les engager en ligne et de comparer, résultats en mains, les performances ainsi que les qualités ou les défauts de ces matériels.

1954

LA BB 12000

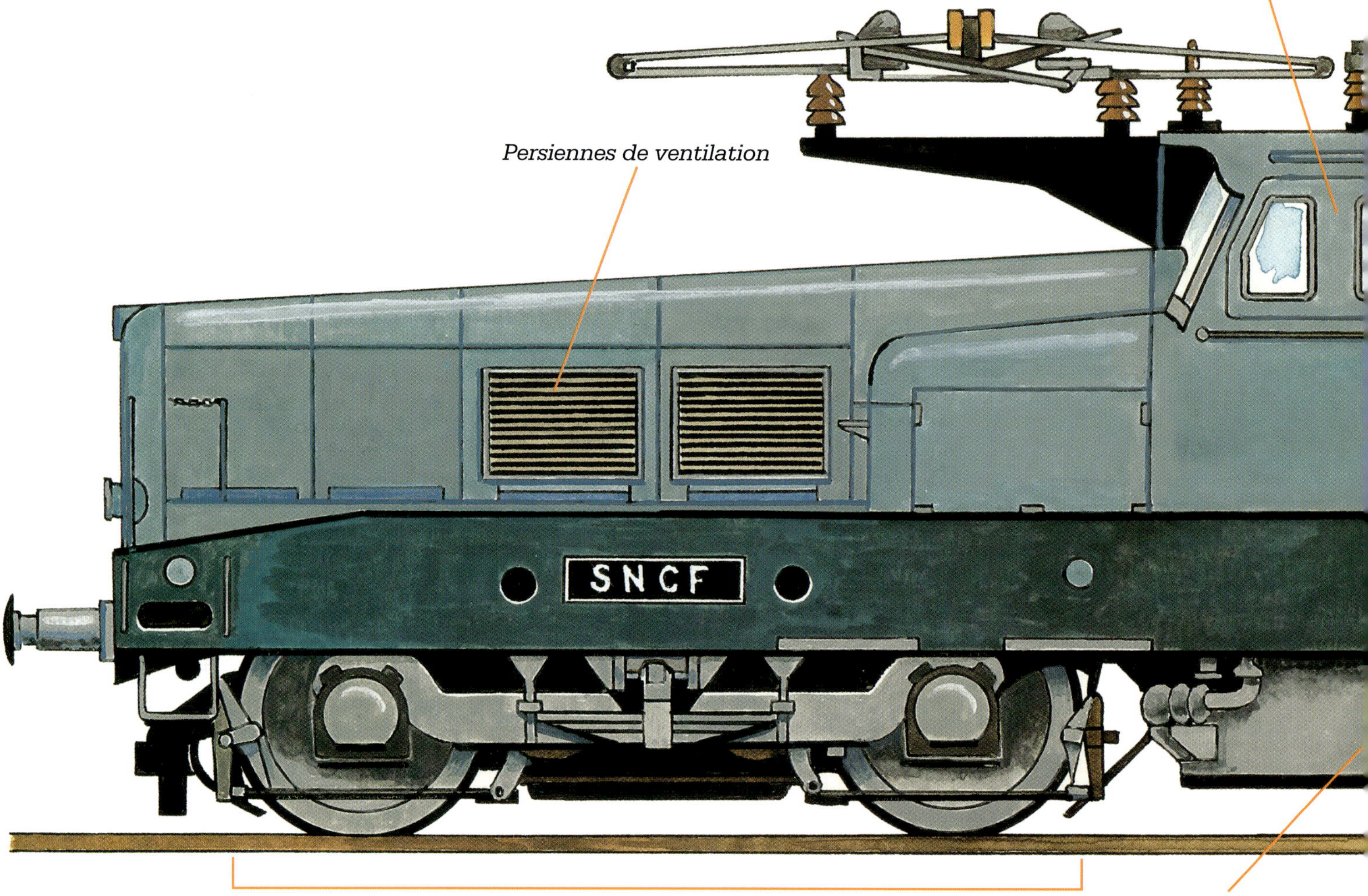

LOUIS ARMAND, L'INNOVATEUR, LE MENEUR D'HOMMES

Louis Armand, nommé directeur général de la SNCF à partir de 1949, se fait le champion de deux thèses : l'électrification en courant monophasé de fréquence industrielle, et l'utilisation du réseau général EDF qui en découle naturellement. Les essais menés en Savoie vont montrer l'intérêt offert par la locomotive à redresseurs et la possibilité d'utilisation de moteurs proches des moteurs classiques à courant continu qui restent les meilleurs possibles en utilisation ferroviaire. Mais ces essais montrent aussi que les caractéristiques de traction permettent, en cas de patinage, une diminution immédiate et fine de l'effort de traction suivie d'un raccrochage plus immédiat de l'adhérence : les performances de ces locomotives, de ce fait, se trouvent pratiquement doublées en matière de charge remorquée.

Avec sa cabine unique centrale et ses longs capots, cette locomotive inaugure une nouvelle ère de la traction électrique. Elle est aimée des cheminots pour sa robustesse et sa simplicité de conduite.

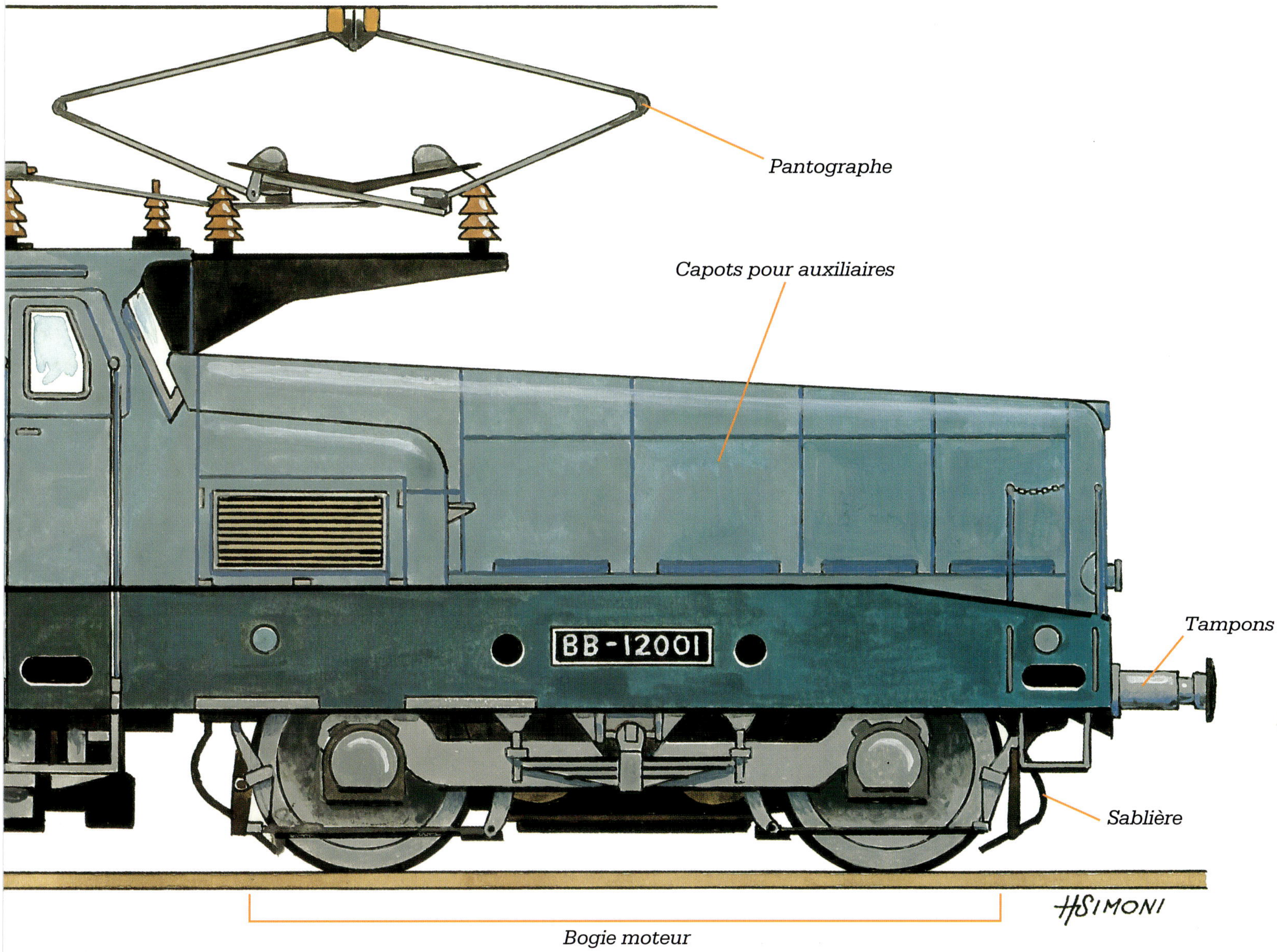

B – Collection C. Lamming

◀ *L'esthétique surprenante des extrémités de la BB 12087 du dépôt de Mohon (préservée aujourd'hui dans cette ville), rappelle que ces locomotives ont toujours été hors du commun.*

CARACTÉRISTIQUES TECHNIQUES

- **Type : BB**
- **Courant : 25 000 V monophasé 50 Hz**
- **Puissance : 2 470 kW**
- **Moteurs : 4**
- **Transmission : latérale à cardans**
- **Poids : 80 à 84 t selon les types**
- **Longueur : 15,2 m**
- **Vitesse : 120 km/h**

B – Photothèque Edelweiss

▲ *La CC 6512 en livrée fret à Miramas, vue le 8 octobre 2000.*

QUELLE LOCOMOTIVE DE VITESSE POUR L'AVENIR ?

Le problème de la locomotive de vitesse n'est pas résolu au lendemain de la Seconde Guerre mondiale. La SNCF a hérité d'un parc de locomotives de type 2D2, qui constitue, par excellence, la locomotive de vitesse de l'entre-deux-guerres, avec ses quatre essieux moteurs encadrés par deux bogies porteurs. Cette conception est héritée du temps de la locomotive à vapeur : c'est celle du châssis rigide avec ses essieux moteurs parallèles, et des bogies facilitant l'inscription en courbe et améliorant la tenue de voie. C'est surtout l'abandon des bogies porteurs qui tente les ingénieurs : la locomotive à adhérence totale, c'est-à-dire ne comportant que des essieux moteurs, permet de gagner du poids. En effet, les dernières 2D2, les 9100 de 1948, pèsent 144 t. Il serait possible, avec une CC, de gagner une vingtaine de tonnes.

Il est prévu d'en tirer deux sous-séries : une CC 6500 pour le courant continu et une CC 14500 pour le courant monophasé. On aurait ainsi la famille cohérente : CC 6500 + 14500 = 21000.

Construite entre 1969 et 1975, la CC 6500 est une machine lourde, puisque pesant 118 t, équipée de bogies à biréduction (régimes 100/-160 km/h). Elle peut remorquer des trains de toutes natures, jusque sur la difficile ligne de la Maurienne où certaines machines, équipées de frotteurs pour le troisième rail latéral, n'ont pas assez de puissance, avec leurs 6 000 kW, pour enlever de très lourds trains de marchandises sur les rampes de 18 à 32 ‰ de la ligne internationale. Cette puissance de 6 000 kW restera inégalée à la SNCF pour une locomotive classique et ne sera dépassée que bien plus tard par le TGV-A, avec sa puissance de 8 800 kW.

UNE LOCOMOTIVE « UNIVERSELLE »

Cette impressionnante locomotive se fait remarquer en tête de trains comme le Capitole Paris-Toulouse ou l'Étendard Paris-Bordeaux, qui soutient une vitesse de 200 km/h pendant une partie du trajet. Si les Japonais, à l'époque, sont les champions de la vitesse sur rail en service quotidien, avec leur fameux Shinkansen qui roule à 210 km/h sur une ligne spéciale, les CC 6500 françaises les talonnent de très près, puisqu'elles roulent à 10 km/h de moins seulement... sur une ligne et en tête d'un train classiques !

Les réseaux des grands pays industrialisés souhaiteraient disposer d'une locomotive capable de tout faire. En effet, diminuer le nombre et la diversité des locomotives réduit d'autant le coût en matière de maintenance. L'idéal serait une seule locomotive, construite, s'il le faut, à des milliers d'exemplaires. Mais ce rêve de standardisation extrême n'est pas possible pour des questions techniques, notamment en ce qui concerne les caractéristiques des moteurs de traction.

▼ *Une CC 6500 en tête du train « Jean-Jacques Rousseau », qui effectuait la relation Paris-Lyon-Genève jusqu'en 1981.*

E – Photothèque Edelweiss

A – Photothèque Edelweiss

▲ *CC 6543 en livrée « Maurienne » sur la ligne de la Maurienne.*

Pour expliquer ce progrès, nous devons remonter dans l'histoire du chemin de fer. Très vite, dès les débuts, les contraintes imposent des locomotives spécialisées pour chaque type de service : trains rapides légers, trains lourds lents, etc. La traction électrique n'échappe pas à cette contrainte et le Midi, précurseur de la traction électrique en France, construit des locomotives spécialisées dans les services voyageurs ou marchandises. À la manière des anciennes bicyclettes à un seul « braquet », on doit choisir un seul développement en fonction de ce que l'on veut faire : rouler vite en remorquant peu, ou lentement pour remorquer beaucoup.

LA BIRÉDUCTION

La biréduction est une idée de l'ingénieur Fernand Nouvion (1905-1999), suscitée par ce vieux problème ferroviaire. Nouvion installe très opportunément un changement de vitesses au sein des locomotives électriques, en tirant profit de la disposition mécanique du bogie monomoteur. Un basculeur comportant des engrenages intermédiaires, qui est actionné à l'arrêt par un levier manuel, permet de choisir entre deux rapports donnant une vitesse en régime lent pour trains lourds, ou en régime rapide pour trains plus légers.

LA CC CONTRE LA BB

La locomotive type CC (2 bogies de 3 essieux moteurs chacun), avec les CC 7100 construites entre 1952 et 1955, pèse 104 t, mais cette formule est vite abandonnée au profit du type BB (2 bogies de 2 essieux moteurs chacun), qui, à puissance et performances égales, est plus léger (80 t) et moins onéreux. Le record à 331 km/h en 1955, effectué dans les Landes par la CC 7107, a certes validé les performances et la fiabilité du type CC, mais la même vitesse a aussi été atteinte par la BB 9004, montrant que ce type de locomotive, pour lequel les ingénieurs ne présageaient nullement une carrière dans la grande vitesse, avait aussi son mot à dire. Le type BB finira par l'emporter et se généraliser, pour d'évidentes raisons de moindre coût, de légèreté, de moindre agression pour les voies. C'est pourquoi, de 1955 à 1969, il y eut 14 années de mise à l'écart du type CC en matière de construction de locomotives neuves.

1969

LA CC 6500

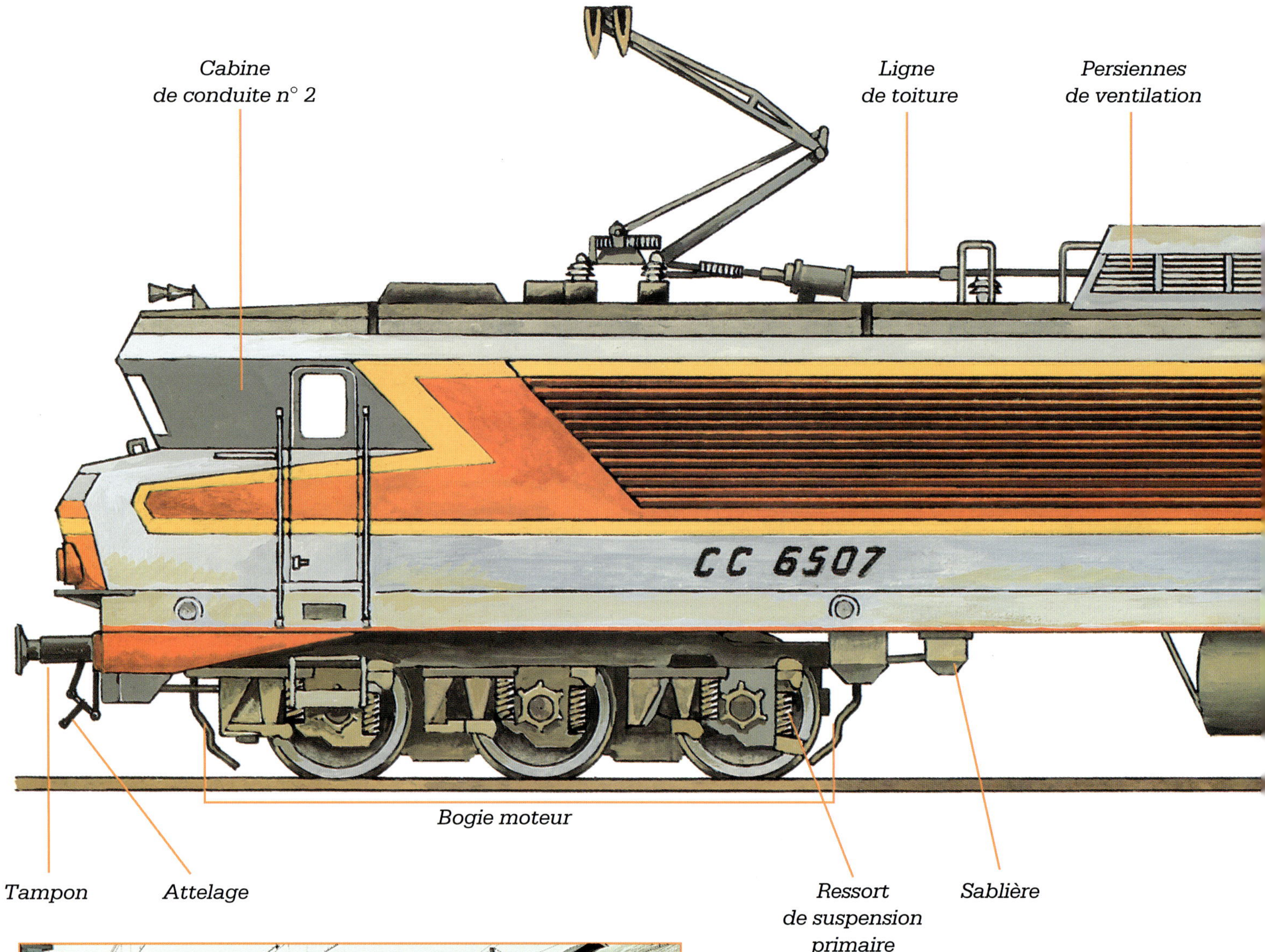

D – Photothèque Edelweiss

Une CC 6500 en livrée verte spéciale pour la vallée de la Maurienne. Il s'agit de la CC 6559 équipée de frotteurs pour le 3e rail latéral.

Sans nul doute, la CC 6500 est la locomotive électrique la plus prestigieuse de la SNCF : puissante, rapide, belle, elle mérite tous les superlatifs et représente le « nec plus ultra » de la technologie des dernières années de la décennie 1960.

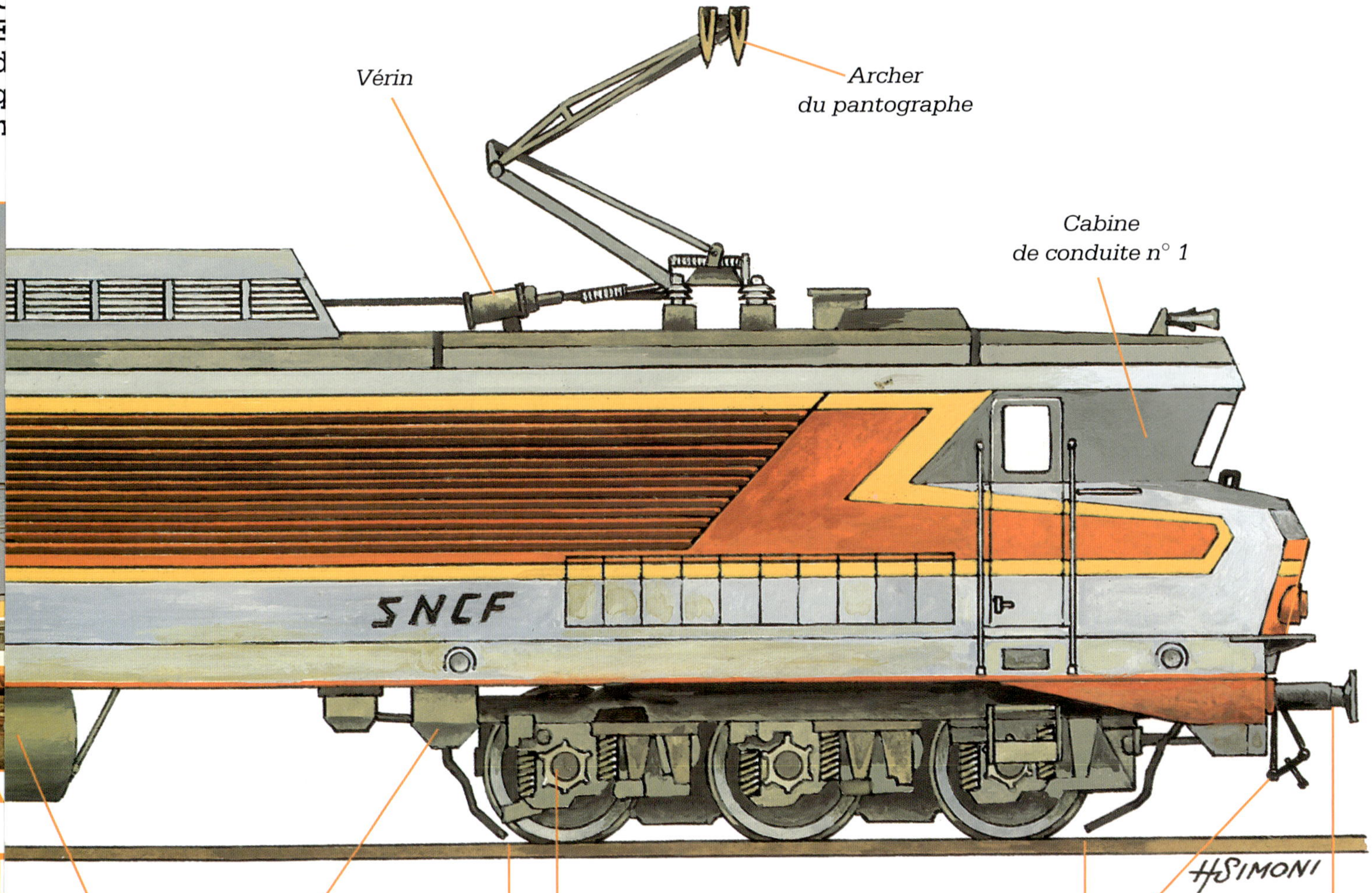

CARACTÉRISTIQUES TECHNIQUES

- Type : CC 6500
- Nombre de moteurs : 2
- Courant : 1 500 V continu
- Puissance : 6 000 kW
- Vitesse : 220 km/h en régime voyageurs
  100 km/h en régime marchandises
- Longueur : 20,19 m
- Poids : 118 t

A – Photo C. Lamming

▲ *Les TGV au départ sur le site de Conflans, près du boulevard périphérique à Paris.*

LE TRAFIC ET LES COÛTS

Des millions de voyageurs empruntent chaque année les TGV et leurs frères d'autres pays. Les jours de grands départs, plus de 100 000 voyageurs empruntent les TGV. Avec sa spécificité de construction dite « par monts et par vaux » demandant peu d'ouvrages d'art, avec des rampes et des pentes atteignant 35 ‰, les LGV à la française sont, et de loin, les moins chères du monde. Même si le prix au kilomètre a quasiment doublé entre la première ligne, Paris-Lyon, et les plus récentes, celui-ci reste de l'ordre de soixante à cent millions de francs par kilomètre. Les coûts des lignes allemandes et japonaises atteignent de 5 à 10 fois ceux des lignes françaises.

Si on ne prend pas en ligne de compte le premier prototype, le TGV 001, qui était à turbine à gaz, tous les autres matériels roulants « TGV » sont électriques.
Bien entendu, les TGV sont généralement aptes à circuler sur l'ensemble du réseau français, sur ses lignes électrifiées s'entend, avec une prise du courant par des pantographes adaptés aux différentes caténaires pouvant être rencontrées. Notons d'ailleurs ici que quelques rames viennent d'être adaptées pour circuler tractées par une locomotive diesel (trois machines ont, elles aussi, été transformées pour cette utilisation originale), afin de desservir Les Sables-d'Olonne (depuis Nantes, par La Roche-sur-Yon), pour l'instant sur une ligne encore non électrifiée ; c'est le « TGV Vendée ».

DES ADAPTATIONS POSSIBLES

Comme le réseau français comprend deux types d'électrification, les TGV sont au minimum bicourant : ils peuvent ainsi, généralement, rouler sous les caténaires à 1 500 V, courant continu, des régions sud-ouest et sud-est de la SNCF, comme sous caténaires 25 000 V/ 50 Hz (courant alternatif) des régions est, nord, ouest, valeur également utilisée dorénavant pour toutes les lignes nouvelles, à grande vitesse ou non. Certaines rames de TGV peuvent avoir à circuler sous d'autres lignes, dans d'autres pays, et elles ont alors reçu, de construction ou par la suite, les équipement qui étaient nécessaires.
À titre d'exemple, pour aller en Belgique, les rames Eurostar sont évidemment adaptées au 3 000 V, courant continu de la SNCB, les chemins de fer belges ; et pour rouler entre le tunnel sous la Manche et Londres, elles sont équipées pour le courant continu à 750 V, qu'elles prennent par des frotteurs de troisième rail.

DANS QUELS PAYS CIRCULENT DES « TGV » ?

Les rames TGV circulent dans six pays : en France, bien sûr, mais aussi en Allemagne, en Grande-Bretagne, en Belgique, en Espagne, aux Pays-Bas, en Suisse et bientôt en Corée, où plusieurs rames ont déjà été livrées par le constructeur Alstom.

▼ *Une rame de TGV postal aux ateliers de Villeneuve-Saint-Georges.*

B – Photo C. Lamming

1985
Suisse

La Re 460 à l'électronique embarquée

L'élaboration d'un vaste plan de modernisation du réseau ferroviaire suisse, baptisé « Rail 2000 », fait mention de la construction d'une locomotive puissante, rapide et fiable. Sous le vocable Lok 2000, une série de locomotives de configuration BB voit le jour, non sans poser des problèmes à l'exploitation en raison d'erreurs de jeunesse.

A – Edelweiss-rail.com

▲ *L'une des premières unités livrées aux CFF de la série Re 460, vue ici à Berne.*

L'idée de se doter d'une nouvelle série de locomotives puissantes et rapides voit le jour en 1985.
Pour venir en aide aux Re 4/4 II, mises en service dans les années 1960, une nouvelle série de machines de même configuration d'essieux est étudiée par le service traction des chemins de fer fédéraux suisses.
Les CFF souhaitent effectivement se doter d'une véritable locomotive polyvalente dans le cadre du programme Rail 2000. En 1985, la conception de la future série Re 460 est évoquée pour la première fois, dans un pays où les déclivités de 20 ‰ abondent et où l'écart entre les vitesses classiques et les grandes vitesses ne se creusera jamais, en raison d'une topographie spécifique à ce pays.
Bien que l'imposante cavalerie des Re 4/4 II donne entière satisfaction, les chemins de fer fédéraux suisses se montrent intéressés par les premières locomotives à moteurs de traction triphasés.

B – Edelweiss-rail.com

Pendant la phase de mise au point, les Re 460 ont été sollicitées pour tracter des trains de fret.

Il est vrai que la mini-série des Re 4/4 IV – livrées en quatre exemplaires seulement – équipée de thyristors et pourvue de moteurs à courant continu a laissé un goût amer car c'est un échec sur le plan de la traction, les locomotives ne brillant pas par leur puissance !
Les CFF donnent alors mandat au constructeur-électricien BBC et à la firme SLM d'étudier ensemble une nouvelle série de locomotives de type BB avec des unités couplables entre elles. La réponse vient rapidement et, surprise, les constructeurs proposent « une locomotive pleine de nouveautés qui va rompre définitivement avec le concept de la locomotive classique ».

UN VOTE AVANT LA COMMANDE

La Suisse étant un pays à démocratie directe, le 7 décembre 1987, le peuple se prononce sur l'opportunité du plan Rail 2000.
Le « oui » l'emportant, les CFF ont les mains libres pour mettre en place les premières mesures de ce plan. Parmi celles-ci, figure la nouvelle locomotive Lok 2000 dont une première commande est passée juste avant Noël 1987, avec un lot de douze machines plus douze en option.

SUCCÈS À L'EXPORT

Bien que les mises au point se soient révélées plus complexes que prévues, la série a séduit divers pays européens comme la Norvège (22 unités) et la Finlande (20 unités). Si l'on ajoute les 18 unités Re 465 analogues mais plus puissantes, la série a donc été construite en 179 exemplaires. Les constructeurs espéraient des chiffres plus importants...

Un train accéléré de voyageurs sur la ligne du Simplon est tracté par une Re 460.

Deux ans plus tard, le gouvernement fédéral décide de réaliser le corridor de ferroutage des lignes du Saint-Gothard puis du Simplon. Pour en assurer le trafic, des locomotives supplémentaires sont inscrites au budget des acquisitions, avec la fourniture de soixante-quinze unités destinées à la ligne du Saint-Gothard.
L'appel d'offres est passé en janvier 1990. Deux firmes répondent à cet appel : d'une part le consortium ABB/BBC/SLM, avec sa locomotive Re 460 et d'autre part, le consortium allemand Siemens/Krauss Maffei avec une variante de son type E 120 à moteurs asynchrones. Le conseil d'administration des CFF tranche pour la série Re 460, de conception et de fabrication suisse, ce qui porte le nombre d'unités prévues à quatre-vingt-dix-neuf avec les vingt-quatre du marché notifié en 1987.

A – Edelweiss-rail.com

▲ *Assurant la promotion d'un fromage suisse, cette Re 460 passe en gare de Montreux, en tête d'un train Inter-City.*

UNE COMMANDE SUPPLÉMENTAIRE

La décision de l'ouverture du corridor de ferroutage sur la ligne du Simplon tarde quelque peu à se concrétiser et les CFF, de leur propre initiative, décident de porter le nombre des Re 460 à cent dix-neuf unités avec un lot supplémentaire de vingt unités. C'est en novembre 1992 que l'avenant est signé, tandis qu'un lot de dix unités composées de locomotives encore plus puissantes est commandé en février 1995. Cette sous-série, qui va prendre le numéro de série Re 465, bien que financée par les CFF, est destinée à la ligne du Lötschberg. Ultérieurement, elle sera rejointe par un groupe de huit locomotives financées par la compagnie du BLS-Lötschbergbahn. C'est le 22 août 1991 qu'a lieu la présentation officielle de la nouvelle série Re 460, dont le design est dû au célèbre styliste italien Pininfarina.

B – Edelweiss-rail.com

▲ *Manœuvre en gare de Bâle CFF d'une Re 460 en livrée classique.*

UNE MISE EN SERVICE DÉLICATE

En avance sur le plan technologique, la série Re 460 va connaître malheureusement une mise en service laborieuse, jalonnée de pannes et de problèmes techniques divers. Bien que la série soit composée de machines de vitesse, ces locomotives sont affectées à la traction de trains de marchandises, tandis que certaines sont engagées sur des relations régionales ou sur des express à moyen parcours, avec l'assistance d'une machine de secours.
La difficulté de mise au point de l'électronique embarquée affecte le calendrier de mise en service qui prend plus de temps que prévu. Les Re 460 entrent pourtant en service en automne 1991, alors que les problèmes ne sont pas résolus.

1985

LA Re 460

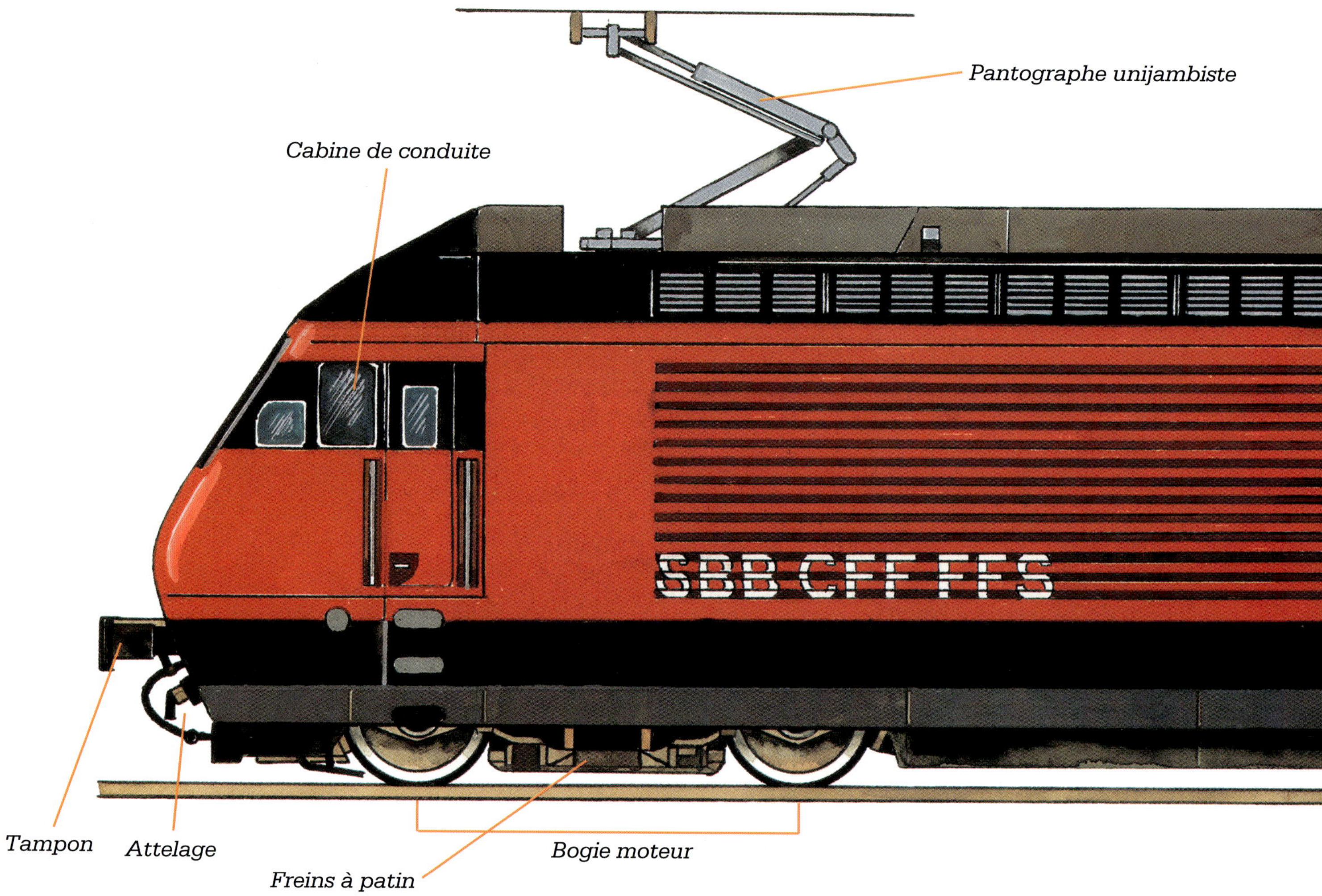

A – Edelweiss-rail.com

▲ *Deux Re 460 tractent ce lourd convoi de fret sur la ligne du Saint-Gothard.*

Son design très futuriste et contesté vaut à la Re 460 d'incarner, en 1985, la locomotive de l'avenir. Aujourd'hui, alors que l'emblématique année 2000 est passée, ses lignes semblent désormais bien sages. Toutefois, elle demeure l'une des meilleures locomotives européennes.

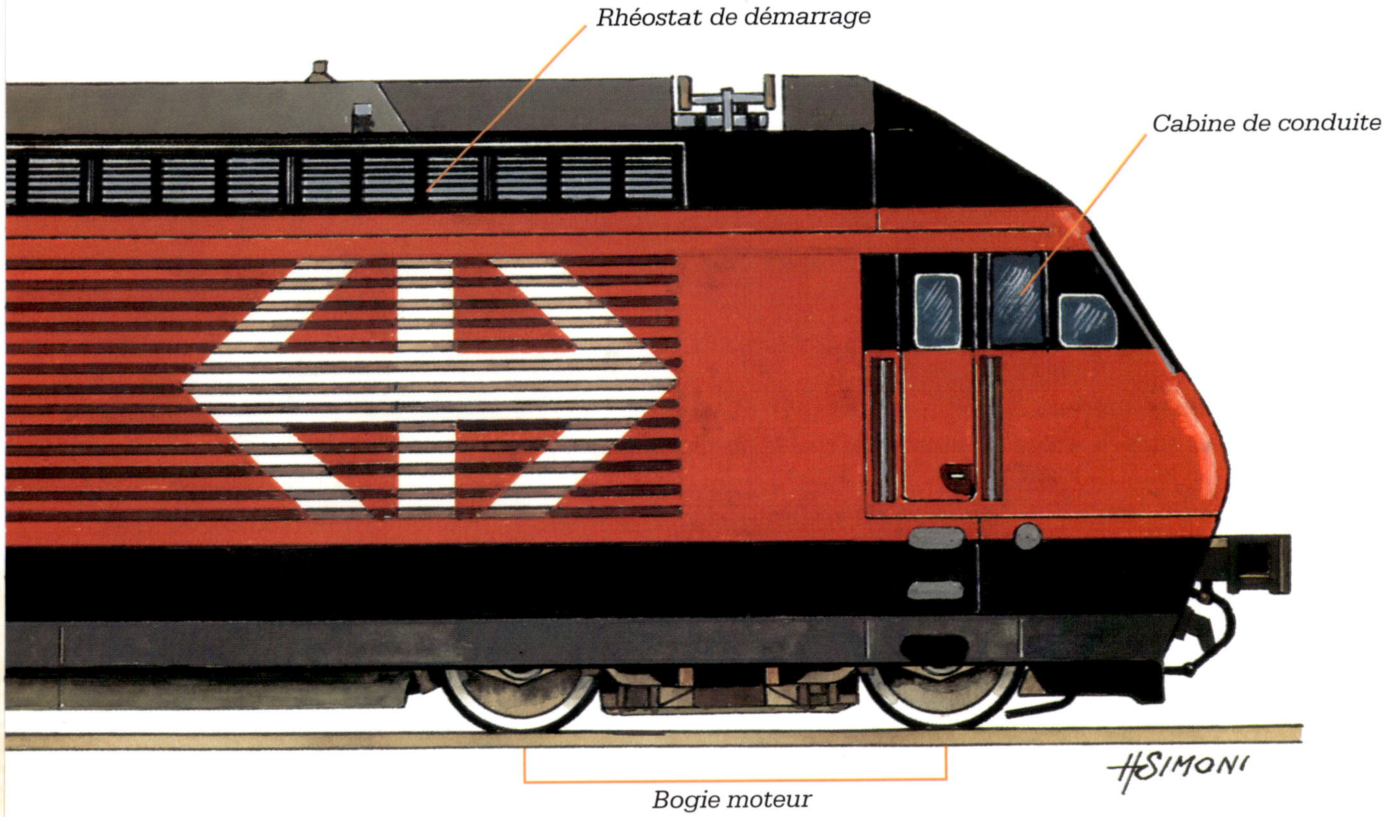

SUPPORTS PUBLICITAIRES

Bien que limité en Suisse, l'emploi des livrées publicitaires a connu un bel essor avec la série Re 460. Près d'un tiers de la série a ainsi été peint pendant plusieurs mois aux couleurs de marques diverses, apportant une note de gaieté en tête de trains aux couleurs assez austères.

CARACTÉRISTIQUES TECHNIQUES

- Type : BB
- Longueur : 18,50 m
- Courant : alternatif monophasé, 15 kV – 16 $^{2}/_{3}$ Hz
- Masse en ordre de marche : 84 t
- Moteurs de traction : 4
- Puissance maximale : 6 100 kW
- Vitesse maximale : 230 km/h
- Locomotives construites : 119

Alors que la demande industrielle est très forte en faveur d'un autre type de moteur que la lourde et peu puissante machine à vapeur, l'Allemand Rudolf Diesel publie son traité sur la construction d'un moteur thermique. En 1897, Diesel présente à Kassel en Allemagne ce moteur qui améliore considérablement les capacités des locomotives.

C'est ensuite le constructeur suisse Sulzer qui, en 1912, conçoit la première locomotive à moteur diesel. Apparue, dans un premier temps, comme une solution idéale pour les pays disposant de faibles ressources en eau, la locomotive diesel-électrique deviendra au fil du temps la locomotive de tous les réseaux du monde et chassera la traction vapeur.

Aux États-Unis, le Central Railroad du New Jersey fut, en 1920, la première compagnie ferroviaire à mettre en service des machines diesels sur ses lignes. En 1932, le réseau français Paris-Lyon-Marseille (PLM) se met à exploiter à son tour les premières locomotives Diesel.

1939
États-Unis

La série F: diesel et économie

La F est, sans aucun doute, la locomotive diesel la plus célèbre du monde. Produite à partir de 1939, elle fait ses débuts tant au cinéma que dans la bande dessinée des années 1940 et 1950. Elle est, par excellence, la locomotive diesel-électrique des débuts de ce mode de traction. On la voit en tête de l'ensemble des grands trains prestigieux de l'époque : sur les films des actualités, c'est toujours elle que l'on aperçoit quand les vedettes de Hollywood ou les milliardaires célèbres arrivent en gare et descendent du train.

A – Collection C. Lamming

▲ *Une F, sous la forme d'une unité A seule, en tête d'un train de voyageurs sur le réseau du Denver & Rio Grande Western, pendant les années 1960.*

Les réseaux américains ont, à la fin des années 1930, un besoin impérieux de machines très puissantes pour affronter la traction de trains de plus de 5 000 t (et parfois même 8 000 à 10 000 t). La solution est la gigantesque machine à vapeur articulée système Mallet dont la fameuse locomotive « Big Boy » est un spectaculaire exemple.

Convaincue de la fin proche de la traction vapeur, la General Motors offre à une vingtaine de réseaux américains des essais gratuits de locomotives diesels, et, malgré le scepticisme des ingénieurs, il faut se rendre à l'évidence : 5 400 t sont remorquées, en rampe de 4 ‰, à 16 km/h par une Mallet à vapeur type 1-3-3-1 et à 42 km/h par une locomotive diesel type F. Mais, surtout, durant des essais intensifs pendant presque une année, aucun incident ne se produit. Les vingt réseaux sont convaincus : c'est alors le début d'un lent et inexorable déclin de la traction vapeur sur le sol des États-Unis, et c'est surtout le début d'une « diésélisation » à outrance dans ce pays.

La série F est proposée avec un couplage de deux unités de type BB, les A et les B, toujours couplées en permanence. Les deux unités sont semblables, techniquement, mais leur apparence extérieure est différente dans la mesure où l'unité A a une cabine de conduite précédée du fameux capot arrondi avec son unique phare central.

B – Collection C. Lamming

▲ *Une F complète, A et B, préservée sur le site du Calfornia State Museum, à Sacramento. Elle est dans sa livrée la plus célèbre, celle du fameux « war bonnet » du Santa Fe.*

A + B + B + A, A + B, OU A

Très souvent on voit, en tête des trains lourds, deux groupes de deux unités accouplés par les extrémités sans cabine des unités B, les deux cabines de conduite se trouvant à chaque extrémité des quatre véhicules. Mais on voit aussi des trains de voyageurs légers, sur des lignes d'embranchement, remorqués par une unité A seule.

L'ingénieur Dilworth, lors de la conception des F, calcule qu'un groupe de 2 locomotives BB+BB totalisant 2 700 ch donne autant de puissance qu'une 141 ou une 151 à vapeur classique, et qu'un groupe de quatre locomotives donnerait facilement autant que les plus grosses articulées avec 5 400 ch. Mais, surtout, il démontre que l'effort de traction au démarrage en traction diesel est supérieur à celui de la traction vapeur : l'inconvénient de la locomotive à vapeur est que sa puissance ne cesse de diminuer avec la vitesse, alors que la locomotive diesel maintient et même augmente sa puissance jusqu'à une valeur optimale assez élevée avant de décliner ensuite.

C – Collection C. Lamming

▲ *La fin des F, comme sur le réseau du New York - Ontario & Western des années 1950, à une époque où le chemin de fer américain est dans une période difficile : de nombreuses petites lignes meurent sous les herbes, tandis que les gares sont délabrées.*

DES PERFORMANCES ÉTONNANTES SUR LE TERRAIN

Non seulement la carrosserie colorée et voyante des F permet de faire de la publicité pour les compagnies de chemins de fer (chose que les locomotives à vapeur sales et noires ne permettaient guère !), mais les F se font remarquer sur l'ensemble du territoire américain par leurs performances qui étonnent les conducteurs en provenance de la traction vapeur : une vitesse de plus de 40 km/h, par exemple, peut être maintenue indéfiniment en rampe de 4 ‰ avec un train de 5 400 t, alors que la locomotive à vapeur, dans les mêmes conditions, remorque 3 000 à 4 000 t, demande des arrêts pour des prises d'eau, et n'offre que 200 km d'autonomie. Les trains de voyageurs peuvent être remorqués à 160 km/h, et même le chauffage est assuré par une chaudière à vapeur disposée dans l'unité « B ».

Certes, la locomotive diesel coûte beaucoup plus cher à l'achat que sa concurrente à vapeur, à puissance égale : le prix est de l'ordre du double.

A – Collection C. Lamming

▲ *Le fameux train « Super Chief » du Santa Fe en route pour Los Angeles. La composition est maximale (A + B + B + A) pour la locomotive F, car il faut hisser les 1 000 t du train sur de longues rampes sévères. Les groupes de deux unités sont accouplés par l'extrémité sans cabine des unités B.*

Mais les performances, et, surtout, une très grande autonomie de marche, ou un démarrage quasi instantané, sont des arguments même dans un pays où le charbon abonde (si le pétrole ne manque pas bien sûr !). Les plus grandes économies sont sur le plan de la main d'œuvre : la locomotive diesel est conduite facilement, et par un seul homme – même si les équipes restent à deux pour les très grands trajets. Sa disponibilité quasi permanente, comparable à celle d'une automobile prête à repartir après un simple plein et des opérations de maintenance assez rapides, fait qu'une locomotive diesel parvient à assurer, sur le terrain, le travail de trois locomotives à vapeur qui demandent, elles, de longues périodes d'immobilisation répétées.

B – Collection C. Lamming

▲ *Le grand réseau de l'Union Pacific, lui aussi, fut très utilisateur des locomotives de la série F. La longueur des trains imposait l'emploi de quatre éléments moteurs pour former la locomotive la plus puissante et la plus rapide.*

1939

LA SÉRIE F

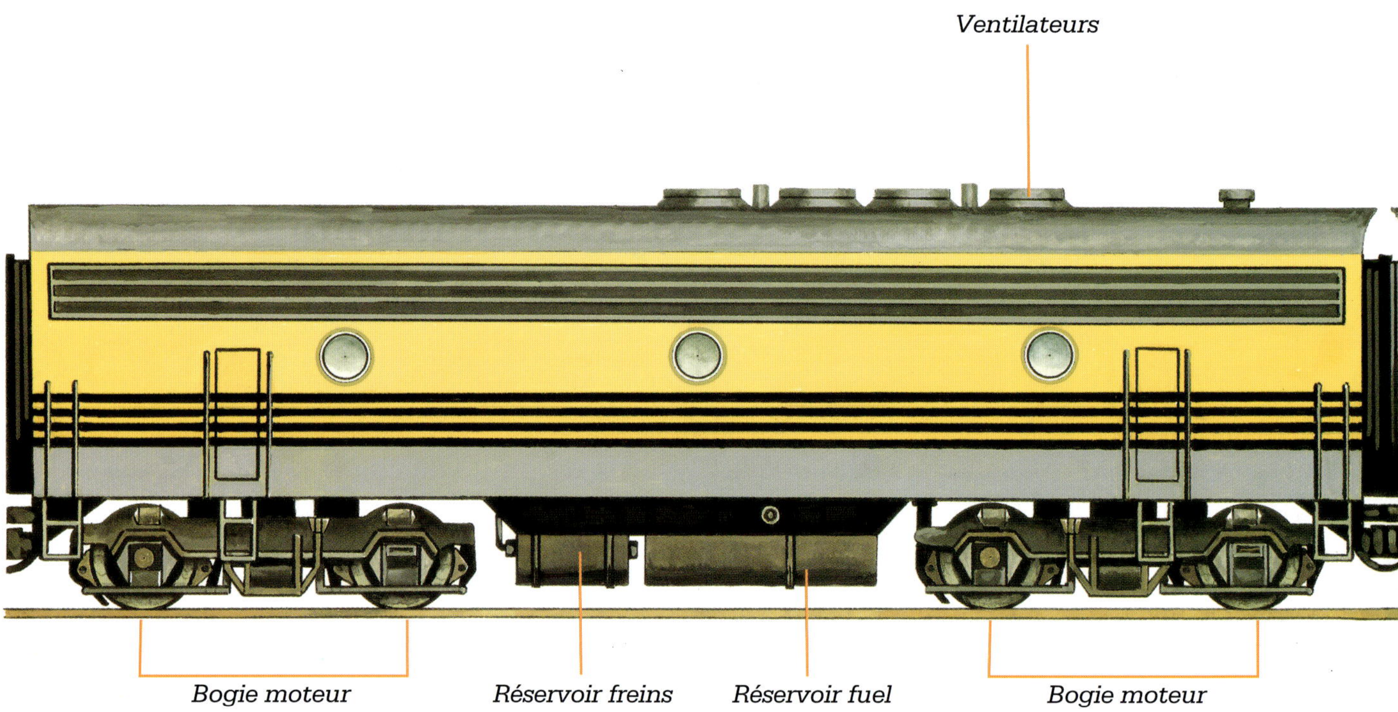

D – Collection C. Lamming

▲ *Sur le catalogue du fabricant américain de trains-jouets Lionel, pour 1949, la locomotive F3 a les honneurs d'une double page centrale avec les versions des réseaux du New York Central (en haut) et surtout du Santa-Fe avec la fameuse décoration en « war bonnet » évoquant, aux yeux des Américains, les coiffures de guerre des chefs indiens.*

Sans nul doute la locomotive diesel la plus célèbre du monde : voici la F dont le museau, presque un visage humain, envahit les grandes lignes du réseau américain à la fin des années 1930. Elle marque la fin de l'ère de la vapeur, et le début de la banalisation, de l'uniformité, de la recherche du moindre coût.

CARACTÉRISTIQUES TECHNIQUES

- Type : BB
- Moteur principal : 16 cylindres GM
- Puissance du moteur : 1 120 kW
- Transmission : électrique
- Moteurs de traction : 4
- Masse : 104 t
- Vitesse : 160 km/h

A – Collection C. Lamming

▲ *La gloire, jusque dans les livres anglais pour enfants ! Une F en tête du « Super Chief » des années 1960, représentée par l'artiste Micklewright dans un décor approprié. Noter l'état d'origine, sans les afficheurs lumineux de chaque côté du capot avant.*

LE SUCCÈS DE LA SÉRIE F

C'est surtout le réseau du Santa Fe, occupant tout le sud-ouest des États-Unis, qui est « leader » en matière de diésélisation avec une commande de trois cent vingt locomotives : les usines de La Grange, appartenant à la General Motors, ont des carnets de commande pleins pour des années. Commencée en 1939 avec le type FT qui suit immédiatement la période des essais, la série se poursuit avec les F2 durant les années 40, puis les F3 vendues à 1 807 exemplaires jusqu'en 1949, puis les F7 apparues en 1949 et qui apparaissent comme étant le meilleur modèle.

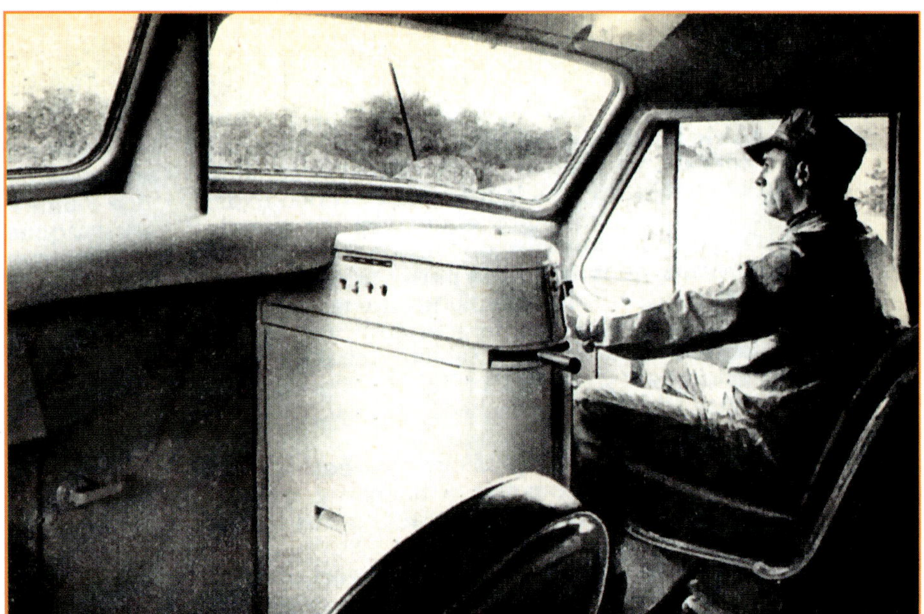

B – Collection C. Lamming

▲ *Parue dans la presse américaine des années 1940, cette photographie valorise le conducteur de locomotive diesel. La machine est une GE fabriquée par Alco, le concurrent de la GM, mais la publicité pour la locomotive diesel passe quand même…*

Le dernier modèle, la F9, est lancé en 1953, avec un moteur nouveau, le 567C, qui donne 1 750 ch (1 305 kW). La production de la fameuse série F cesse en 1954, et beaucoup de ces engins restent en service jusque durant les années 80, notamment sur les réseaux canadiens. Les derniers trains à vapeur circulent en 1960 aux États-Unis.

LE CHEF-D'ŒUVRE DE DILWORTH

Il est créé par l'ingénieur Richard M. Dilworth, un grand partisan de la traction diesel à la General Motors. Aux USA les réseaux n'étudient pas leurs locomotives comme en Europe, mais achètent sur catalogue ce que les constructeurs leur proposent, comme les compagnies aériennes ou de transport routier. La General Motors convoite le marché ferroviaire et veut en chasser les grands constructeurs de locomotives à vapeur comme Baldwin, Alco, Lima. La GM fait tout ce qu'il faut pour intéresser les compagnies de chemin de fer à la locomotive diesel. Ses publicités créent, par tous les moyens, une image de marque de modernité et d'efficacité pour la locomotive diesel. La F3 des dernières années 1940, avec ses 1 807 exemplaires produits, sera même proclamée « la série la plus nombreuse de l'histoire des chemins de fer »…. ce qui est bien américain, et à vérifier ! Servie par l'esthétique de son curieux avant ressemblant presque à un visage humain, cette locomotive devient, pendant la Seconde Guerre mondiale, une véritable mascotte nationale.

La 1CC1 Class 44

Lorsqu'elle est mise en service en 1959, cette locomotive diesel britannique, surnommée « Peak », est l'une des plus grandes et des plus puissantes en Europe. Sa curieuse disposition d'essieux type 1CC1 ajoute à son originalité déjà certaine, avec sa ligne à gros capots précédant des cabines à trois vitres frontales en arc de cercle.

L'expérience de la Seconde Guerre mondiale a rappelé au Royaume-Uni les enseignements de la première, mais à tel point que, cette fois, la décision de l'indépendance énergétique est prise avec résolution.

L'INDÉPENDANCE ÉNERGÉTIQUE

Dépendre « énergétiquement » de pays étrangers éloignés est économiquement très risqué, et le Royaume-Uni ne veut plus prendre ce risque majeur. Si, en France, le charbon, grande ressource nationale, est remis à l'honneur, en attendant de passer à l'énergie que l'on appelle « atomique » à l'époque, les Britanniques se décident, peu après la fin de la guerre, pour le « tout pétrole », grâce à leurs immenses gisements en mer du Nord.
Le pétrole est disponible immédiatement, et la diésélisation du réseau ferré anglais est engagée sans merci pour les locomotives à vapeur, jugées comme dépassées, gaspilleuses d'énergie, pénibles à conduire et à entretenir.

A – Collection C. Lamming

▲ *La Deltic est la plus réussie au sein des grandes locomotives diesels britanniques. Construite en 1961, son curieux moteur en forme de triangle avec 3 vilebrequins donnera des performances exceptionnelles, avec un bon 160 km/h atteint en tête de trains rapides lourds.*

LA GRANDE TRACTION DIESEL

Devant le coût croissant du charbon, de la main-d'œuvre (la locomotive à vapeur en demande beaucoup) et une demande de transport accrue, l'urgence est donc d'éliminer le plus rapidement possible la traction vapeur du réseau britannique. En 1947 circule la première locomotive diesel-électrique de ligne, conçue par le LMS, juste avant la nationalisation de 1948. Des essais de locomotives à turbine à gaz sont entrepris d'une manière très suivie durant les premières années 1950, mais le moteur diesel classique l'emporte, en montrant surtout ses capacités avec les autorails ou *Diesel multiple units* (DMU), dont le succès est assuré dès leur lancement en 1954.
Les premières grandes locomotives diesels britanniques sont les fameuses Deltic, signées English Electric et capables de rouler à 160 km/h, c'est-à-dire atteignant la barrière des 100 miles à l'heure, des performances que les locomotives diesel des autres pays européens sont loin d'égaler à l'époque. Les Deltic totalisent plus de 3 600 000 km durant leur carrière, et ce pour chacune des 22 locomotives.

Dans les années 1950, si la formule CC semble triompher, elle n'a pas encore gagné la cause, bien au contraire, car les locomotives manquent de puissance (et n'ont pas encore le moteur de 16 cylindres de plus de 3 250 ch dont seront dotées les CC Class 56 en 1976).
Il faut faire plus puissant, donc plus lourd. Et il revient aux locomotives diesels type 1CC1 des séries 40, 44, 45 et 46 de montrer ce que la traction diesel peut faire.
Ces dernières démontrent rapidement leur supériorité par rapport à la traction vapeur en termes de souplesse d'exploitation, de disponibilité permanente et de moindre coût à l'entretien. Ce sont bien elles qui engageront définitivement les chemins de fer britanniques dans une technique de traction nouvelle dont, pourtant, ils ont de nombreuses raisons de se méfier.
La fiabilité des moteurs diesels dans le domaine de la traction ferroviaire reste à prouver.

B – Collection C. Lamming

▲ *Une « 44 » en tête d'un train sur une ligne du nord de l'Angleterre. Difficile de ne pas parler de pollution, mais, en regard du tonnage transporté, elle reste très faible par rapport aux transports routiers.*

C – Collection C. Lamming

▲ *Une « 44 » dans les superbes paysages d'Écosse, pendant les années 1960.*

UNE NUMÉROTATION COMPLIQUÉE

À l'origine, la série de locomotives était numérotée D1 à D193. Plus tard, les 10 premières locomotives ayant un moteur Sulzer de 2 300 ch devinrent la Série 44, ou *Class 44* en anglais. Les 180 machines suivantes formèrent les séries 45, si elles étaient dotées d'un moteur Sulzer de 2 500 ch, et 46 s'il s'agissait d'un moteur Brush de la même puissance. Seules les 10 premières, Série 44, reçurent des noms de sommets. Les autres machines portèrent des noms de régiments ou de corps d'armée.

A – Photothèque Edelweiss

▲ *Au moment de leur livraison, les locomotives diesels « Peak » étaient les plus puissantes des BR.*

Les 1CC1 des séries 40 à 46 se veulent des locomotives « à tout faire ». Ainsi, elles sont dotées de chaudières permettant le chauffage des trains de voyageurs (le chauffage des voitures étant prévu à l'origine avec la vapeur de la locomotive), une pompe à vide pour le freinage des trains de marchandises anglais, toujours équipés de ce système archaïque, des freins à air comprimé pour le freinage de la locomotive, la possibilité d'une circulation en couplage (c'est-à-dire deux locomotives accouplées et conduites par un seul conducteur qui se tient dans la première machine).

Ultérieurement, ces locomotives reçoivent un freinage à air comprimé permettant de freiner une rame de voitures à voyageurs entière (cas du nouveau matériel mis en service durant les années 1960) et un équipement de chauffage électrique pour les nouvelles voitures.

Les voilà donc prêtes pour le service sur les grandes lignes du Royaume-Uni en tête de trains lourds.

UNE PUISSANCE SOUVENT UN PEU JUSTE

Dans le domaine ferroviaire, quand elle est engagée sur une ligne, une nouvelle série de locomotives doit s'insérer dans les marches prévues pour les trains qui l'ont précédée, et donc avoir, pour le moins, les mêmes performances que les locomotives qu'elles remplacent. Sur ce plan, les 1CC1 de la première série se montrent très justes. Arrivant avec difficulté à s'intégrer dans le sillon horaire tracé pour des trains lourds dont la vapeur se jouait aisément, elles ne manquent pas de créer des inquiétudes pour les équipes de conduite et les exploitants.

POURQUOI UNE 1CC1 ?

Construite à 200 exemplaires par la firme English Electric en 1958, la Série 40 était la pionnière de ce type de locomotive que fut la 1CC1. Elle était, en quelque sorte, une CC ayant reçu deux axes supplémentaires de façon à rester en dessous de la charge de 18 t par essieu. Avec un moteur principal de 16 cylindres en V donnant 1 480 kW et 6 moteurs de traction électriques, elle pesait 134 t. En formule CC, elle aurait accusé un poids à l'essieu de 22,33 t. Les deux essieux porteurs ramenèrent cette donnée à 16,75 t et lui ouvrirent l'accès à l'ensemble des voies du réseau britannique.

B – Photothèque Edelweiss

▲ *Une Class 46 au départ de London-Kings Cross. Il s'agit d'une « Peak » construite par Sulzer/Brush.*

Il faut savoir jouer astucieusement des commandes d'accélération et de freinage et bien connaître les lignes pour réussir à « tenir l'horaire », sans espoir, toutefois, d'un rattrapage en cas de retard dû à un signal obstinément fermé ou à des travaux.

UNE ROBUSTESSE À TOUTE ÉPREUVE

Toutefois, ce manque de performances a une contrepartie avantageuse certaine : la robustesse des moteurs diesels, donc leur longévité. Ces locomotives assurent, sans pannes ni défaillances, des services très durs, restant fidèles à la tâche des décennies durant, et restant toujours en service après avoir vu des séries de locomotives plus récentes aller à la ferraille. Après avoir assuré, pendant les années 1950 à 1970, la traction des plus grands trains rapides anglais, comme ceux reliant Londres à Newcastle, les Class 44 roulent toujours, mais en tête de trains de marchandises, ou encore pour le compte d'entreprises de génie civil chargées de la réfection des voies ou des grands chantiers.

LE DIFFICILE REMPLACEMENT DES CLASS 44

Ressemblant beaucoup aux Class 40 à 46 dont elles ont, pratiquement, les mêmes extrémités, avec un gros capot angulaire surmonté de trois baies frontales inclinées, les Class 37 semblent être des Class 44 raccourcies et ramenées au type CC. Elles furent, initialement, le banc d'essais du nouveau moteur diesel à 12 cylindres en V mis au point par English Electric et capable de développer une puissance de 1 300 kW (1 750 ch) à un régime de 850 tr/min. Mais, en fin de compte, ce sont les excellentes Class 47, dont le nombre dépasse 2 000 exemplaires, qui assurent la relève en 1962.

C – Photothèque Edelweiss

▲ *De conception classique, les locomotives Class 44 des BR ont assuré la traction de trains de voyageurs mais aussi de marchandises.*

L'EMD SD40, le travail à plusieurs

Construites à partir de 1965, ces puissantes locomotives font entendre leur grondement sourd dans les plaines de l'Ouest américain, remorquant à plusieurs des trains de marchandises qui semblent s'étirer, derrière elles, jusqu'à l'horizon. La plainte grave de leur sirène se répercute de rocher en rocher, sous la chaleur de plomb de l'Arizona… « Denver & Rio Grande Western », lit-on, répété à l'infini, sur chaque wagon qui passe.

A – Photo C. Lamming

▲ *Un train de marchandises remorqué par pas moins de six locomotives SD40 ! La puissance relativement modeste de 2 240 kW par machine demande un tel nombre pour trouver les quelques 13 000 kW (l'équivalent de 18 000 ch !) nécessaires à la traction des trains de 5 000 à 8 000 t à travers les Rocheuses sur le réseau du Southern Pacific.*

Dès les années 1930, le grand constructeur d'automobiles General Motors se lance dans la vente de locomotives diesels aux compagnies de chemin de fer, car il sait que la locomotive à vapeur est en bout de course, tant pour des problèmes de mauvais rendement, de complexité de la maintenance, de difficulté de conduite que de performances.

UN TRIOMPHE POUR LA GM

Proposant sur catalogue une gamme de locomotives, fournissant en même temps un plan de financement ou même du « *leasing* » ainsi qu'une formation pour le personnel, la General Motors réussit son pari d'envahir complètement le marché ferroviaire américain et d'en éliminer définitivement la locomotive à vapeur. Mais aussi, elle écrase complètement la concurrence.

B – Photo C. Lamming

▲ *Sur le Denver & Rio Grande Western, dans les plaines de l'Utah, deux machines semblent faire leur affaire d'un train assez long mais, apparemment, pas trop lourd et engagé sur une ligne à profil facile.*

En effet, des firmes anciennes comme Alco ou Baldwin et Lima, constructrices de locomotive à vapeur depuis longtemps et reconverties à la traction diesel, n'occuperont jamais que 20 % du marché à peine. Elles disparaissent toutes avant la fin des années 1960, sauf la General Electric.
Désormais, le géant GM domine, avec plus de 70 % des locomotives américaines commandées chez lui, et les lettres EMD, de l'Electro-Motive Division de la General Motors, deviennent synonymes de locomotive diesel pour des milliers de cheminots américains.

LE SUCCÈS DE LA GP7

Les lettres « GP » veulent dire « General Purpose » et elles firent le succès d'une voiture tout-terrain utilisée par l'armée américaine pendant la Seconde Guerre mondiale : la « GP », devenue familièrement « Jeep ». Cette locomotive, la GP7, sortie à partir de 1949, se voudra, en quelque sorte, la « Jeep » du rail américain : on la verra partout, en train de mener à bien toutes sortes de tâches.
Elle marque un tournant technique. Elle abandonne la caisse de type poids lourd comportant une cabine avec pare-brise en deux parties et un capot avant. Elle comporte une cabine située au tiers avant de la locomotive afin de permettre une conduite dans les deux sens. C'est avec la GP7 que l'EMD prend désormais environ 75 % du marché américain de la locomotive. Les deux seules options possibles, pour les compagnies qui achètent les locomotives, concernent le nombre d'essieux (disposition BB ou CC) et… la couleur. Tout le reste est standardisé et obligatoire.

LE MOT DE RICHARD DILWORTH

En dessinant la GP7, l'ingénieur Richard Dilworth fixa pour des décennies l'aspect des locomotives diesels américaines, puisque la SD40 allait reprendre le même design. Il a déclaré qu'il avait intentionnellement dessiné une locomotive tellement laide que les compagnies n'hésiteraient pas à s'en servir à outrance et à les disperser partout sur les réseaux, et jusque dans les endroits les plus reculés… là où, justement, il y avait encore beaucoup de petites compagnies utilisant des locomotives à vapeur et devant être convaincues des avantages de la locomotive diesel.

C – Photo C. Lamming

▲ *Un ensemble de locomotives GP40 et SD40 au dépôt de Sacramento, en Californie.*

B – Photo C. Lamming

▲ *Une intéressante vision de quatre SD40 sur le réseau de l'Union Pacific, en tête d'un train acheminant des automobiles neuves dans des wagons fermés à trois niveaux.*

Grâce à cette politique commerciale drastique, l'EMD parvient à casser ses prix et à envahir le réseau ferré américain. 2 610 locomotives sont livrées entre 1949 et 1953 aux réseaux des États-Unis, sans compter 112 machines pour le Canada et 2 pour le Mexique, alors que les anciennes séries sont toujours en vente. En 1954, une version plus puissante voit le jour, portant les ventes à 4 157 exemplaires. Et lorsque la SD40 apparaît en 1965, le total de locomotives GP7 vendues est de 10 647 : elle est la plus vendue au monde !
Il faut dire que l'accroissement du poids des trains américains est tel que les moteurs des locomotives EMD sont toujours à la limite inférieure de la puissance nécessaire.
Il faut accumuler les locomotives pour décoller des trains de 10 000 t et les emmener par-dessus les Rocheuses, en utilisant 5, 6 ou 7 locomotives dans le même train.

A – Photo C. Lamming

▲ *La locomotive est ici en plein effort, sur les lignes du Santa-Fe, un immense réseau occupant l'ensemble du sud-ouest des États-Unis.*

1965

L'EMD SD40

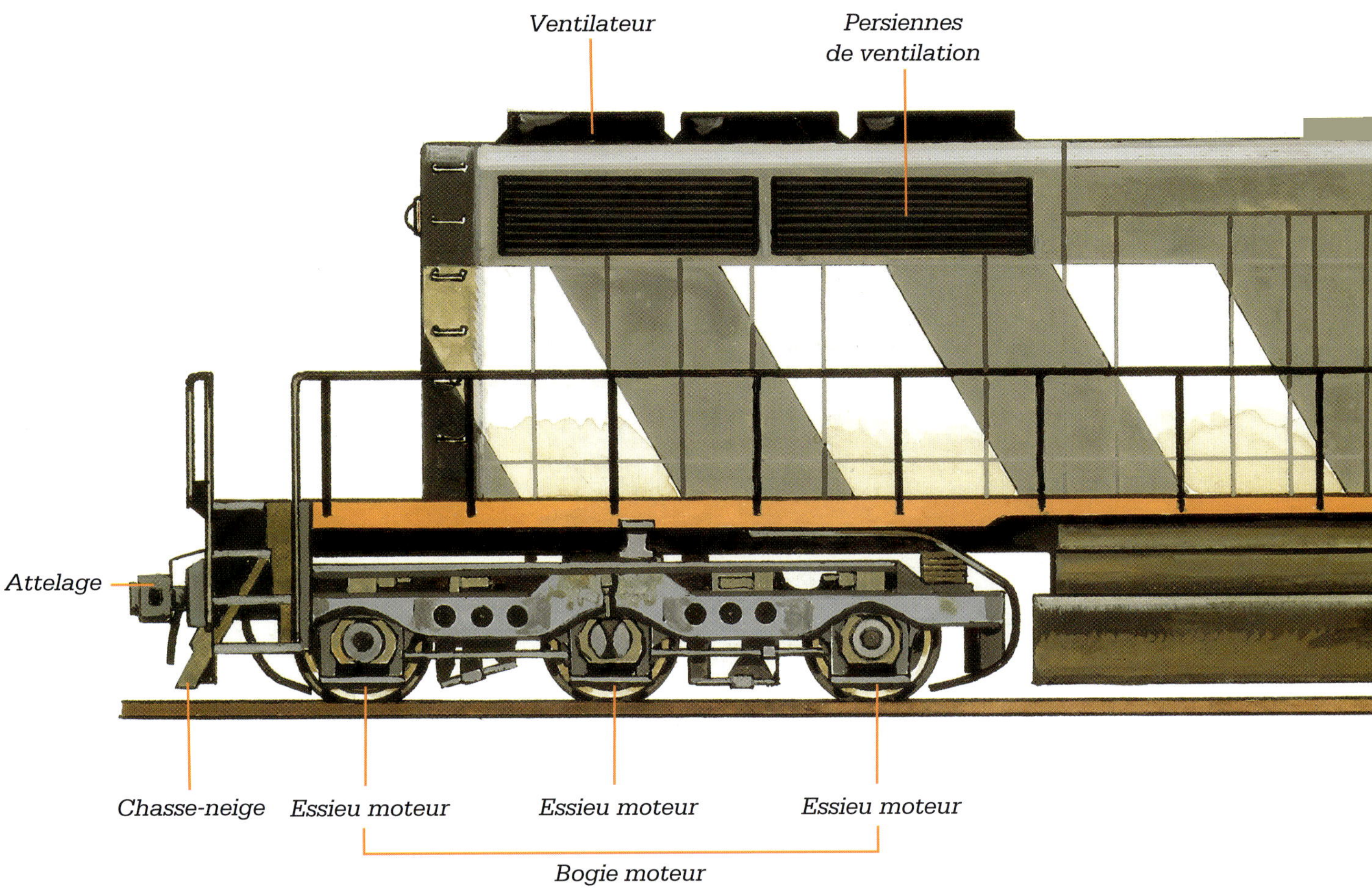

D – Photothèque Edelweiss

▲ *Deux SD40 du Southern Pacific en tête d'un train de marchandises à Reno, dans le Nevada.*

Dans les années 1960, le géant industriel américain General Motors met tout en œuvre pour permettre l'hégémonie de la traction diesel sur les chemins de fer de son immense nation, et surtout celle de ses machines EMD. Avec son moteur type 645, la SD40, comme ses sœurs de série, va dominer ce marché.

DES ORIENTATIONS DIFFÉRENTES

À la fin de l'année 1960, les États-Unis possédaient 28 295 locomotives diesel (sur 29 087 locomotives), constituant 97,3 % du parc moteur. La France, quant à elle, disposait fin 1961 de 2 755 engins à moteur diesel sur un parc total de 9 504 locomotives, soit 28,9 % du parc seulement, mais allait miser sur la traction électrique pour remplacer la vapeur.

CARACTÉRISTIQUES TECHNIQUES

- Type : CC
- Moteur principal : diesel 2 temps 16 cylindres en V
- Puissance : 2 240 kW
- Transmission : électrique par alternateur et redresseurs au silicium
- Moteurs de traction : 6
- Vitesse : 105 km/h
- Longueur : 20,98 m
- Masse : 167 t

A – Photo C. Lamming

▲ *Une GP40 suffit pour acheminer les quatre voitures anciennes sur la superbe ligne du Grand Canyon, enfin de nouveau ouverte depuis quelques années.*

LES SÉRIES SD

Traditionnellement, l'EMD de la General Motors offre deux versions d'une même locomotive : types BB ou CC. Les machines type BB ont un poids à l'essieu plus fort, puisque la machine ne repose que sur 4 essieux. Avec ses 6 essieux, le type CC est moins destructeur pour les voies et, surtout, toutes les lignes peuvent l'accepter. En outre, ce dernier offre une meilleure adhérence et permet donc de fournir un meilleur effort de traction, même dans des conditions climatiques difficiles avec des rails glissants. Le type CC prend le nom de *Special duty* (service spécial) et les séries SD dominent le marché de la locomotive diesel des années 1950 et 1960, avec, pour la série SD45, par exemple, plus de 1 200 locomotives vendues.

Avec la GP35, on atteint alors 2 500 ch (1 865 kW).

En 1965, la GP40, comme sa sœur à 6 essieux, la SD40, bénéficie d'un tout nouveau moteur, le type 645. Il doit son numéro à sa cylindrée de 645 pouces cubes, ce qui lui vaut d'avoir des cylindres d'un diamètre de 230 mm et des pistons ayant une course de 245 mm, soit les dimensions d'un seau à eau !

Mais il faut « mettre le turbo », au sens propre du terme, pour atteindre 3 000 ch (2 240 kW). On atteint même 3 600 ch (2 240 kW) avec le modèle SD45, doté d'un moteur à 20 cylindres, un record aux États-Unis.

Mais si la course à la puissance continue, les questions d'économies d'énergie et de préservation de l'environnement se posent. L'EMD perfectionne sans cesse ses modè-les pour proposer, à partir de 1972, une nouvelle série dite « Dash-2 », plus économique en carburant, de maintenance plus facile et équipée d'une commande électronique des moteurs de traction très fine et très performante. Combinés avec des bogies à trois essieux dits « High Traction C » offrant une meilleure adhérence au démarrage, ces perfectionnements font de la nouvelle SD40-2 de 1972 la meilleure des locomotives diesels américaines. Les ventes dépassent rapidement le chiffre incroyable de 4 000 exemplaires, soit 10 fois plus que le nombre des plus grandes séries européennes de locomotives diesels !

B – Photo C. Lamming

▲ *Deux SD40 en tête d'un train de marchandises à la Nouvelle-Orléans.*

1967
France

La CC 72000 face au choc pétrolier

C'est la dernière locomotive diesel de ligne, puissante et rapide, produite par la SNCF. Après 1967, elle disparaît, car la traction électrique progresse à grands pas sur le réseau français. Et le choc pétrolier de 1973 viendra enlever toute chance de poursuite des études d'une locomotive encore plus puissante, que la SNCF attend toujours depuis une trentaine d'années.

A – Collection C. Lamming

▲ *La CC 72012 au dépôt de la Villette : tardivement électrifié, l'Est a longtemps été le terrain de prédilection de ces belles locomotives.*

Les premières locomotives diesels de ligne des années 1960 permettent certes de remplacer économiquement les machines à vapeur sur les lignes non électrifiées, mais n'amènent aucun gain ou aucun avantage en matière de charges remorquées et d'horaires pratiqués. Or des trains nécessitant des performances élevées circulent sur ces lignes non électrifiées : trains légers voyageurs de 450 t, trains express voyageurs de 850 t, trains de marchandises de 1 500 t. En particulier, lors d'une circulation prolongeant la traction électrique, la chute des performances est très sensible.

B – Photothèque Edelweiss

▲ *La forme de la caisse des CC 72000, légèrement aérodynamique, a séduit non seulement les cheminots mais aussi le public, qui a associé ce matériel à une image « moderne » de la SNCF.*

Il y a aussi l'épineux problème du chauffage des trains. Si la locomotive à vapeur peut, facilement, laisser prélever de sa vapeur pour le chauffage des trains, il se trouve que la locomotive diesel ne peut fournir de la vapeur et se trouve donc en discordance complète avec l'équipement des rames, à moins d'être dotée d'une chaudière, ou à moins que l'on incorpore dans la rame un véhicule spécialement conçu et doté d'une chaudière autonome fournissant de la vapeur (les fourgons-chaudières de l'époque, ou « Cocottes-Minute »). La SNCF choisit de chauffer ses rames électriquement et en courant continu 1 500 V lors de l'abandon forcé du chauffage à la vapeur. Mais le chauffage prélève une part non négligeable de la puissance disponible sur les génératrices de la locomotive diesel : il suffit de vouloir chauffer un train avec une différence de seulement 15° centigrades par rapport à l'extérieur pour que, avec une CC 72000 utilisée à 60 %, la vitesse commerciale tombe de 82 km/h à 78 km/h.

1967

LA CC 72000

LE CHANT DU CYGNE DE LA TRACTION DIESEL DE LA SNCF

La tradition de la grande traction diesel en France commença à la veille de la Seconde Guerre mondiale sur le réseau du PLM, et la SNCF renouera avec elle seulement pendant les années 1960, avec les BB 6700 et surtout les CC 72000, qui, à partir de 1967, marquèrent de leur présence puissante les grandes lignes françaises non électrifiées. Le choc pétrolier a mis fin au développement de la grande traction diesel en France, et la CC 72000 n'a pas eu de descendance.

Construite à seulement 92 exemplaires, dotée d'un moteur 16 cylindres lui donnant la puissance de 2 650 kW exceptionnelle pour ce mode de traction en France, elle est dotée des moteurs et des bogies de la célèbre CC 6500 électrique.

A – Photothèque Edelweiss

▲ *Cette CC 72047 tractant l'Express 1743 Paris Est-Bâle descend vers Belfort.*

CARACTÉRISTIQUES TECHNIQUES

- **Type : CC**
- **Moteur principal : AGO diesel 16 cylindres en V**
- **Puissance : 2 650 kW à 1 350 tours**
- **Génératrice : alternateur AT5 + bloc redresseur**
- **Nombre de moteurs de traction : 6**
- **Transmission : anneaux dansants**
- **Puissance nominale : 2 250 kW**
- **Chauffage du train : électricité**
- **Contenance des réservoirs en combustible : 5 000 litres**
- **Longueur : 20,19 m**
- **Masse : 114 t**
- **Vitesse : 85 à 160 km/h selon le rapport**
- **Années de construction : 1967-1974**

C'est le Pielstick du type V 12 PA 6, capable de donner 3 100 kW à 1 050 tr/min. Il équipe la CC 72044 et, à titre d'essai, réglé à 3 250 kW à 1 130 tr/min, la CC 72075. Ce moteur donne satisfaction mais, en pratique, la SNCF en reste à la CC 72044.

LA MORT ANNONCÉE DE LA GRANDE TRACTION DIESEL DE LIGNE EN FRANCE

En 1973, un retournement se produit dans la doctrine SNCF. La société n'y est pour rien. Les causes de ce revirement sont extérieures au chemin de fer et purement économiques : le choc pétrolier est le fautif et arrête définitivement tout espoir, en France, d'une traction diesel à grande puissance. Sortie des ateliers Alsthom en 1974, la CC 72092, la dernière de la série, est la dernière locomotive diesel de ligne produite en France pour la SNCF. Les chiffres ont parlé. En 1973, avant le choc pétrolier, le baril se vend moins de 4 $, donnant, pour la SNCF, un kWh à 6 centimes aux arbres des moteurs diesels, alors que le kWh EDF est facturé à 12 centimes à l'entrée de la sous-station. Après le choc pétrolier, le kWh en traction diesel passe rapidement à 20 puis 30 centimes à la fin des années 1970. Cela est plus le fait de la « médiatisation » du choc pétrolier et de la volonté des pouvoirs publics de voir la SNCF donner l'exemple d'une réduction de la consommation pétrolière, car le pourcentage des dépenses d'énergie ne constituent qu'une très faible partie des dépenses totales du chemin de fer. Et il faudra bien que la SNCF songe au tout électrique, laissant l'automobile et le camion se diriger vers des périodes difficiles à cause de leur dépendance pétrolière.

Dernière locomotive diesel de ligne conçue par la SNCF, parce que née avant le choc pétrolier, la CC 72000 devait inaugurer l'ère de la « grande » traction diesel sur les lignes principales en tête de trains lourds. Puissante, rapide, performante, elle ne connut en fait jamais le destin préétabli et se confina dans des parcours de prolongement des grandes lignes électriques.

UNE SOLUTION MODERNE ET ÉCONOMIQUE ?

L'expérience américaine montrait que la traction diesel pouvait tout faire pour un coût dérisoire, y compris la traction des trains de voyageurs.
La SNCF « diéselisa » donc son parc de traction pour les lignes dont l'électrification n'était pas rentable, et fit tout pour mettre à la ferraille ses milliers de locomotives à vapeur, dont certaines étaient encore très récentes.
Véhiculant une forte image de modernité, pouvant être conduite en « banalité » (c'est-à-dire avec des équipes qui se relayent dans la cabine de conduite), rapidement disponible à toute heure, robuste, simple, économique, la locomotive diesel était parée de toutes les vertus. C'est pourquoi, au lendemain de la Seconde Guerre mondiale, la SNCF se lança finalement dans une longue étude de prototypes pour la traction de trains rapides et lourds.

Perdue sous une nappe de fils électriques qui semblent lui annoncer la fin de ses services sur l'Ouest, une CC 72000 manœuvre en gare de Rennes pour assurer le prolongement traction sur la ligne de Nantes, pas encore électrifiée au début des années 1980.

B – Collection C. Lamming

La F40PH reprend les voyageurs

Construite à partir de 1976, cette locomotive est rapidement devenue une « star », comme on dirait dans son pays natal. Elle a emmené un nombre incalculable de voyageurs à travers les plaines et les montagnes des États-Unis et du Canada, parcourant courageusement plusieurs milliers de kilomètres. C'est la locomotive des grandes performances, des grands espaces... Et sa sirène au son grave et harmonieux se fait entendre, la nuit, dans les défilés vertigineux des Rocheuses ou dans les plaines sans fin du Middle West.

A – Collection C. Lamming

▲ *À Oakland (gare de San Francisco) au petit matin. Le Coast Starlight arrive de Seattle en direction de Los Angeles. Une F40PH, en panne, est retirée du train.*

À sa création en 1971, la situation est très difficile pour Amtrak qui est une société privée, nullement financée par l'État américain, et qui doit remettre en marche les trains de voyageurs des États-Unis tout en équilibrant son budget (c'est en fait une nationalisation qui ne s'avoue pas comme telle). En reprenant le service voyageurs laissé moribond par les compagnies privées, Amtrak récupère un matériel ancien et disparate : en matière de locomotives, il s'agit essentiellement d'anciennes séries E et F remontant aux années 1930 et 1940 ! Ajoutons qu'Amtrak ne possède aucune installation fixe, ni voies, ni gares, ni dépôts – sauf l'importante ligne du « corridor » nord-est reliant Boston à Washington où elle est chez elle. Partout ailleurs sur le réseau américain, Amtrak doit circuler sur les voies des autres compagnies, et ces dernières ne sont pas intéressées par le trafic voyageurs qu'elles viennent d'abandonner. Plus encore : elles infligent à Amtrak, le gêneur, de lourds droits de péages pour des sillons horaires non prioritaires, insérés entre ceux des trains de marchandises.

Le début des années 1970 est, pour Amtrak, une époque d'intense renouvellement de son parc moteur. En 1972, Amtrak assiste à la mise en service des puissantes locomotives EMD SD40-2, qui font entendre leur grondement sourd dans les plaines de l'Ouest américain, remorquant à plusieurs de très longs trains de marchandises.

Ces locomotives sont plus économiques en carburant, et de maintenance plus facile, et sont équipées d'une commande électronique des moteurs de traction très fine et très performante. Ces perfectionnements, combinés avec des bogies à trois essieux dits « High Traction C » offrant une meilleure adhérence au démarrage, font de la nouvelle SD40-2 la meilleure des locomotives diesels américaines. Les ventes dépassent rapidement le chiffre incroyable de quatre mille exemplaires, soit dix fois le nombre des plus grandes séries européennes de locomotives diesel ! Amtrak commande donc une série de cent cinquante locomotives, plutôt destinées à la traction des trains de marchandises.

B– Légendes Cartographie

▲ *La carte du réseau des grandes lignes américaines. La plupart de ces lignes sont parcourues par les trains de voyageurs Amtrak, mais les suppressions, hélas, ou les créations, heureusement, sont monnaie courante. Chicago reste le « hub » central, et même pour le trajet New York – San Francisco ou Los Angeles on doit y changer de train.*

LE RETOUR DE LA BB

Amtrak, en fait, n'a pas besoin de CC : les trains de la compagnie, hélas, sont assez légers, par manque de clientèle. En outre leur matériel nouveau est moins lourd et roulant mieux que les anciennes voitures héritées des compagnies privées. Les machines type BB ont un poids à l'essieu plus fort puisque la machine ne repose que sur quatre essieux, alors que le type CC avec ses six essieux, est moins destructeur pour les voies et, surtout, toutes les lignes peuvent l'accepter. Amtrak commande alors ses premières locomotives type BB en 1976, plus légères, plus courtes, acceptant mieux les voies américaines. Ce sont les F40PH qui, très vite, éliminent les SDP40, et donnent satisfaction à un point tel que ce type de machine est construit à cent quatre-vingt-onze exemplaires et devient le type même de la locomotive pour trains de voyageurs Amtrak. En fin de compte, la série complète atteint deux cent dix exemplaires. Sur les grandes relations transcontinentales, on trouve deux ou trois locomotives type F40PH en tête du train, ceci pour fournir la puissance nécessaire pour le franchissement des Rocheuses.

▼ *Une composition classique des années 1990 avec trois machines en tête du Sunset Limited (Los-Angeles – Nouvelle-Orléans) en gare d'El Paso, le long de la frontière mexicaine.*

C– Collection C. Lamming

LE PRÉSIDENT QUI AIDE LE TRAFIC VOYAGEURS AUX ÉTATS-UNIS

On sera surpris de savoir de quel président il s'agit... Mais faisons durer le suspense. En 1971, Amtrak, le nom le plus connu de la National Railroad Passenger Corporation, reprend donc l'ensemble des services voyageurs grandes lignes des États-Unis.
Avec un maigre budget sévèrement contrôlé, Amtrak réussit à remettre en route le système voyageurs, à acheter du matériel roulant, et même, durant les premières années 1990, à inaugurer de nouvelles relations transcontinentales ou à en exhumer d'anciennes disparues depuis des décennies. Mais l'argent lui manque pour construire le matériel roulant neuf nécessaire pour répondre à cette augmentation de trafic, et au début de 2003, Amtrak est obligé d'annoncer l'arrêt total de tous ses trains de voyageurs ! George Bush est alors le premier président des États-Unis à débloquer une somme immense (100 millions de dollars) pour aider le trafic voyageurs de son pays : c'est une justice à lui rendre... même si Amtrak en demandait le double !

A – Collection C. Lamming

▲ *À Salt Lake City, en 1992, la relève des F40 commence à être assurée avec les P42 dont voici le prototype. Une série de 98 locomotives est livrée à partir de 1996, et remplace environ une centaine de F40.*

Mais, aussi, il ne s'agit pas seulement de puissance de traction : quand il y a trois locomotives, une d'entre elles, pratiquement, n'assure que le confort du train, éclairage, chauffage, ventilation, cuisine, et surtout le fonctionnement de la climatisation du train qui est très intensément utilisée en été sous les chaleurs torrides de l'Arizona ou de l'Utah, et maintient une température plutôt fraîche, certes, mais très chère en énergie ! Notons aussi que deux locomotives plutôt qu'une pour la traction est une sage précaution, puisque Amtrak ne peut offrir de secours en route, son atelier étant à des milliers de kilomètres de là : les trains Amtrak traversant les États-Unis partent comme des navires en mer, avec une bonne équipe de conduite formée de deux ou trois hommes, et surtout un mécanicien-dépanneur muni d'un outillage conséquent, au cas où…

B – Collection C. Lamming

▲ *Une cabine de conduite d'une F40PH, côté conducteur.*

LA LOCOMOTIVE AMTRAK DE L'ESPOIR : LA P-40

Révélée par la grande presse en tête du train de la dernière campagne électorale de Bill Clinton en 1993, déjà présentée par la presse américaine spécialisée comme étant la locomotive du XXIe siècle, la P-40 aura pour tâche, plus modeste, la remorque des trains de voyageurs Amtrak à une vitesse de 160 km/h, quand cette possibilité lui est offerte.

1976

LA F40PH

D – Collection C. Lamming

La dernière née, la fameuse P-40, ou AMD-103. Une tranche de 22 locomotives est livrée en 1994, puis 10 en 1995, et 24 en 1996 : des quantités faibles, mais un renouvellement important pour un parc Amtrak qui compte 330 locomotives diesel et 65 électriques seulement. Ici une des premières P-40 à Las Vegas, au petit matin : le bon air frais du Nevada en prend un coup !

La F40PH, avec son bon gros « nez » aux formes angulaires, reste irremplaçable. Avec trois locomotives en tête du train, dont une seule pour l'air conditionné et l'éclairage, on est sûr de traverser les Rocheuses et d'arriver à San Francisco sans trop de problèmes...

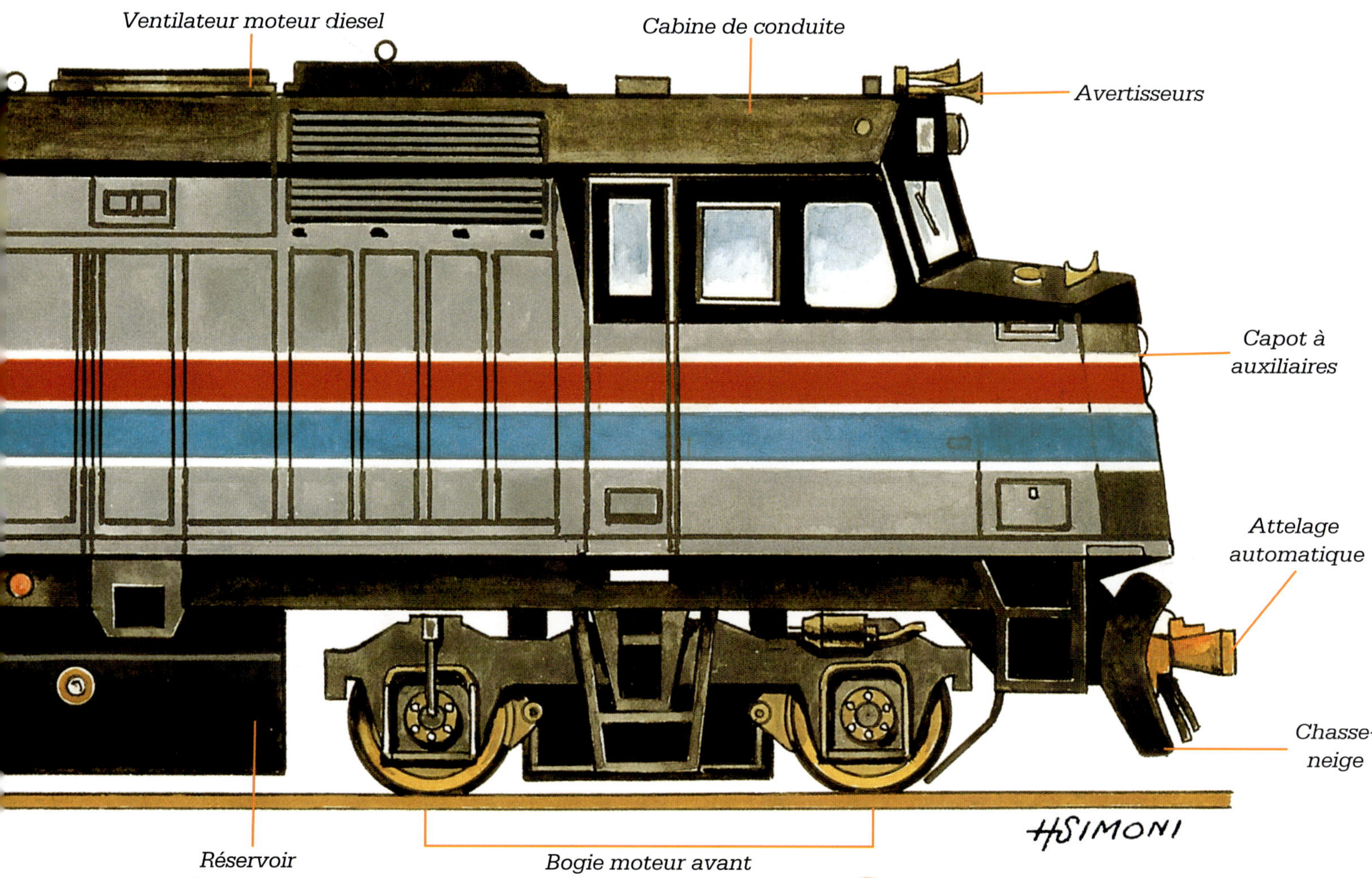

CARACTÉRISTIQUES TECHNIQUES

- **Type : BB**
- **Moteur principal : diesel 16 cylindres en V 2 temps**
- **Puissance : 2 240 kW (3 000 ch)**
- **Moteurs de traction : 4**
- **Transmission : électrique**
- **Masse : 106 t**
- **Longueur : 15,85 m**
- **Vitesse : 160 km/h**

A – Collection C. Lamming

La locomotive est d'un « design » nouveau, et ne se veut nullement une évolution de modèles antérieurs. L'unique cabine de conduite avant, très profilée, avoue l'influence des TGV français, et se complète d'une petite cabine simplifiée, logée latéralement à l'arrière de la locomotive pour effectuer, éventuellement, des manœuvres en gare, en marche arrière. L'esthétique de cette locomotive, où l'on retrouve l'influence européenne, lui vaut un prix « Brunel Award » en 1994.
La structure générale est une caisse autoporteuse monocoque rompant avec la tradition de la locomotive pour trains de marchandises à châssis. Les bogies, de conception européenne Krupp, sont non moulés mais assemblés, et, ici aussi, ils se démarquent de la tradition américaine. La mise en service a été faite en 1993 sur les trains desservant la Floride et l'Ouest.

◀ *Le California Zephyr fait une pause à Denver, avant d'affronter les Rocheuses en direction de Salt Lake City et San Francisco.*

Provisoirement dénommé AMD pour « Amtrak diesel » et « 103 » pour la vitesse de 103 miles à l'heure (soit environ 160 km/h), le projet Amtrak du début des années 1990 est de faire construire une locomotive spécifique pour le service des trains de voyageurs. Le résultat est celui d'un travail en commun entre Amtrak et la General Motors qui, elle, donne le nom de « P-40 » à la locomotive pour « Passenger » et « 4.000 hp », le premier terme étant le mot anglais pour voyageurs, et le second étant la puissance.
La première P-40 est présentée le 11 mai 1993 à Washington, après une campagne d'essais et de mises au point sur le site d'essais de Pueblo, au Colorado.

À LA RECHERCHE DE LA LOCOMOTIVE AMÉRICAINE POUR TRAINS DE VOYAGEURS

Depuis plus d'une trentaine d'années, la locomotive américaine pour trains de voyageurs est du type BB. En 1972, Amtrak commande auprès de l'Electromotive Division (EMD) de la General Motors une série de 150 locomotives type SDP 40, c'est-à-dire de puissantes CC donnant 3 000 ch, mais qui se révèlent, dans les faits, peu adaptées. C'est bien le type BB qui se révèle le plus souple et le plus rapide en service voyageurs, et Amtrak y reste fidèle à partir de 1976 avec une grande série de 210 locomotives type F40PH commandées chez le même constructeur.
Donnant la même puissance, facilement utilisables en unités multiples de 2 – ou même 3 dans la traversée des Rocheuses – ces F40 sont renforcées, durant les années 1980, par des BB type GP 40. Mais toutes ces locomotives sont, fondamentalement, des machines pour trains de marchandises, lourdes, lentes, puissantes.

La CC 201, freinée par le réseau

Cette locomotive est née sous le signe du renouvellement du chemin de fer irlandais dont la renaissance et la reprise de trafic se confirment. Après une longue traversée du désert, ce chemin de fer, au matériel vieillot et à l'image de marque périmée, commence à renaître de ses cendres. Construite en 1994 par General Motors Locomotive Group de Londres, la CC de la série 200 peut rouler à 160 km/h, mais, en réalité, la vitesse maximale de 70 mph (112 km/h) est la règle du moment sur le réseau irlandais, vu son état.

A – Photo C. Lamming

▲ *La tradition ferroviaire irlandaise est bien britannique : c'est ce que révèlent les locomotives à vapeur des réseaux irlandais, comme cette belle 220 du début du siècle, encore en service à la veille de la Seconde Guerre mondiale.*

La première ligne est ouverte dès le 17 décembre 1834 entre Dublin et la petite ville balnéaire de Don Laoghaire (à l'époque Kingston) à une trentaine de kilomètres au sud de la capitale.

D'autres lignes suivent, toutes à des écartements différents, mais sont remises à l'écartement national irlandais de 5 pieds 3 inches (1 600 mm) par décret royal britannique : le particularisme irlandais va donc jusqu'à obtenir du roi d'Angleterre un écartement faisant la moyenne de celui de toutes les lignes irlandaises. Aujourd'hui, l'Irlande est toujours dotée de cet écartement qui n'est nullement celui de la voie normale. En 1921, lors de l'indépendance de l'Irlande, on compte quatre grandes compagnies : Midland & Great Western, Dublin & South Eastern, Great Southern & Western, et Great Northern.

LA CLASSIFICATION DES LOCOMOTIVES IRLANDAISES

Avant la création, en 1987, de Iarnrod Eirann (la société nationalisée regroupant tous les transports par rail), le système de numérotation regroupait les locomotives par séries utilisant une lettre de l'alphabet correspondant à la puissance : les séries de locomotives « Class A » étaient les plus puissantes, et ainsi de suite jusqu'à la « Class K » concernant des locotracteurs. En 1987, un nouveau système est établi, utilisant uniquement des nombres à 3 chiffres.

Le réseau est caractérisé par une diversité extrême avec plus de cent quarante types de locomotives différentes, ceci pour un parc de seulement sept cents exemplaires environ. En 1924, le nouveau gouvernement regroupe le tout en un réseau unique, le Great Southern, totalisant alors plus de 3 500 km de lignes en voie large et en voie étroite de trois pieds. Une société nationale, la CIE (Coras Iompair Eirann) est formée en 1945, précédant la nationalisation de 1950. Le réseau est nationalisé en 1951 par un organisme regroupant tous les transports. Le réseau actuel grandes lignes, Iarnrod Eirann, est créé en 1987 par éclatement de la CIE en diverses sociétés dont deux de transports routiers.

B – Collection C. Lamming

▲ *Un train irlandais au début du XXe siècle : c'est l'âge d'or du chemin de fer de ce pays, encore empreint de la prospérité victorienne anglaise.*

LA TRADITION FERROVIAIRE IRLANDAISE

Les compagnies irlandaises construisent elles-mêmes leur matériel, ce qui explique l'hétérogénéité des locomotives. Fortement imprégnée par la pratique britannique à l'origine, les locomotives les plus performantes sont du type 230, tandis que l'on voit encore rouler, vers 1950, d'antiques machines type 111 à roues libres ! Un réseau à voie étroite comme le Londonderry & Lough Swilly a de surprenantes locomotives-tender type 141, uniques dans leur genre sur l'ensemble des réseaux d'origine britannique, tandis que d'autres lignes connaissent un horaire très relâché avec... un train mensuel, comme le Tralce & Dingle.

La diésélisation commence en 1931 sur le réseau à voie étroite du Donegal (la seule compagnie à dégager des bénéfices en Irlande !) avec de curieux autorails à demi-cabine avancée rappelant les autobus londoniens. Aujourd'hui, le réseau possède un parc de plus de deux cents locomotives diesels, quarante automotrices, six cents voitures et huit mille wagons.

Rompant avec l'uniformité de conception des locomotives diesels pratiquée par chaque réseau européen, le réseau irlandais semble avoir fait feu de tout bois. Les types les plus connus, pour les trains grandes lignes, sont des CC, comme les « Class A » série 001 à 060 construites en 1955-1956 par

C – Collection C. Lamming

▲ *Le réseau irlandais aujourd'hui. Noter la ligne Dublin-Belfast, internationale par statut et par la force des choses, puisque l'Ulster est toujours britannique.*

UN PAYS QUI AIME L'EUROPE, MAIS GUÈRE LE TRAIN

Le réseau irlandais n'a pas plus à se plaindre de l'Europe que l'ensemble de la république irlandaise. Le plan 1994-1999 prévoit une augmentation sensible des investissements ferroviaires en Irlande avec plus de 600 millions d'euros pour les réseaux urbain et suburbain de Dublin, dont 85 % sont financés par les accords de Maastricht et d'Édimbourg, au titre des interventions en faveur des membres périphériques de l'Union européenne. Les 3 500 000 Irlandais voyagent peu en train, et sont les derniers de l'Union européenne avec 350 km annuels, à peine la moitié de la moyenne européenne. La relation Dublin-Belfast (« internationale » depuis 1921, de surcroît !) est la meilleure, tant par la vitesse portée à 145 km/h sur certains tronçons par des travaux récents, que par la fréquentation, en hausse de 2,6%. La vitesse de 130 km/h est prévue sur l'ensemble des autres grandes lignes irlandaises, et les travaux sont en cours.

A – Photo C. Lamming

▲ *Au sein de la fameuse série « Class 201 », la CC 234 est au départ, en tête d'un train à Dublin. Une image de modernité, de couleurs, de performances dont le réseau irlandais a bien besoin.*

la firme anglaise Metropolitan Vickers, retirées du service à la fin des années 1980, ou encore la série 071 à 088, construites en 1976 par la General Motors aux États-Unis, toujours en activité. Ces lourdes et puissantes locomotives souffrent de quelques restrictions dues au faible armement des lignes, et ne peuvent franchir le pont sur la rivière Moy sur la ligne de Balina, par exemple. Les toutes dernières CC « Class 201 » ont été construites en 1994 par la General Motors, et confirment l'influence des constructeurs américains sur le marché ferroviaire irlandais.

Le type BB est très répandu, depuis les anciennes « Class B » 113 et 114 de 1947 de construction nationale, les « Class 201 » de 1956 de construction anglaise, jusqu'aux « Class 121 » de 1960, « Class 141 » de 1962, et « Class 161 » de 1966 de General Motors.

Les anciennes séries à partir de la lettre D concernent un parc assez varié de locomotives à trois essieux moteurs, ou de locotracteurs de manœuvres de puissance modeste et à deux essieux moteurs. Beaucoup remontent aux années 1950.

MODERNE LA 201 !

Quelque peu à part de l'Europe depuis des décennies, l'Irlande est entrée de plein pied dans l'Union européenne en 1973, ouvrant son industrie et son savoir-faire, ouvrant surtout ses frontières. Son réseau ferré, peu favorisé jadis par les dimensions restreintes du pays, l'absence de charbon ou de houille blanche et un faible développement industriel n'a jamais été au plus haut niveau technique. Aujourd'hui, le poids de ce passé se ressent toujours avec un faible armement des lignes, des équipements vétustes, des vitesses moyennes modestes. Mais le réseau se modernise, et la présence de la « Class 201 » est le témoin marquant de cette évolution.

Assez puissantes avec un gros moteur diesel de 12 cylindres en V donnant 2 388 kW, ces locomotives à transmission électrique sont capables de performances intéressantes, et pourraient rouler à 160 km/h sur des voies en bon état. Elles décollent facilement les rares trains lourds et rapides du réseau, assurant de bonnes moyennes proches des vitesses de pointe modestes que les voies imposent – mais tenant ces vitesses de pointe sans difficulté partout où c'est possible.

Un des problèmes posés par l'engagement de ces trente-quatre locomotives sur le réseau irlandais est la faiblesse de l'armement des voies qui leur interdit un certain nombre de lignes, même importantes. Effectivement la « Class 201 » accuse un poids de 18,6 t par essieu, chiffre qui reste pourtant très raisonnable et la classerait parmi les « poids plume » pour les autres réseaux européens. C'est dire l'effort qui reste à faire pour l'Irlande.

B – Photo C. Lamming

▲ *Les « Class B » type CC dissimulent mal, en dépit de couleurs nouvelles, leur ancienneté et leurs origines : ce sont des locomotives fabriquées en Angleterre à partir de 1947. Les cabines débordant des capots pour donner une vision vers l'arrière sont caractéristiques de ces machines.*

1994

LA CC 201

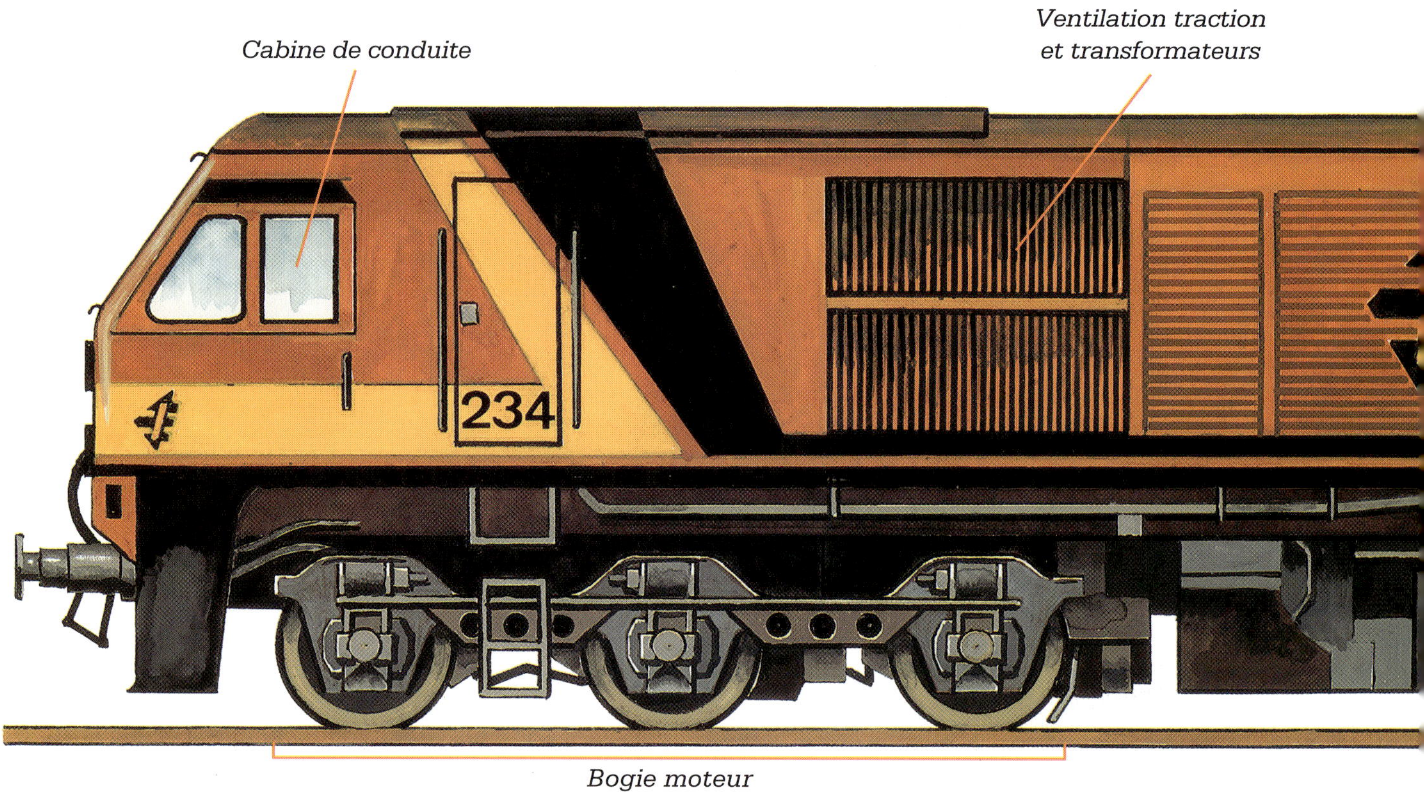

LE POIDS DU PASSÉ

En 1973, l'Irlande met fin à son long isolement économique et industriel et entre dans l'Union européenne. Bien que faisant partie du Royaume Uni jusqu'en 1921, son réseau ferré a toujours souffert de l'absence de charbon, d'un faible développement industriel. Aujourd'hui toujours, le poids de ce passé est présent avec des gares et des installations fixes vétustes, des vitesses modestes. Mais le réseau se modernise, et la présence du réseau électrique « Dart » de Dublin ou encore des toutes nouvelles locomotives diesels type CC « Class 201 » montrent que les choses commencent à bouger. Le relèvement de la vitesse est en cours, et les 130 km/h seront bientôt une réalité pour les trains grandes lignes – une vitesse malgré tout encore modeste par rapport à celles pratiquées sur les autres réseaux européens.

La ligne Dublin-Belfast, reliant la capitale de l'Irlande proprement dite à celle de l'Ulster (Irlande du Nord), autorise déjà 145 km/h sur certains tronçons grâce à des travaux récents. Elle se présente comme la ligne à « grande vitesse » internationale du pays et rappelle qu'elle a toujours été la meilleure ligne de l'île.

Enfin le réseau irlandais se dote d'une locomotive aux lignes modernes, avec la CC 201 datant de 1994. Le réseau mise à la fois sur une image de modernité et sur des performances dépassant l'emblématique 100 miles à l'heure (160 km/h).

A – Photo C. Lamming

◀ *Les années 1930 sont dures pour les petites lignes irlandaises, comme celle du comté de Donegal qui met en service de curieux petits autorails directement inspirés des autobus britanniques. Ici, un modèle datant de 1931. Noter le bogie moteur à bielles, et aussi la demi-cabine typique du bus anglais.*

CARACTÉRISTIQUES TECHNIQUES

- Type : CC
- Moteur principal : diesel 12 cylindres
- Puissance : 2 388 kW
- Transmission : électrique
- Moteurs de traction : 6 de type General Motors D 43
- Masse : 113 t
- Longueur : 20,94 m
- Vitesse : 160 km/h

Index